Programmieren von Mikrocomputern Band 39

Ekbert Hering
Joachim Rasch

Turbo Pascal 5.0

für Naturwissenschaftler und Ingenieure

Friedr. Vieweg & Sohn Braunschweig / Wiesbaden

CIP-Titelaufnahme der Deutschen Bibliothek

Hering, Ekbert:
Turbo Pascal 5.0 für Naturwissenschaftler und Ingenieure / Ekbert Hering; Joachim Rasch. – Braunschweig; Wiesbaden: Vieweg, 1989
(Programmieren von Mikrocomputern; Bd. 39)
ISBN 978-3-528-04624-8 ISBN 978-3-322-89429-8 (eBook)
DOI 10.1007/978-3-322-89429-8
NE: Rasch, Joachim:; GT

Das in diesem Buch enthaltene Programm-Material ist mit keiner Verpflichtung oder Garantie irgendeiner Art verbunden. Die Autoren und der Verlag übernehmen infolgedessen keine Verantwortung und werden keine daraus folgende oder sonstige Haftung übernehmen, die auf irgendeine Art aus der Benutzung dieses Programm-Materials oder Teilen davon entsteht.

Der Verlag Vieweg ist ein Unternehmen der Verlagsgruppe Bertelsmann.

ISBN 978-3-528-04624-8

Ekbert Hering
Joachim Rasch

Turbo Pascal 5.0

für Naturwissenschaftler
und Ingenieure

Programmieren von Mikrocomputern

Die Bände dieser Reihe geben den Benutzern von Mikrocomputern über die Betriebsanleitung hinaus zusätzliche Anwendungshilfen. Der Leser findet wertvolle Informationen und Hinweise mit Beispielen zur optimalen Ausnutzung seines Gerätes, besonders auch im Hinblick auf die Entwicklung eigener Programme.

Einführung in die Anwendung des Betriebssystems MS-DOS
von W. Schneider

Programmieren mit UNIX
von G. Martin und M. Trostmann

Assemblerprogrammierung mit dem M68000
von K. Kief

Mikrocomputer-COBOL
von W. Kähler

Strukturiertes Programmieren in BASIC
von W. Schneider

Programmierprinzipien in BASIC und Pascal
von D. Herrmann

Einführung in Pascal
von W. Schneider

LOGO? LOGO!
von K. Hausmann

Rechenstrukturen und Geometrie mit LOGO
von G. Moll

Logo-Programmierkurs für Commodore 64 Logo und Terrapin Logo (Apple II)
von B. Schuppar

Turbo Pascal unter MS-DOS
von G. Harbeck

Fortgeschrittene Programmiertechniken in Turbo Pascal
von E. Hering und K. Scheurer

Turbo Pascal 5.0
für Naturwissenschaftler und Ingenieure
von E. Hering und J. Rasch

Effektiv Programmieren mit Turbo Pascal 5.0
von S. Alexakis und Ch. Emmanuilidis

Programmieren mit FORTH
von C. K. McCabe

Programmieren mit Turbo Basic
von M. Böhmer

Sprachverarbeitung mit LISP und Prolog auf dem PC
von J. Handke

Turbo Prolog – Einführung in die Anwendung
von K. Justen

Probleme und Lösungen mit Turbo Prolog
von D. Herrmann

Tabellenkalkulation in C
von B. Eichinger-Wieschmann

Programmieren mit Turbo C
von V. Müller

Vorwort

Turbo Pascal gehört stärker denn je zu den äußerst erfolgreich eingesetzten Programmiersprachen. Mit der nun vorliegenden Version 5 wurden für den Anwender weitere Verbesserungen geschaffen. Hierbei ist vor allem der Einsatz eines Debuggers in der Quellsprache Turbo Pascal zu nennen.

Inzwischen sind viele Einführungen in Turbo Pascal der Version 3 und der Version 4 auf dem Markt. Dieses Buch beschreibt nicht nur die neue Version 5, sondern ist im Gegensatz zu den meisten Einführungswerken ein kompaktes Kompendium mit Programmierbeispielen aus Naturwissenschaft und Technik. Es soll vor allem das Denken in Daten- und Programmstrukturen schulen. Mit dieser Zielsetzung wendet sich dieses Werk vor allem an Schüler, Studenten und alle, die in Turbo Pascal programmieren lernen möchten. Aber auch für Lehrer, Dozenten und Professoren bietet dieses Buch einen klaren Leitfaden für die Ausbildung.

Es war für uns ganz wichtig, die Version 5 im Vergleich zu den früheren Versionen 4 und 3 darzustellen. Dies geschieht an geeigneter Stelle im Text. Einen zusammenhängenden Vergleich findet der Leser im Abschnitt A 6 des Anhangs. Dort wird auch gezeigt, wie Programme der Version 3 in die Versionen 5 und 4 umgewandelt werden können und wie Programme der Version 4 in der Version 5 lauffähig gemacht werden können.

Nach einer allgemeinen Einführung in Daten- und Programmstrukturen, der Grundzüge der systematischen Programmentwicklung, der Erläuterung des Umgangs mit Turbo Pascal 5 und des prinzipiellen Programmaufbaus in Turbo Pascal, werden nacheinander die einzelnen Programmstrukturen besprochen, anhand eines Syntaxdiagrammes die Beschreibung in Turbo Pascal gezeigt und an einem Beispiel aus der Naturwissenschaft mit zugehörigem Struktogramm und Programmausdruck erklärt. Am Ende der einzelnen Abschnitte stehen Übungsaufgaben, die zum selbständigen Arbeiten anleiten sollen. Die fertige Programmlösung befindet sich im Anhang (s. Abschn. A 5). Ebenfalls im Anhang wurde eine alphabetische Kurzbeschreibung aller Befehle in Turbo Pascal der Version 3, der Version 4 und der Version 5 zusammengestellt, um eine gesamte Übersicht über den Befehlsvorrat zu erhalten und schnell und gezielt nachschlagen zu können. Am Schluß des Anhangs (A 6) werden die Unterschiede zwischen den Versionen vergleichend gegenübergestellt und das Vorgehen geschildert, wie Programme in andere, höhere Versionen umgewandelt werden können.

Alle Programme sind für die Version 3 (Zusatz .3TP), für die Version 4 (Zusatz .4TP) und für die Version 5 (Zusatz .PAS) auf einer Diskette zusammengestellt und sofort lauffähig.

Das Buch ist in folgende Abschnitte gegliedert:

Im *ersten* Kapitel erfolgt eine Einführung in *Daten-* und *Programmstrukturen* sowie grundsätzliche Anmerkungen zur *systematischen Programmentwicklung*. Am Schluß des Kapitels wird gezeigt, wie man Turbo Pascal (Version 5) *installiert*, wie die *integrierte Entwicklungsumgebung* aufgebaut ist, wie sie benutzt werden kann und ferner das systematische Vorgehen beim Programmieren in Turbo Pascal. Vor allem für die naturwissenschaftlich orientierten Leser wurde gezeigt, welche Ähnlichkeiten die Organisation einer industriellen Fertigung und das Erstellen eines Programmes in Turbo Pascal aufweisen.

Das *zweite* Kapitel erläutert, ausgehend von den logischen Ablaufstrukturen *Folge*, *Auswahl* und *Wiederholung*, die entsprechenden Befehlsstrukturen in einem *Syntaxdiagramm* und verdeutlicht sie anhand eines Beispiels durch ein *Struktogramm* und das zugehörige *Programm*.

Ein wichtiges Element der *effizienten modularen Programmierung* ist die *Unterprogrammtechnik*. An Beispielen wird im *dritten* Kapitel ihr Einsatz mit den beiden Programmelementen *PROCEDURE* und *FUNCTION* erläutert.

Im *vierten* Kapitel wird der Umgang mit *Datentypen* und *Datenstrukturen* am Beispiel der Erstellung einer *sequentiellen* und einer *Direktzugriff-Datei* geschult.

Das *fünfte* Kapitel enthält *Anwendungsprogramme* aus der Naturwissenschaft und Technik, speziell aus der Chemie, der Mathematik, der Physik und der Statistik. Diese Programme sind nicht nur nützlich, um das Lösen komplexer Aufgabenstellungen zu studieren, sondern sie können auch sofort zur Problemlösung eingesetzt werden.

Im *Anhang* sind folgende Zusammenstellungen enthalten: Der Anhang A 1 enthält die *Operatoren* und *Funktionen*. Eine alphabetisch geordnete kurze *Beschreibung* des *gesamten Befehlsvorrats* von Turbo Pascal der Versionen 3, 4 und 5 im Anhang A 2 dient zur schnellen und sicheren Orientierung. Im Anhang A 3 sind die *Fehlermeldungen* zusammengestellt. Das Arbeiten mit dem *Debugger* und der Break/watch-Funktion wird ausführlich im Abschnitt A 4 vorgestellt. Die *Lösungen der Übungsaufgaben* befinden sich im Anhang A 5. Im Anhang A 6 sind die *Unterschiede* zwischen den Versionen 3, 4 und 5 zusammengestellt und es wird gezeigt, wie die Programme in die höheren Versionen von Turbo Pascal *umgewandelt* werden können.

Zu danken haben wir dem bewährten Lektoratsteam vom Vieweg-Verlag, insbesondere Herrn Dr. Klockenbusch für seine vorzügliche Lektorierung des Inhalts. Den Studenten der Fachhochschule Aalen in den Fachbereichen Augenoptik, Chemie und Oberflächentechnik möchten wir für ihre Mithilfe an der Gestaltung des Buches danken; an dieser Stelle insbesondere Herrn Stephan Kohler, der das Programm für die multilineare Regression entwickelt hat. Gewidmet sei das Buch allen Schülern und Studenten der Natur- und Ingenieurwissenschaften, natürlich ganz besonders denen der Fachhochschule Aalen, die strukturiert und effizient programmieren lernen möchten, um ihre Probleme mit Rechnerunterstützung schnell und fehlerfrei lösen zu können. Eine besondere Widmung erlauben wir uns dem jungen Nachwuchstalent und Sohn einer der Autoren, Stefan Hering, der uns durch mancherlei Einwände unsere Gedanken einesteils klarer empfinden und andererseits jugendlicher formulieren ließ.

Ekbert Hering und Joachim Rasch
Heubach, Geislingen

Dezember 1988

Inhaltsverzeichnis

1 Einführung

1.1 Turbo Pascal als Programmiersprache

Die vorliegende kompakte und an technisch-naturwissenschaftlichen Anwendungen orientierte Einführung in die Programmiersprache Turbo Pascal vermittelt dem Schüler, dem Studenten und allen Programmierern leicht nachvollziehbar das notwendige Grundwissen zum Umgang mit einer attraktiven und weit verbreiteten Programmiersprache. Pascal ist ursprünglich für naturwissenschaftlich-technische Probleme entwickelt worden. Es ist sowohl für den Anfänger, als auch für den bereits Geübten (z.B. BASIC-Umsteiger) leicht erlernbar. Zum Verständnis der einzelnen Befehle sind Englischkenntnisse von Vorteil, jedoch nicht unbedingt nötig.

Pascal ist eine "high-level"-Programmiersprache, die von Professor Nikolaus Wirth an der Technischen Universität Zürich entwickelt und 1971 erstmals veröffentlicht wurde. Sie ist nach Blaise Pascal benannt, einem bedeutenden französischen Physiker, Mathematiker und Philosophen des 17. Jahrhunderts, der u.a. eine der ersten automatischen Rechenmaschinen entwickelte.

Die Programmiersprache Pascal hat in Turbo Pascal eine Erweiterung erfahren, die dem Anwender und Programmierer ein hohes Maß an Bedienungsfreundlichkeit und Schnelligkeit garantiert.

Es muß schließlich noch ausdrücklich betont werden, daß man das Programmieren nicht als ein Buch mit sieben Siegeln betrachten sollte, von dem einige glauben, es nie verstehen zu können. Programmieren kann, wie jede andere Fertigkeit auch, erlernt werden; und, wer keine Vorkenntnisse hat, ist im Vorteil, auch nichts Falsches gelernt zu haben. Deshalb sollte man alle Hemmschwellen abbauen, die Ärmel hochkrempeln und beginnen nach dem Motto: "Du weißt nie, was Du kannst, bevor Du es versucht hast!" Unseren Optimismus gründen wir auf die Erfahrung, daß speziell Studenten, die sich vorher noch nie mit dem Programmieren befaßt hatten, damit später die größten Erfolgserlebnisse hatten. Vor eine Programmieraufgabe gesetzt, haben viele erkannt, wie einfach es ist, beispielsweise eine Mathematikaufgabe mit einem Computerprogramm zu lösen. Deshalb - keine Panik, wenn das Programmieren nicht sofort zum Erfolg führt. Spätestens im Team wurde noch jedes Problem gelöst!

1.2 Datenstrukturen

In Bild 1-1 sind die Datenstrukturen zusammengestellt.

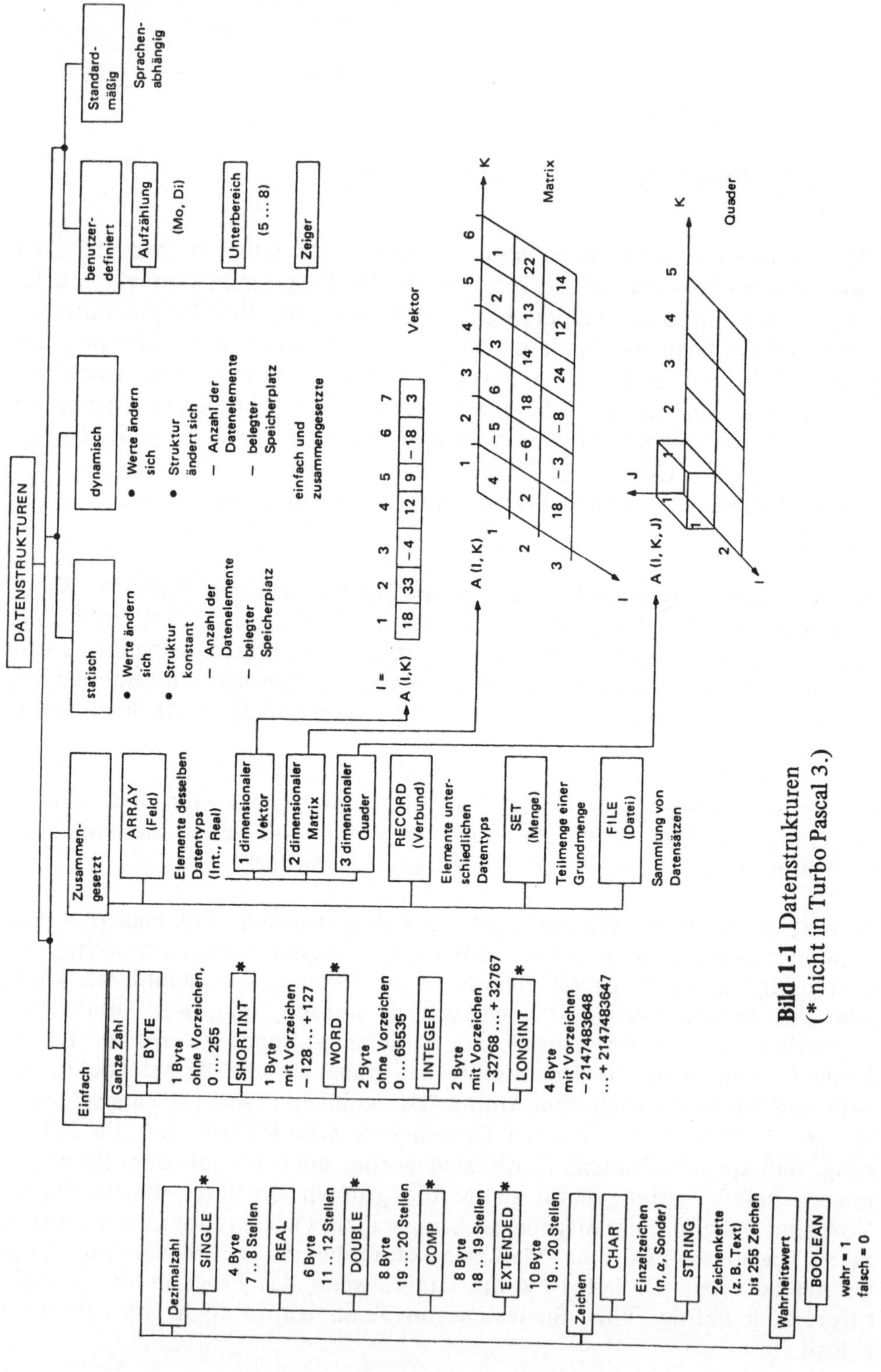

Bild 1-1 Datenstrukturen
(* nicht in Turbo Pascal 3.)

Wie daraus zu ersehen ist, wird zwischen einfachen und zusammengesetzten, statischen und dynamischen sowie benutzerdefinierten und standardmäßig vorhandenen Datenstrukturen unterschieden. Die umfassendste Datenstruktur ist die Datei oder die Datenbasis (Datenbank). Bild 1-2 zeigt den prinzipiellen Dateiaufbau und erklärt die Datenbasis als die Summe aller Dateien.

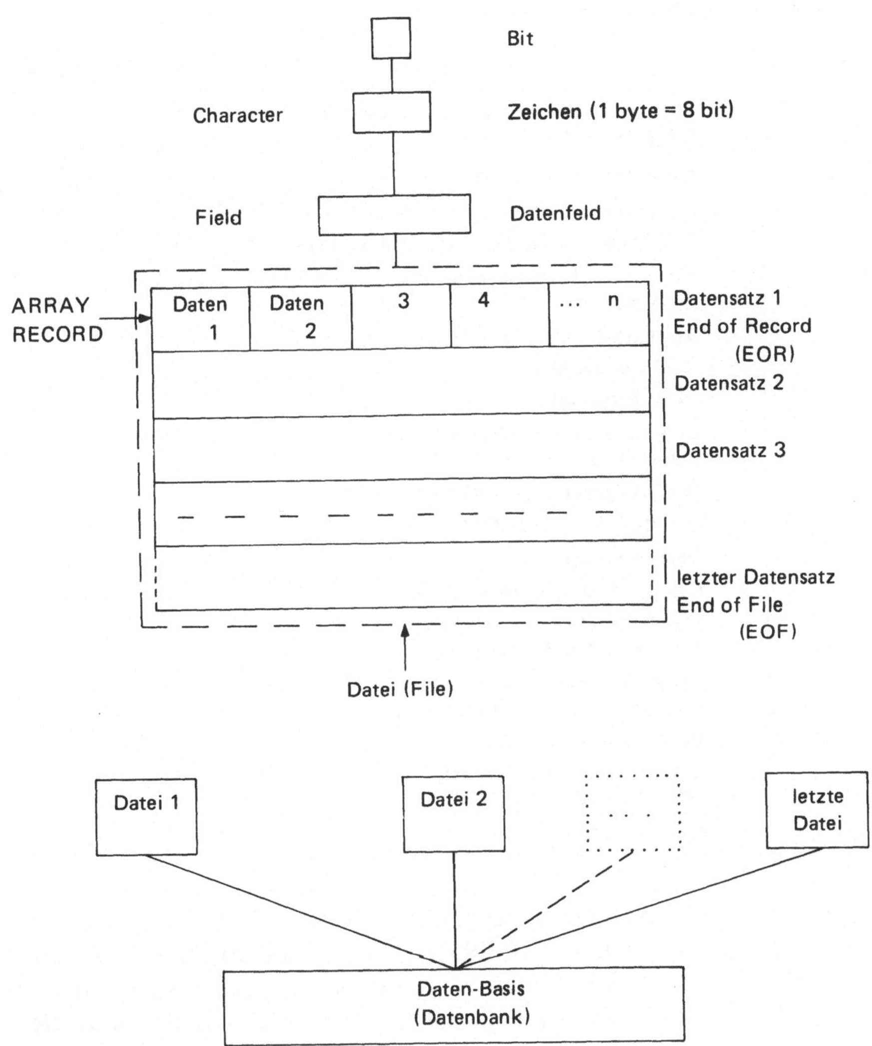

Bild 1-2 Datei und Datenbasis

Es ist erkennbar, daß ein Datenfeld (field) die kleinste Einheit eines Datensatzes (vom Typ ARRAY oder RECORD) ist. Jeder Datensatz endet mit einer *Endemarkierung*, der Marke End of Record (EOR). Der letzte Datensatz einer Datei wird ebenfalls gekennzeichnet. Seine Markierung ist End of File (EOF). Tabelle 1-1 zeigt die Dateien in Turbo Pascal. Sie sind, wie auch in MS-DOS üblich, durch drei zusätzliche Buchstaben zu unterscheiden.

Tabelle 1-1 Datei-Zusätze in Turbo Pascal

Abkürzung	Dateityp	Versionen
.ARC	Archivierte Dateien, die komprimiert sind (ARCHIEVES)	5
.BAK	Sicherungskopie (BACK UP)	3, 4, 5
.BIN	Programme in Maschinensprache (BINARY FILES)	3
.CFG	Konfigurationsdatei (CONFIGURATION)	4, 5
.COM	Ausführbares Programm mit maximal 64 KByte (COMMAND)	3
.EXE	Ausführbares Programm beliebiger Länge (EXECUTABLE)	4, 5
.MAP	Debugger-Datei	4, 5
.OBJ	Externe (nicht Pascal-) Programme im Zwischenformat	4, 5
.OVR	Overlay-Dateien (OVERLAY)	5
.PAS	Quelltext-Datei (PASCAL)	3, 4, 5
.PCK	Dateilisten (PICK)	4, 5
.TP	Compiler-Datei (TURBO PASCAL)	4, 5
.TPL	Standard-Programmbibliothek (TURBO PASCAL LIBRARY)	4, 5
.TPM	Zusatzinformationen über Fehler (TURBO PASCAL MAP)	4
.TPU	Vordefinierte (Standard-Units) oder selbsterzeugte Bibliothekeinheiten (Units) (TURBO PASCAL UNIT)	4, 5
.ØØ?	Overlay-Dateien	3

Ein wichtiger Vorteil von Pascal gegenüber vielen anderen Programmiersprachen (z. B. Basic oder FORTRAN) ist die Behandlung *dynamischer* Daten. Darunter werden Daten verstanden, die sich während des Programmablaufs in ihrer Struktur ändern, d. h. die Anzahl und der Aufbau der Datenelemente verändern sich. In Turbo Pascal wird auch der Datentyp Datei (file) als dynamische Datenstruktur behandelt. Bild 1-3 zeigt die verschiedenen Arten von dynamischen Daten.

Die Speicherung dynamischer Variablen geschieht in Turbo Pascal in einem besonderen Bereich, dem *Heap* (Halde oder Berg). Ganz wichtig ist dabei der *Zeiger* (Heap-Pointer), der auf den Anfang der dynamischen Datenstruktur zeigt. Der Heap-Pointer wird, von der niedrigsten Adresse ausgehend, mit jeder neuen dynamischen Variablen eine Stufe höher gesetzt.

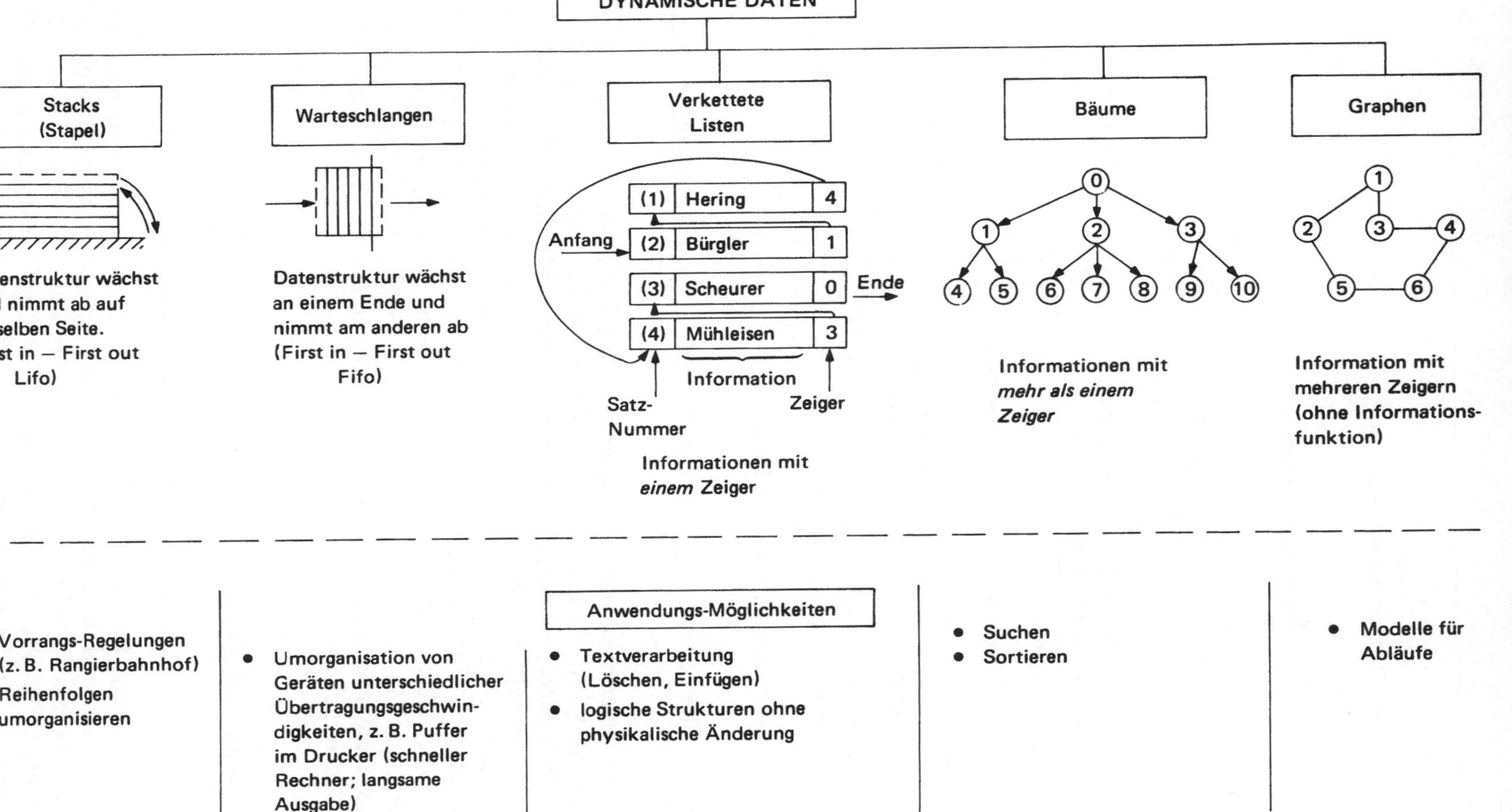

Bild 1-3 Dynamische Daten

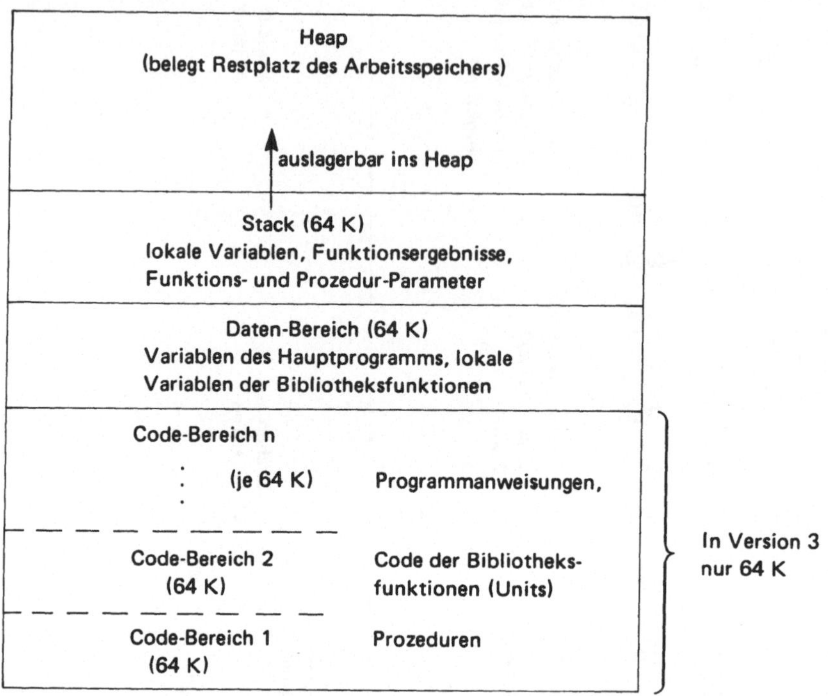

Bild 1-4 Speicherorganisation in Turbo Pascal

Die prinzipielle Speicherorganisation in Turbo Pascal ist in Bild 1-4 dargestellt.

Daraus ist zu ersehen, daß der Speicher eines Computers von drei Bereichen belegt wird, dem *Codebereich* (er kann in Teilbereiche zu je 64 kBytes gegliedert werden), dem *Datenbereich*, für den 64 kBytes zur Verfügung stehen, und dem *dynamischen Bereich*. Dieser besteht aus zwei Teilen, dem *Stack* und dem *Heap*. Während der Stack auf einen Speicherbereich von 64 kBytes beschränkt ist (größere Stacks sind ins Heap auslagerbar), ist der Speicherbereich des Heaps durch die Speicherkapazität des Arbeitsspeichers eines Rechners begrenzt (Arbeitsspeicher abzüglich Code- und Datenbereich sowie den Stack ergibt den Heapbereich).

1.3 Programmstrukturen

Die prinzipiellen Elemente einer Programmstruktur zeigt Bild 1-5.

Es ist aus diesem Bild zu erkennen, daß es drei Grundtypen gibt: die Folge, die Auswahl und die Wiederholung. Für die Auswahl und die Wiederholung sind mehrere Varianten möglich. Für sie werden die Bezeichnungen im Pseudocode, die Darstellung im Struktogramm und die Bezeichnung in Turbo Pascal angegeben.

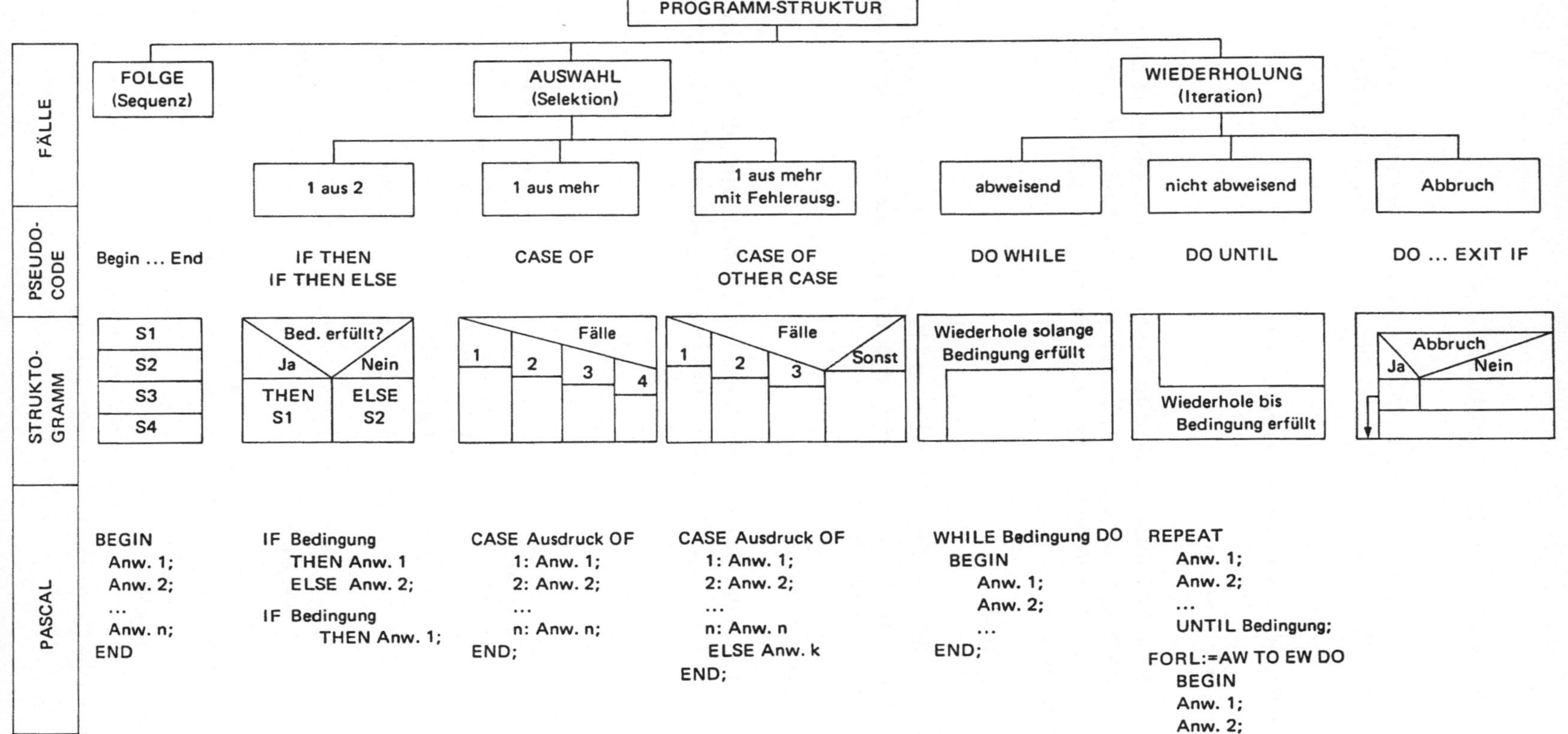

Bild 1-5 Elemente der Programmstrukturen

1.4 Systematische Programmentwicklung

Um Programme so zu schreiben, daß sie von anderen Personen verstanden und weiterentwickelt werden können, empfiehlt sich folgende Vorgehensweise:

1. Bezeichnung des Programms (Programmname)

2. Funktionsbeschreibung

Hier erfolgt eine ausführliche Beschreibung aller Aufgaben (Funktionen), die das Programm zu lösen hat. Dabei geht es zunächst um *Eingabe-Funktionen*, dann um *Bearbeitungs-Funktionen* und schließlich um *Ausgabe-Funktionen.*

3. Datenbeschreibung

An dieser Stelle werden die Daten beschrieben, beispielsweise der Datentyp, die Anzahl der Zeichen, wie oft auf sie zugegriffen werden muß und wo sie gespeichert sind.

4. Beschreibung der Programmlogik

Den logischen Ablauf des Programmes beschreiben wir mit Struktogrammen nach DIN 66261. Dabei zeigt Bild 1-6 die prinzipielle Gesamtstruktur.

Initialisierung
Vorstellung des Bildschirm-Menüs
Fälle
1 2 3 4 5 n
Sonst
Parameterleiste
2, 4 | 4, 8 | 9, 10 | 3, 1 | ...
ENDE
Ausgabe

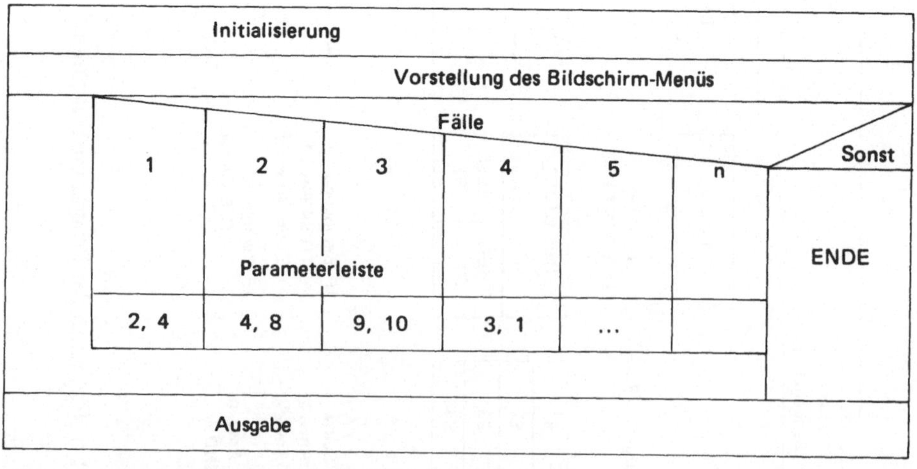

Bild 1-6 Prinzipielle Gesamtstruktur eines Programms

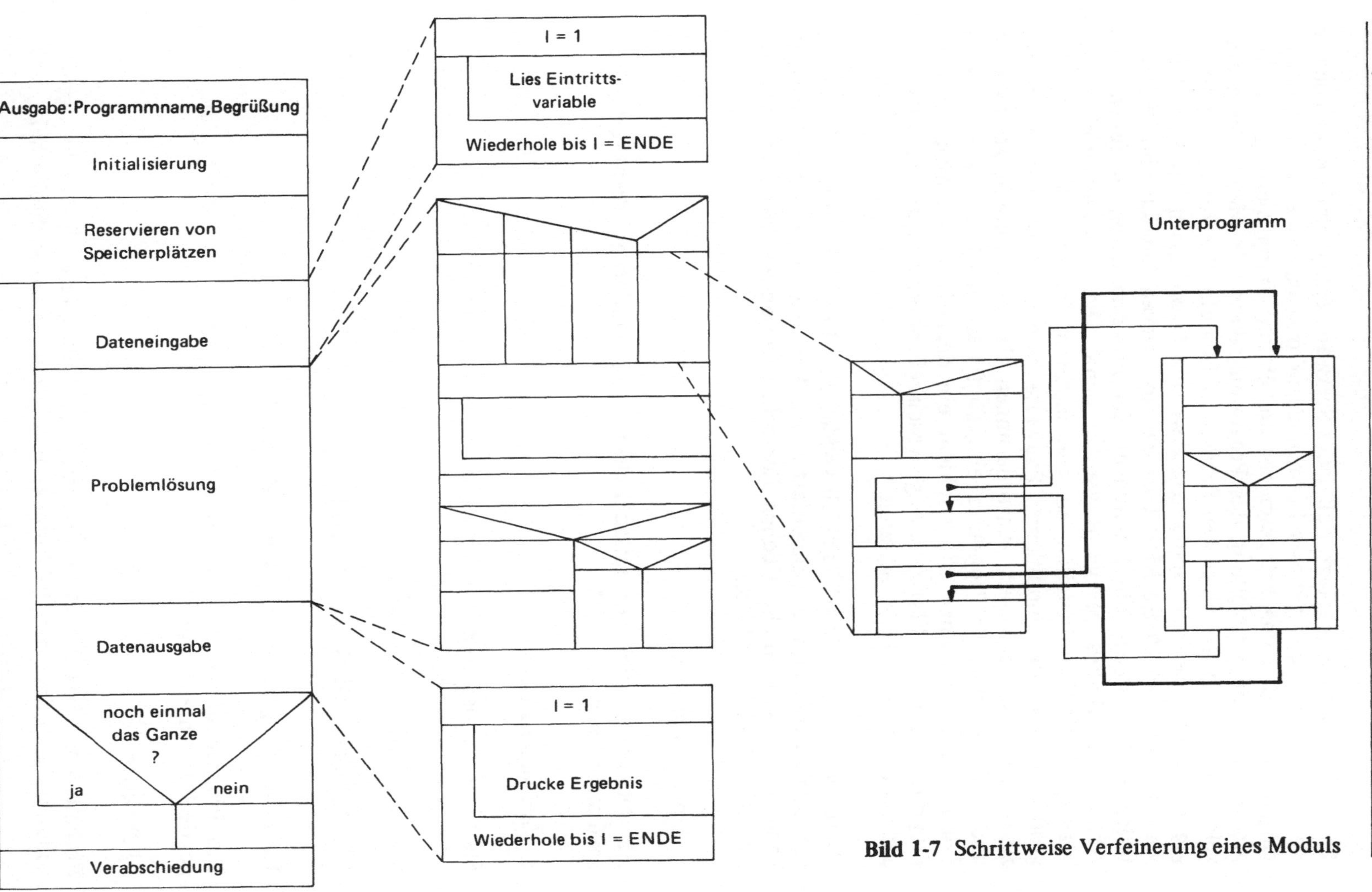

Bild 1-7 Schrittweise Verfeinerung eines Moduls

Es wird Wert darauf gelegt, daß jedes Software-Paket, und sei es noch so komplex, prinzipiell in dieser Form und auf maximal einer DIN A3-Seite dargestellt wird. Zunächst geschieht die übliche Initialisierung des Programms und die Vorstellung des Programmpaketes als Menü. Diese einzelnen Teile sind die einzelnen Programm-Moduln. Sie können unabhängig voneinander erstellt und getestet werden (Zeitersparnis bei der Softwareentwicklung). Jedes Modul besitzt im unteren Bereich eine Parameterleiste. Dort stehen die Kennungen der Programmteile, zu denen nach Ablauf des Moduls verzweigt werden kann. Diese Parameterleiste gibt sozusagen die Schnittstellen zu den anderen Programmteilen an. Ein großer Vorteil der modularen Bauweise von Programmteilen besteht zusätzlich darin, daß neue Anforderungen als neue Moduln geschrieben und in das bestehende Programm eingefügt werden können. Wie aus Bild 1-6 ferner zu erkennen ist, geschieht ein definierter Ausstieg aus dem Programm über den ENDE-Zweig. Anschließend erfolgt die Ausgabe und andere abschließende Tätigkeiten.

Hinter jedem Modul verbirgt sich wieder eine Logikstruktur, die in Form von Struktogrammen dokumentiert wird. Bei einer komplexen Software können unterschiedliche Ebenen der schrittweisen Verfeinerung auftreten, wie Bild 1-7 andeutet.

5. Programmausdruck

Als Dokumentation der tatsächlichen Programmierung dient der Programmausdruck.

6. Variablenliste

Sie dient zur besseren Verständlichkeit des Programms.

1.5 Arbeiten mit Turbo Pascal

1.5.1 Das Programmpaket Turbo Pascal 5

Das Programmpaket Turbo Pascal 5 besteht aus vier Disketten, die folgende Dateien enthalten:

a) Diskette 1

Enthält das Installationsprogramm, die intergierte Entwicklungsumgebung, die Standard-Bibliotheksfunktionen (Laufzeitbibliothek), die

Kommandozeilen-Version des Compilers, speicherresidente Hilfetexte sowie aktuelle Hinweise. Im einzelnen sind dies folgende Dateien:

INSTALL.EXE	Installationsprogramm
README.COM	Programm zum Lesen der Datei README
TURBO.EXE	Integrierte Entwicklungsumgebung
TURBO.TPL	Laufzeitbibliothek (alle Standard-Units, außer GRAPH.TPU)
TPC.EXE	Kommandozeilen-Version des Compilers
THELP.COM	Speicherresidente Hilfestellung
README	Lesedatei für neueste Informationen

b) Diskette 2

In dieser Diskette finden Sie die englischen Hilfe-Texte sowie die Dienstprogramme zur Anpassung an frühere Versionen, Verwaltungsprogramme für große Programme, Durchsuchen von Quelltext-Dateien und Einbinden von Grafiktreibern und Zeichensätzen. Folgende Dateien befinden sich auf der Diskette.

TURBO.HLP	Englische Hilfetexte
TINST.EXE	Installationsprogramm
TPUMOVER.EXE	Verwalten der Unit-Bibliotheken
MAKE.EXE	Verwalten großer Programmprojekte
GREP.COM	Durchsuchen von Quelltext-Dateien
TOUCH.COM	Verändern von Datum und Uhrzeit in Dateien
BINOBJ.EXE	Konvertieren von Daten in .OBJ-Dateien und Einbinden von Graphiktreibern und Zeichensätzen
TPCONFIG.EXE	Konvertieren von TURBO.EXE <--> TPC.EXE
TINSTXFR.EXE	Konvertieren der Konfiguration TURBO.EXE 4 <--> 5

c) Diskette 3

Auf ihr sind die Graphikpakete (Treiber und Zeichensätze), ein Programm zum Entpacken von .ARC-Dateien, etliche Demoprogramme, die Listings für die Interfaces der Standard-Units, Dienstprogramme zum Konvertieren von Programmen in Turbo Pascal 3 und eine Textdatei, in der die häufigsten technischen Fragen beantwortet werden. Folgende wichtige Dateien sind auf der Diskette:

UNPACK.COM	Programm zum Entpacken der .ARC-Dateien
BGI.ARC	Graphikpaket (wird durch INSTALL automatisch entpackt)
DEMOS.ARC	Beispielprogramme (durch INSTALL automatisch entpackt)
DOC.ARC	Interface-Listings der Standard-Units (durch INSTALL automatisch entpackt)
Turbo3.ARC	Konvertieren von Programmen in Turbo Pascal 3
HELPME!.DOC	Beantworten technischer Fragen zu Version 5

d) Diskette 4

Hier sind die deutschen Hilfetexte und die Korrekturen bzw. Erweiterungen zum Handbuch für Turbo Pascal 4 enthalten. Es handelt sich um folgende Dateien:

TURBO.HLP	Deutsche Hilfetexte
README40.DOC	Korrekturen und Ergänzungen zu Turbo Pascal 4

1.5.2 Installation

Im folgenden wird gezeigt, wie Sie Turbo Pascal 5 an Ihre Hardware anpassen können. Mit dem Installationsprogramm INSTALL.EXE auf der Diskette 1 werden Sie Ihre Installations menügesteuert durchführen.

1.5.2.1 Installation auf einem Festplatten-Rechner

Bei einem Rechner mit Festplatte gehen Sie folgendermaßen vor:

a) Einlegen der Diskette 1 in Laufwerk A

Umschalten auf Laufwerk A:

a: <RETURN>.

b) Aufrufen des Installationsprogramms

install <RETURN>.

Es erscheint folgende Meldung:

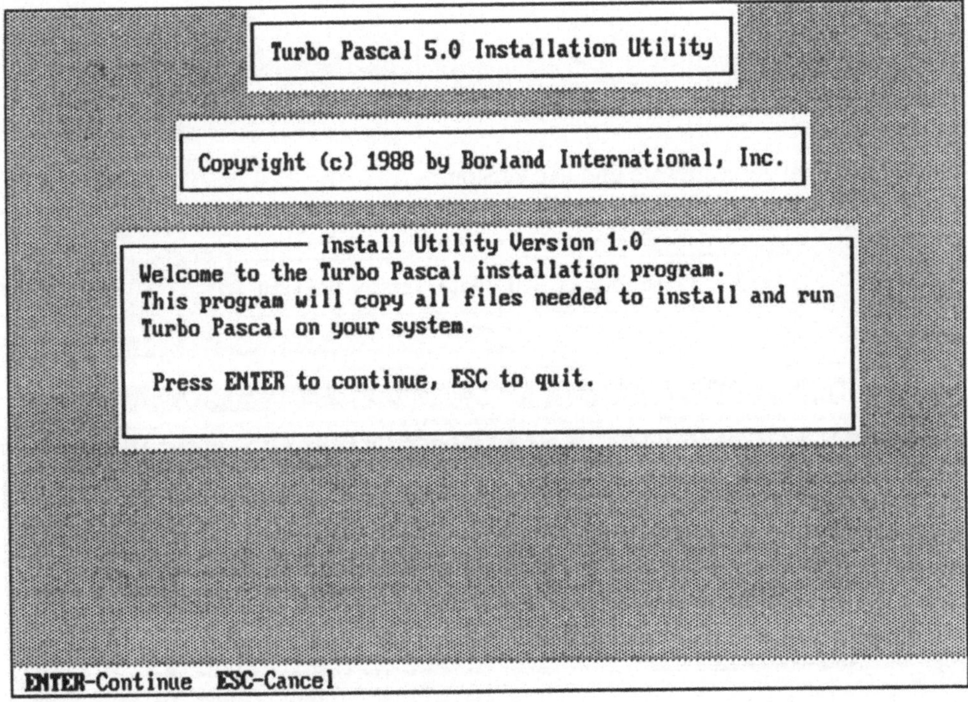

Bild 1-8 Beginn des Installationsprogramms

Durch Drücken der <RETURN>-Taste wird mit dem Installationsprogramm begonnen. Zunächst wird das *Laufwerk* für die Quellendisketten (im vorliegenden Fall A) festgelegt. Danach können Sie auswählen, ob Sie neu installieren auf einer Festplatte (Hard Drive), Ihre Turbo Pascal Version 4.0 auf 5.0 umschreiben oder die Installation mit zwei Disketten-Laufwerken vornehmen wollen (s. Bild 1-9).

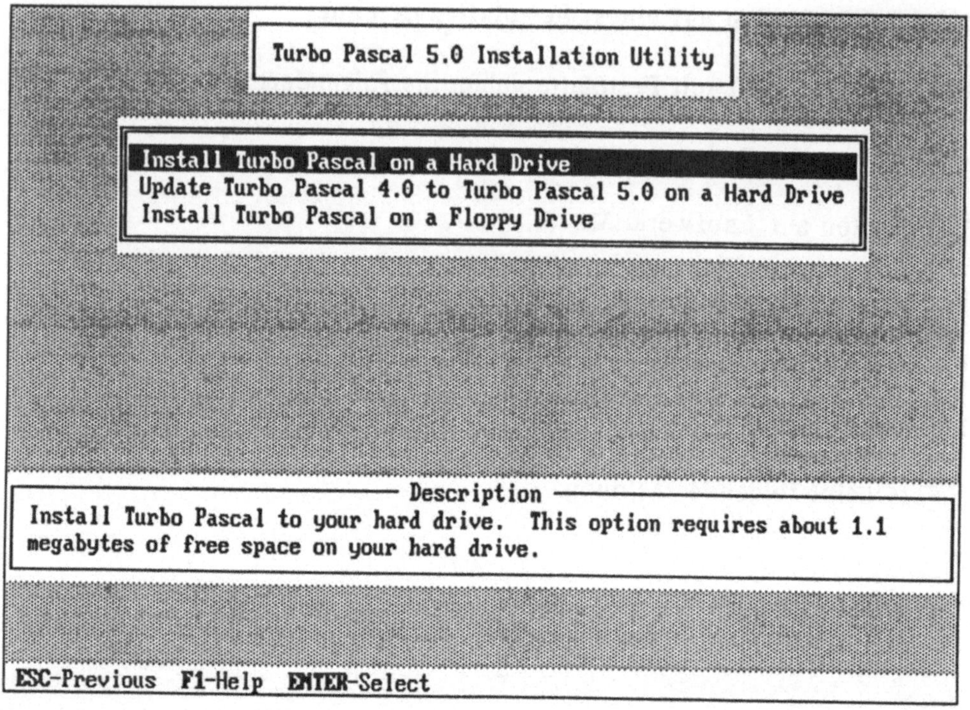

```
Turbo Pascal 5.0 Installation Utility

Install Turbo Pascal on a Hard Drive
Update Turbo Pascal 4.0 to Turbo Pascal 5.0 on a Hard Drive
Install Turbo Pascal on a Floppy Drive

Description
Install Turbo Pascal to your hard drive.  This option requires about 1.1
megabytes of free space on your hard drive.

ESC-Previous  F1-Help  ENTER-Select
```

Bild 1-9 Auswahl der Hardware und der Version

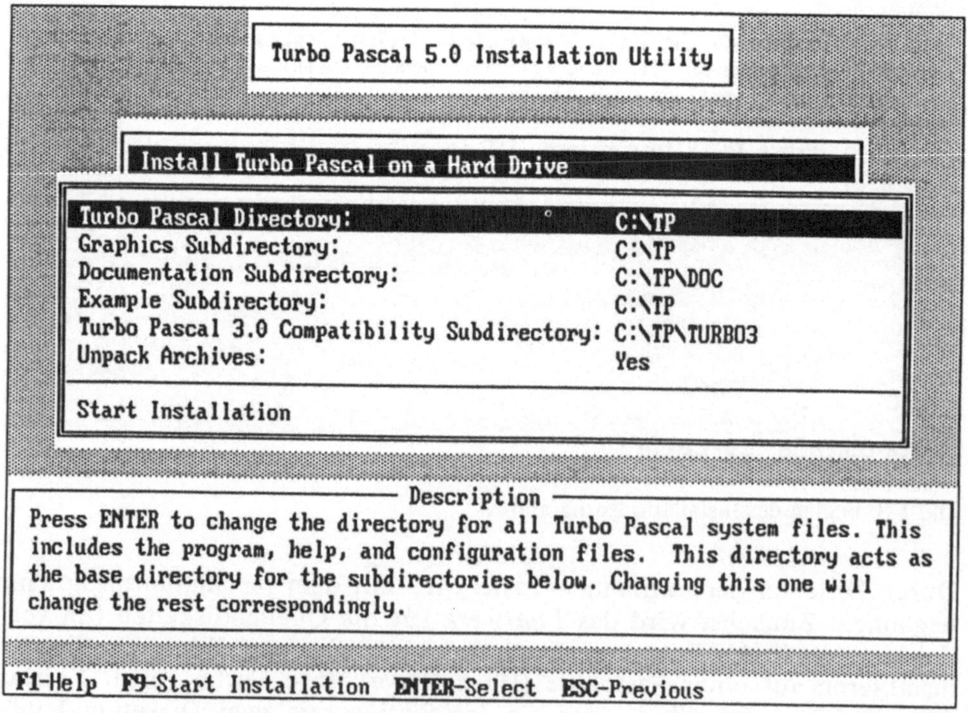

```
Turbo Pascal 5.0 Installation Utility

Install Turbo Pascal on a Hard Drive

Turbo Pascal Directory:                        C:\TP
Graphics Subdirectory:                         C:\TP
Documentation Subdirectory:                    C:\TP\DOC
Example Subdirectory:                          C:\TP
Turbo Pascal 3.0 Compatibility Subdirectory:   C:\TP\TURBO3
Unpack Archives:                               Yes

Start Installation

Description
Press ENTER to change the directory for all Turbo Pascal system files. This
includes the program, help, and configuration files.  This directory acts as
the base directory for the subdirectories below. Changing this one will
change the rest correspondingly.

F1-Help  F9-Start Installation  ENTER-Select  ESC-Previous
```

Bild 1-10 Festlegen der Pfade

Wir drücken die <RETURN>-Taste und wählen die Installation auf einer Festplatte. Im nächsten Schritt werden die Pfade für die einzelnen Programme festgelegt und anschließend mit der eigentlichen Installation begonnen (s. Bild 1-10):

Wenn Sie mit den Cursor-Tasten einen Pfad ausgewählt haben, beispielsweise *Turbo Pascal 3.0 Compatibility Subdirectory: C:\TP\TURBO3* und Sie drücken die <RETURN>-Taste, dann können Sie den Pfad in einem Eingabefenster ändern (s. Bild 1-11).

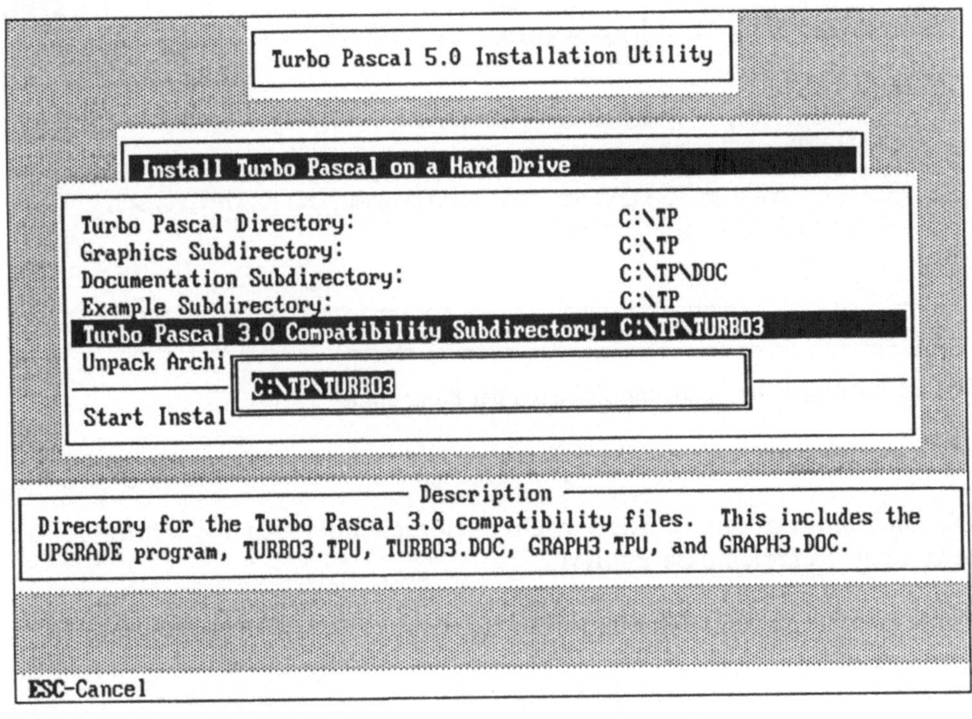

Bild 1-11 Ändern eines Pfades

Wenn Sie alle Einstellungen vorgenommen haben, wählen Sie die Möglichkeit: *Start Installation* und bestätigen die Wahl durch Drücken der <RETURN>-Taste; oder Sie drücken die Taste <F9>, um mit der Installation zu beginnen. Dabei werden vom Laufwerk A die Dateien gelesen und in die entsprechenden Pfade auf der Festplatte C geschrieben. Im unteren Fenster des Bildschirms werden die Kopiervorgänge angezeigt, und in einem Fenster in der Mitte des Bildschirms erscheinen weitere Aufforderungen (z. B. die Diskette mit den Hilfe-Dateien (HELP) und den Anpassungsprogrammen (UTILITIES), d. h. Diskette 2, einzulegen; s. Bild 1-12).

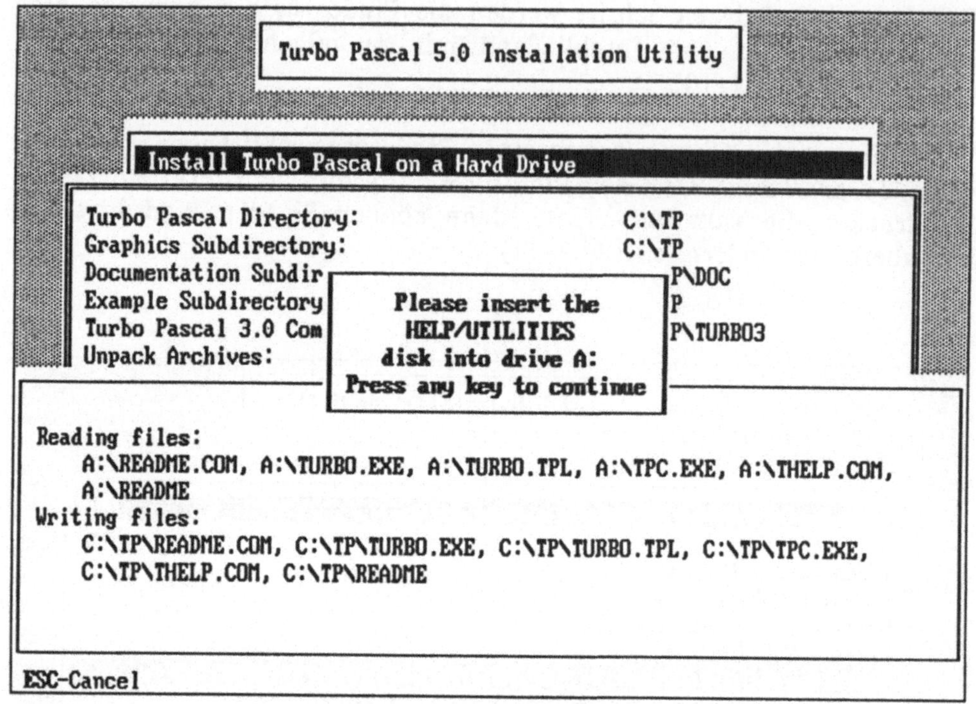

Bild 1-12 Anlegen der Pfade und Kopieren der Programme

Die anderen Dateien werden nach entsprechender Aufforderung in die jeweiligen Verzeichnisse kopiert.

Nach Beendigung des Installations-Programms sehen Sie folgendes Bild (s. Bild 1-13):

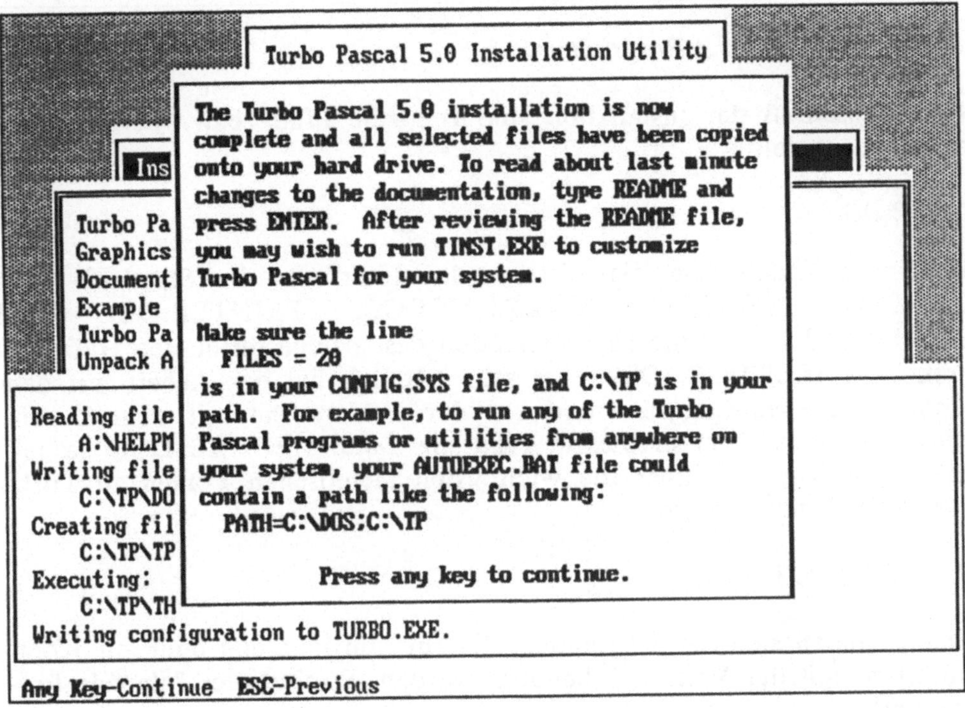

Bild 1-13 Ende des Installations-Programms

c) Kopieren des deutschen Hilfetextes

Die deutschen Hilfetexte sind so ausführlich, daß sie auf einer eigenen Diskette (Diskette 4) gespeichert sind. Um sie - anstelle der englischen Hilfetexte - auf die Festplatte zu kopieren, gehen Sie in folgenden Schritten vor:

- Einstellen des Pfades, auf dem sich die Datei TURBO.EXE befindet (in unserem Fall ist dies C:\TP).

  Deshalb geben wir ein:

c: <RETURN>	Umschalten auf Laufwerk C (Festplatte).
cd tp <RETURN>	Einstellen des Pfades \TP.

  Im Anschluß daran sehen Sie das aktuelle Verzeichnis: C:\TP.

- Einlegen der Diskette mit den deutschen Hilfetexten (Diskette 4) in Laufwerk A und kopieren der Dateien in den eingestellten Pfad mit dem Befehl:

  copy a:*.* <RETURN>.

Außer den Hilfetexten wird auch noch die Datei README40.DOC kopiert, die die Verbesserungen und Ergänzungen zum Handbuch für Turbo Pascal 4.0 enthält.

d) Verzeichnisse und Programme

Nach Abschluß der Installation sind folgende Pfade bzw. Verzeichnisse angelegt worden:

C:\TP\DOC

In ihm befinden sich die Listings der Interfaces der Standard-Units CRT.DOC, DOS.DOC, OVERLAY.DOC, PRINTER.DOC und SYSTEM.DOC sowie die Dokumentation des speicherresidenten Hilfeprogramms THELP.DOC. Dieses ist sehr nützlich bei der Arbeit mit dem Kommandozeilen-Compiler und bei der Fehlersuche mit dem Turbo-Debugger. Ferner ist in diesem Pfad die Datei HELPME!.DOC gespeichert, die Auskunft über die wichtigsten technischen Fragen zu Turbo Pascal der Version 5 gibt.

C:\TP\TURBO3

Hier befinden sich die Programme, die zur Umwandlung oder zur Kompatibilität mit der Version 3 benötigt werden. Es sind dies folgende Programme:

BCD.PAS
: Konvertiert BCD-Zahlen der Version 3 in IEEE-Fließkommazahlen der Version 5.

GRAPH3.DOC und GRAPH3.TPU
: Graphik-Baustein GRAPH3.TPU der Version 3 und seine Dokumentation.

TURBO3.DOC und TURBO3.TPU
: Kompatibilitäts-Baustein zu Version 3 (TURBO3.TPU) und seine Dokumentation.

UPGRADE.DTA und UPGRADE.EXE
: Programm zum Konvertieren von Quelltexten der Version 3 (UPGRADE.EXE) und die zugehörigen Daten (UPGRADE.DTA).

Alle anderen Programmteile von Turbo Pascal 5 sind im Pfad *\TP* gespeichert.

1.5.2.2 Installation auf einem Rechner ohne Festplatte

Wenn Sie Turbo Pascal auf einem Rechner ohne Festplatte installieren, dann müssen Sie *vor* dem Start des Installationsprogramms eine leere, formatierte Diskette (360 kBytes oder 720 kBytes) bereithalten. Anschließend legen Sie die Diskette 1 ins Laufwerk A, schalten in dieses um (a: <RETURN>) und geben **install** <RETURN> ein. Als nächstes teilen Sie mit (s. Bild 1-9), daß Sie auf einem Rechner ohne Festplatte installieren.

Im Anschluß daran können Sie die Compiler-Version wählen, die kopiert werden soll. Dabei haben Sie folgende zwei Möglichkeiten:

a) Integrierte Entwicklungsumgebung

Mit der Laufzeitbibliothek benötigt sie etwa 200 kBytes Platz. Dazu kommen noch 120 kBytes für die Hilfetexte.

b) Kommandozeilen-Version des Compilers

Er benötigt zusammen mit der Laufzeitbibliothek etwa 100 kBytes, so daß Ihnen der Rest als Speicherplatz für Ihre eigenen Programme zur Verfügung steht.

Um die deutschen Hilfetexte zu erhalten, werden diese anstelle der englischen auf die Diskette 2 kopiert. Dazu gehen Sie folgendermaßen vor:

- Einlegen der Diskette mit den deutschen Hilfetexten (Diskette 4) in Laufwerk A.

- Einlegen der Diskette 2 (auf der sich in der Datei TURBO.HLP die englischen Hilfetexte befinden) und Umschalten auf das Laufwerk B mit dem Befehl: **b:** <RETURN>.

Mit folgendem Befehl werden die englischen Hilfetexte (in Laufwerk B auf Diskette 2) durch die deutschen (im Laufwerk A die Datei TURBO.HLP) überschrieben:

copy a:turbo.hlp b:/v

Der Zusatz /v veranlaßt mit der Prüfung durch die DOS-Funktion *verify*, daß die kopierte Datei mit der Originaldatei übereinstimmt. Die Datei README40.DOC können Sie auf der Diskette 4 mit dem DOS-Befehl **type** lesen.

1.5.3 Integrierte Entwicklungsumgebung (Benutzeroberfläche)

Ein Programm in Turbo Pascal ist nicht nur der entsprechende Quellcode, der schnell kompiliert werden kann. Es ist mit zahlreichen Funktionen ausgestattet, wie Texteditor, Compiler, Linker, Debugger und vieles andere mehr. Diese Möglichkeiten sind alle über das Hauptmenü aufrufbar.

1.5.3.1 Starten des Programms

Wenn Sie die Systemdiskette (Diskette 1) in ein Laufwerk gelegt oder bei der Festplatte in das Verzeichnis C:\TP umgeschaltet haben, geben Sie ein:

turbo <RETURN>.

Es wird folgendes Bild sichtbar (s. Bild 1-14):

```
   File    Edit    Run    Compile    Options    Debug    Break/watch
 ═══════════════════════════ Edit ════════════════════════════════
      Line 1    Col 1    Insert Indent         Unindent   C:NONAME.PAS



 ─────────────────────────── Watch ────────────────────────────────

 F1-Help  F5-Zoom  F6-Switch  F7-Trace  F8-Step  F9-Make  F10-Menu
```

Bild 1-14 Hauptmenü der integrierten Entwicklungsumgebung

Sie sehen am oberen Bildschirmrand die sieben Möglichkeiten des Hauptmenüs, die im folgenden Abschnitt ausführlicher erklärt werden.

1.5.3.2 Schema der integrierten Entwicklungsumgebung

In Bild 1-15 ist die integrierte Entwicklungsumgebung mit ihren Haupt- und Untermenüs dargestellt.

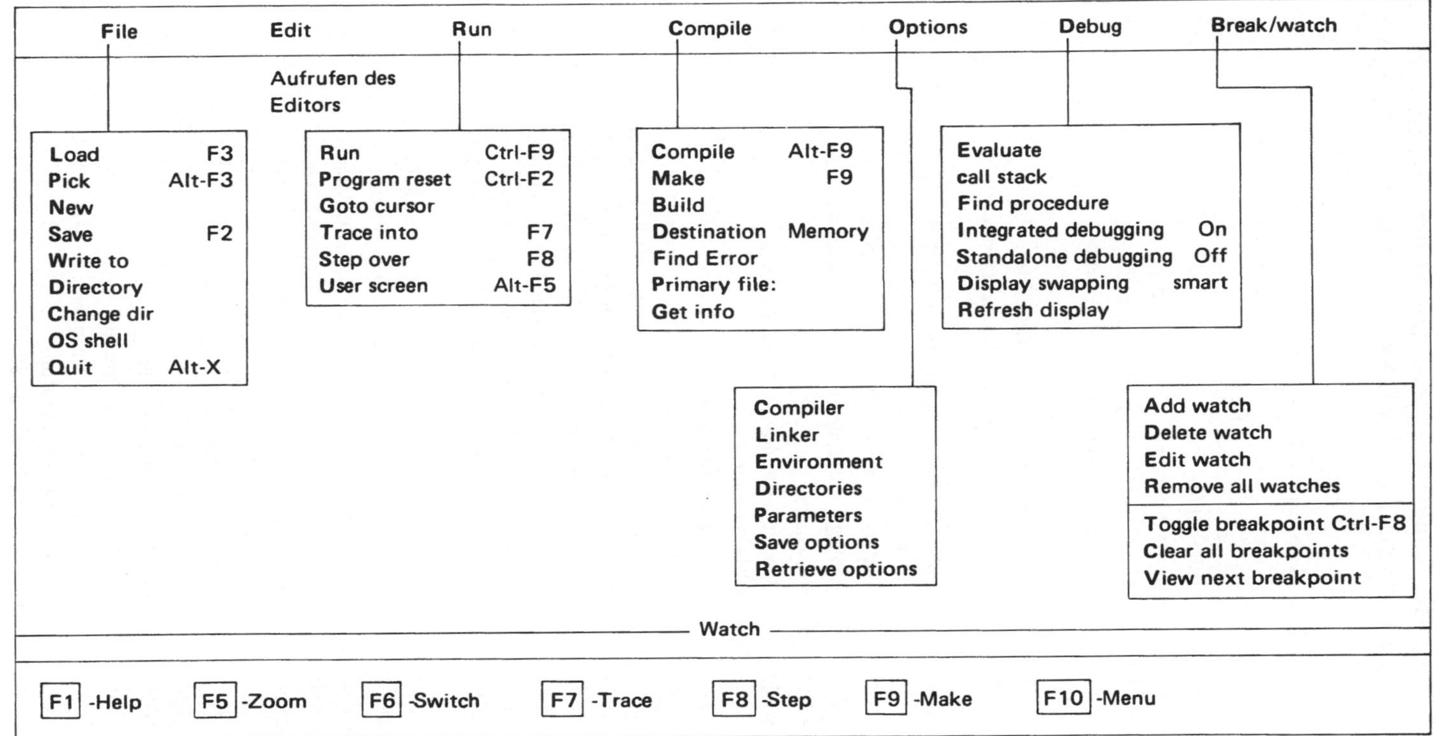

Bild 1-15 Schema der integrierten Entwicklungsumgebung mit Haupt- und Untermenüs

Tabelle 1-2 zeigt die Funktionen, die den Festtasten <F1> bis <F10> (u. a. in Verbindung mit den Tasten <ALT> und <CTRL>) zugeordnet sind.

Tabelle 1-2 Festtasten und Tastenkombinationen

Taste (n)		Funktion	Version
	<F1>	Hilfestellung	4, 5
<Ctrl>	<F1>	Syntaxhilfe innerhalb des Editors	4, 5
<Alt>	<F1>	Letzte Hilfestellung wird angezeigt	4, 5
	<F2>	Speichern des Quelltextes (Editor)	4, 5
<Ctrl>	<F2>	Beenden der Fehlersuche	5
	<F3>	Laden des Quelltextes in den Editor	4, 5
<Ctrl>	<F3>	Debugger: Anzeige des Stacks aufgerufener Funktionen	5
<Alt>	<Fe>	Laden des zuletzt bearbeiteten Quelltextes in den Editor	4, 5
	<F4>	Ausführen des Programms bis zum Cursor	5
<Ctrl>	<F4>	Debugger: Berechnen des Wertes eines Ausdrucks	5
	<F5>	Umschalten der Fenster-Größe	4, 5
<Alt>	<F5>	Umschalten zwischen Turbo Pascal und DOS-Bildschirm	4, 5
	<F6>	Umschalten zwischen Fenstern	4, 5
<Alt>	<F6>	Wechseln des Inhaltes des aktiven Fensters	5
	<F7>	Verfolgen eines Programmschritts mit Funktionen	5
<Ctrl>	<F7>	Debugger: Eingabe eines Watch-Ausdrucks	5
	<F8>	Verfolgen eines Programmschritts ohne Funktionen	5
<Ctrl>	<F8>	Debugger: Ein-/Abschalten eines Abbruchpunktes	5
	<F9>	Einschalten von Compile/MAKE	4, 5
<Ctrl>	<F9>	Einschalten von Compile/MAKE und starten des Programms, falls fehlerfrei	5
<Alt>	<F9>	Kompilieren des Quelltextes im Editor alt .OBJ-Datei	4, 5
	<F10>	Umschalten zwischen Menüleiste und aktivem Fenster	4, 5
<Shift>	<F10>	Anzeige des Copyrights und der Versionsnummer	5
<Alt>	<F10>	Anzeige des Copyrights und der Versionsnummer	4
<Alt>	<B>	Ausführen der Option Break/Watch	5
<Alt>	<C>	Ausführen der Option Compile	4, 5
<Alt>	<D>	Ausführen der Option Debug	5
<Alt>	<E>	Ausführen der Option Edit	4, 5
<Alt>	<F>	Ausführen der Option File	4, 5
<Alt>	<O>	Ausführen der Option Options	4, 5
<Alt>	<R>	Start des Programms (in Version 5: <Ctrl> <F9>)	4
<Alt>	<R>	Ausführen der Option Run	5
<Alt>	<X>	Beenden von Turbo Pascal	4, 5

1.5.3.3 Möglichkeiten der integrierten Entwicklungsumgebung

Sie sehen in der Hauptmenüleiste am oberen Bildschirmrand sieben Möglichkeiten, die, wie gewohnt, durch Eingabe des leuchtenden Buchstabens aktiviert werden. Durch Drücken der Taste *<F10>* kehrt man wieder ins *Hauptmenü* zurück; die aktuelle Möglichkeit ist dann hell unterlegt. Die im Hauptmenü angegebenen Optionen können an jeder Stelle in Turbo Pascal durch Drücken der <ALT>-Taste und des Anfangsbuchstabens aufgerufen werden (z. B. <ALT> c die Option Compile). Im folgenden werden die einzelnen Optionen der integrierten Entwicklungsumgebung in ihrer Funktionsweise kurz beschrieben.

File

Hier finden sich Funktionen zur Verwaltung von Dateien:

Load oder <F3>: Laden; Pick oder <ALT> <F3>: Auswahl einer Datei aus den 8 letzten; New: Löschen der aktuellen Datei; Save oder <F2>: Sichern der aktuellen Datei; Write to: Speichern unter neuem Namen; Directory: Anzeige des Inhaltsverzeichnisses; ChangeDir: Wechseln des Pfades; OS shell: Wechsel zu MS-DOS (Rückkehr durch Exit); Quit oder <ALT> <X>: Verlassen von Turbo Pascal.

Edit

Dies ist der Turbo Pascal-Editor (s. 1.6). Er wird durch Drücken der Tastenkombinationen <CTRL> **kd** oder der Taste <F10> verlassen.

Run

Ausführen eines Programms, falls notwendig mit vorheriger Kompilierung.

Run oder <CTRL> <F9>: Programmausführung mit Compilerlauf; Program reset oder <CTRL> <F2>: Ende der Fehlersuche durch den integrierten Debugger; Go to cursor oder <F4>: Durchführen eines Programmes bis zu der Stelle, an dem der Cursor ist; Trace into oder <F7>: Ausführen des jeweils nächsten Programmschrittes und der Funktionsschritte in Unterprogrammen; Step over oder <F8>: Ausführen des jeweils nächsten Programmschrittes, wobei die Funktionsaufrufe auf einmal und nicht schrittweise bearbeitet werden; User screen oder <ALT> <F5>: Schaltet auf den Bildschirm mit den "DOS"-Eingaben um. Durch Drücken einer beliebigen Taste gelangen Sie wieder ins Hauptmenü zurück.

Compile

Kompilieren des Quelltextes:

Compile oder <ALT> <F9>: Kompilieren des aktuell im Editor stehenden Quelltextes; Make oder <F9>: Wurde über *Primary File* ein Name eingegeben, wird diese Datei zuerst kompiliert. Ferner werden alle über USES eingebundenen Bibliotheken neuesten Datums kompiliert; **Build**: Alle über USES eingebundenen Programm-Bibliotheken werden, unabhängig von einem Zeitvergleich, kompiliert; Destination Memory: Kompilierung in den Hauptspeicher (Memory) oder als .EXE-Datei auf Diskette (Disk); Find Error: Fehlerstelle wird im Quellprogramm angezeigt; Primary file: Namen des zuerst zu kompilierenden Quelltextes festlegen; Get info: Informationen über die kompilierten Dateien (s. Bild 1-22).

Options

Weitere Möglichkeiten können eingestellt werden:

Compiler: Setzen von Schaltern für den Compiler (s. Bild 1-23); Linker: Einschalten des Linkers; Environment: Festlegen des Verhaltens der Programmierumgebung, z.B. Speicherung des Quelltextes vor dem Programmstart oder Umschalten von Fenstergrößen (s. Bild 1-26); Directories: Suchwege zu den unterschiedlichen Verzeichnissen (s. Bild 1-27); Parameters: Austesten des Programms durch Simulation mit verschiedenen Kommandozeilen-Parametern; Save options: Sichern aller Optionen in einer Konfigurationsdatei; Retrieve options: Laden der Konfigurationsdatei.

Debug

Hier wird die Arbeitsweise des integrierten Debuggers festgelegt.

Evaluate oder <CTRL> <F4>: Berechnung oder Veränderung von Ausdrücken in Turbo Pascal, wobei drei Fenster erscheinen (*Evaluate*: Zur Eingabe eines Ausdrucks, *Result*: Ausgabe des berechneten Wertes und *New Value*: Zur Eingabe anderer Werte); **Call stack** oder <CTRL> <F3>: Angabe des <RETURN>-Stacks eines Programms und zeigt somit, über welche Folge von Aufrufen der augenblickliche Programmzustand erreicht wurde (Aktivierung der Option nur bei eingeschaltetem Debugger); **Find procedure**: Erwartet die Eingabe einer Prozedur und stellt deren ersten Befehl im Edit-Fenster dar (Aktivierung der Option nur nach fehlerfreier Kompilierung und Einschalten des Debuggers); Integrated debugging (On/Off): Im Schalterzustand On (Standard) werden alle Informationen zur Fehlersuche gespeichert, im Zustand Off nicht (dadurch ist im Hauptspeicher mehr Platz vorhanden); Standalone debugging (Off/On): Die Fehlerinformationen können in einer .EXE-Datei auf die Diskette gespeichert werden (On) oder nicht (Off: Standardeinstellung); Display swapping (None/Smart/Always): Schalter legt fest, unter welchen Voraussetzungen zwischen der integrierten Entwicklungsumgebung und dem DOS-Bildschirm umgeschaltet wird; None: Keine automatische Bildschirmumschaltung (nur für Programmteile ohne Bildschirmausgabe geeignet); Smart (Standardvorgabe): Falls der nächste Befehl einen Zugriff auf den Bildschirmspeicher enthält, wird auf diesen umgeschaltet, sonst nicht; Always: Bei *jedem* Befehl wird auf den DOS-Bildschirm umgeschaltet; Refresh Display: Völliger Neuaufbau des Bildschirms.

Break/watch

Mit diesen Optionen lassen sich Abbruchpunkte und *Watch-Ausdrücke* setzen, löschen und bearbeiten (zur genauen Beschreibung s. Anhang A 4.2).

Add watch oder <CTRL> <F7>: Über ein kleines Fenster kann ein zusätzlicher *Watch*-Ausdruck eingegeben werden, dessen aktueller Wert ausgegeben wird; Delete watch: Löschen des aktuellen Watch-Ausdrucks; Edit watch: Der aktuelle Watch-Ausdruck wird in einem Fenster angezeigt und kann mit den Tasten des Editors verändert werden; Remove all watches: Löschen aller Watch-Ausdrücke nach beendeter Fehlersuche; Toggle breakpoint oder <CTRL> <F8>: Setzen eines Abbruchpunktes an die Position des Cursors (falls bereits vorhanden, wird er aufgehoben); Clear all breakpoints: Löschen aller Abbruchpunkte; View next breakpoint: Setzen des Cursors auf den nächsten Abbruchpunkt.

Der untere Teil des Bildschirms des Hauptmenüs (s. Bild 1-15) zeigt das *Watch*-Fenster. In der unteren Bildschirmleiste sehen Sie die Wirkungsweise einiger Funktionstasten. Eine wichtige Taste ist <F10>, mit der Sie immer wieder ins Turbo Pascal Hauptmenü gelangen.

Turbo Pascal wird vom Hauptmenü aus verlassen mit der Buchstabenfolge **f** (File) **q** (Quit).

1.6 Programmieren in Turbo Pascal

In diesem Abschnitt werden der prinzipielle Aufbau eines Programms in Turbo Pascal geschildert, das Schema einer Programmiereinheit (*UNIT*) vorgestellt und an einem sehr einfachen Programm das Umgehen mit der integrierten Entwicklungsumgebung gezeigt.

1.6.1 Vergleich eines Programmaufbaus mit der industriellen Fertigung

Wenn man sich den Aufbau eines Programms betrachtet, fallen Ähnlichkeiten zur Vorgehensweise bei der industriellen Fertigung auf. Ein Programm verarbeitet als Material die *Daten*, indem es Halbfertigprodukte (*Prozeduren*) zu immer größeren Einheiten zusammenfaßt, bis schließlich in der Hauptroutine (BEGIN .. END.) die Teile zu einem fertigen Ganzen zusammengefügt werden. In Analogie zu Überwachungseinheiten gibt es in Pascal *Funktionen*, die als Ergebnis ihrer Tätigkeit Informationen an den Auftraggeber zurückliefern. Diese Art der Organisation ist für kleine Programme und Betriebe ausreichend. Bei größeren, komplexeren Aufgaben sind zusätzliche organisatorische Einheiten erforderlich. In Analogie zu den *Werken* eines Konzerns besteht seit Turbo Pascal 4 die Möglichkeit, zusammengehörige Prozeduren und Funktionen zusammen mit Daten und Datenstrukturen zu *UNITs* zusammenzufassen. *UNITs* sind Einheiten, die private Daten und Routinen besitzen können, auf die das rufende Programm keinen Zugriff hat. Die Möglichkeit, Daten- und Programmfunktionen zu verstecken (*information hiding*), reduziert die Komplexität eines Vorgangs beträchtlich, da ein aufrufendes Programm über die Realisierung der Programmfunktionen nichts wissen muß (*black boxes).*

1.6.2 Prinzipieller Programmaufbau

Pascalprogramme weisen die Besonderheit auf, daß alle Programmfunktionen und Daten *vor* Gebrauch definiert sein müssen. Eine derartige Programmorganisation vereinfacht die Umsetzung eines Quellprogramms in maschinenlesbare Form, da der Compiler zu jedem Zeitpunkt die formale Richtigkeit von Programm und Daten feststellen kann (vergleichbar mit einer *Just in Time-Fertigung*). Folgende Programmobjekte müssen in Pascal vereinbart werden:

a) Konstanten

Mit dem Schlüsselwort *CONST* können häufig benötigte Größen mit einem symbolischen Namen versehen werden. Der Vorteil dabei ist, daß bei Programmänderungen diese Konstanten nur an einer Stelle korrigiert werden müssen.

Beispiel:

Ein Bildschirm hat normalerweise 25 Zeilen mit je 80 Zeichen. EGA-Karten können 43 Zeilen und VGA-Karten können 50 Zeilen darstellen. Ein Programm, das die maximale Anzahl der Zeilen durch eine Konstante darstellt, ist einfacher zu ändern, als ein Programm, das direkt auf die Zeilenzahl Bezug nimmt.

b) Typvereinbarungen

Typen sind Schablonen, die einen bestimmten Speicherbereich interpretieren. Typvereinbarungen belegen keinen Speicherplatz.

c) Variablenvereinbarungen

Alle in Pascal verwendeten Variablen müssen vor Gebrauch deklariert werden. Die Festlegung einer Variablen erfolgt nach folgender Syntax:

VAR

Name: Typ;

Der Typ kann explizit oder durch den Namen einer Typvereinbarung definiert sein. Bei Turbo Pascal ist zu beachten, daß in Version 4 und 5 die Typvereinbarung strenger gefaßt ist als in Version 3.

Beispiel:

TYPE

Typ1: INTEGER;
Typ2: INTEGER;

VAR

A: Typ1;
B: Typ2;

Während in Version 3 die Variablen A und B als typgleich behandelt werden, ist dies in den Versionen 4 und 5 nicht mehr der Fall.

d) Prozedur- und Funktionenvereinbarungen

Tätigkeiten, die in sich abgeschlossen sind, können in Pascal als *Prozeduren* bzw. *Funktionen* realisiert werden. Der Unterschied zwischen Prozeduren und Funktionen besteht darin, daß Funktionen in Wertzuweisungen verwendet werden können. Diese Unterscheidung ist nicht zwingend notwendig, sondern in der Geschichte von Pascal begründet. Prozeduren und Funktionen können mit Parametern versorgt werden, so daß Verarbeitungsschritte nicht starr mit globalen Daten verknüpft sein müssen.

Beispiel:

```
TYPE

Daten = ..;

PROCEDURE .. Mittelwert(VAR A: Daten; VAR M: REAL);

  BEGIN .. END;

VAR

X,Y,Z: Daten;
    Q: REAL;

  BEGIN
    Mittelwert(X,Q);
    WRITELN(Q);
    Mittelwert(Y,Q);
    WRITELN(Q);
    Mittelwert(Z,Q);
    WRITELN(Q);
  END.
```

e) LABEL-Vereinbarungen (Sprungmarkierungen)

Im Unterschied zu Standard-Pascal ist die Verwendung von GOTO in Turbo Pascal eingeschränkt. Eine GOTO-Anweisung in Turbo Pascal darf den Block (Prozedur, Funktion oder Hauptprogramm) nicht verlassen. Das Sprungziel einer GOTO-Anweisung muß durch eine *LABEL*-Deklaration vereinbart sein. Während in Standard-Pascal nur numerische Labels zugelassen sind, können in Turbo Pascal auch alphanumerische LABELs verwendet werden.

Beispiel:

```
PROCEDURE Suchen(VAR A:Daten;N:INTEGER;X:STRING; VAR
OK:BOOLEAN);

LABEL L99;

VAR I:INTEGER;
```

```
BEGIN
  OK:= true;
  FOR I:= 1 TO N DO
    BEGIN
      IF A[I] = X THEN GOTO L99;
    END;
  OK:= false;
L99: END;
```

f) Parameterdeklaration

Für die Parameter einer Prozedur oder Funktion gelten folgende Regeln:

1. ... (Variablenname, Name2:Typ; Name3:Typ2);

oder

2. ...(*VAR* Name:Typ..);

Der Unterschied zwischen der 1. und der 2. Vereinbarung besteht darin, daß Parameter, die nach der ersten Vereinbarung deklariert wurden, von der Prozedur Funktion nicht bleibend verändert werden. Parameter, die mit dem Schlüsselwort VAR deklariert wurden, können von Prozeduren und Funktionen bleibend verändert werden.

g) Programmbaustein (UNIT)

Diese wichtige Möglichkeit, Programme aus einzelnen Bausteinen (Moduln: in Turbo Pascal UNIT genannt) zu entwerfen, wird im nächsten Abschnitt gesondert behandelt.

Warum, so fragt man sich, sind die Vorbereitungsteile a) bis g) notwendig? Warum wird nicht gleich mit Programmieren begonnen und beispielweise die Bibliotheksfunktionen, die Vereinbarungen über Konstanten, Typen und Variablen oder die Definition von Prozeduren und Funktionen bei Bedarf hinzugefügt? Warum wird gelehrt, daß man bei der Programmierlösung grob strukturieren und dann stufenweise verfeinern sollte, und bei Turbo Pascal muß man alle Details kennen, bevor programmiert werden kann?

Diese Fragen, die der Lernende immer wieder stellt, wurden bereits oben durch die effiziente Arbeitsweise des Compilers beantwortet. Um die weiteren Vorteile dieser Vorgehensweise von Turbo Pascal zu verdeutlichen, greifen wir den zu Anfang gewählten Vergleich eines Programms mit der industriellen Fertigung wieder auf. Die *Werke* (z. B. Motorenwerk, Karosseriewerk) sind mit den vorhandenen (oder durch eigene

Programmierung zu erstellenden) Programmbausteinen (*UNITs*) vergleichbar. Sie werden bei Bedarf (*USES*) in Anspruch genommen.

Das *Material* ist, wie bereits erwähnt, mit den *Daten* vergleichbar, das in bestimmter *Qualität*, vergleichbar den Datentypen, vorliegen muß. Die *Arbeitsgänge* sind die *Programmieranweisungen*. Dabei können immer wiederkehrende Arbeitsgangfolgen als *Bearbeitungsfolge*, d. h. als *Prozeduren* oder *Funktionen* aufgefaßt werden.

Eine Firma wird erst dann anfangen, ein Produkt zu fertigen (zu *programmieren*), wenn sie genau weiß, welche Werke in Frage kommen (*Aufruf der UNITs*), welches Material mit welcher Qualität (*CONST:* Festlegen der Konstanten und *VAR:* Festlegen der Variablen mit Angabe des Datentyps) erforderlich ist und zu welchen Maschinen gesprungen werden muß (*LABEL*) und welche Arbeitsgangfolgen (*Prozeduren* oder *Fuktionen*) immer wieder durchlaufen werden müssen. Nachdem dies festgelegt wurde, kann mit der eigentlichen Arbeit (dem *Programmieren*) begonnen werden. Diese Festlegungen werden in der Industrie in der Abteilung *Arbeitsvorbereitung* getroffen und sind notwendig, um ein genau festgelegtes Produkt (*Programmieraufgabe*) mit vorhandenen Produktionsmitteln (*Sprachumfang*) in einem wirtschaftlich vertretbaren Zeit- und Kostenaufwand zu erstellen. Mit diesem Vergleich aus der Fertigung soll erklärt werden, warum die erwähnten Vereinbarungen notwendigerweise vor der eigentlichen Programmierung kommen müssen, um eine einwandfreie, nachvollziehbare und leicht wartbare Software zu erstellen.

1.6.3 Aufbau eines UNITs (Programmbausteins)

Ab Turbo Pascal 4 können Routinen und Daten zu Programmbausteinen, sogenannten *UNITs* zusammengefaßt werden. Ein UNIT ist nach folgendem Schema aufgebaut:

UNIT Name;

INTERFACE

...

IMPLEMENTATION

...

<*BEGIN* {nicht unbedingt erforderlich}
...>
END.

Deklarationen, die im INTERFACE-Teil definiert werden, sind für alle Programme, die dieses UNIT verwenden (z. B. das UNIT "Name" mit der Vereinbarung: "USES Name"), zugänglich. Alle Programmobjekte des IMPLEMENTATION-Teils sind nur Prozeduren und Funktionen zugänglich, die hier definiert wurden.

Der optionale BEGIN .. END-Teil bietet die Möglichkeit, Datenstrukturen zu initialisieren.

In Turbo Pascal 4 und 5 sind folgende UNITs (Standard-Bibliotheksfunktionen) bereits vordefiniert:

Crt

Kontrolle der Ein- und Ausgaben, d. h. Farben, Fenster, Grafik, Text und Klang für den Bildschirm und direkte Zugriffe auf die Tastatur.

Dos

Dies stellt die Schnittstelle zu den DOS-Funktionen dar (einschließlich Angabe des Datums und der Uhrzeit).

Graph

Hier befindet sich ein Grafik-Paket, das weitgehend unabhängig von den verwendeten Grafikkarten arbeitet.

Graph3

Anwenden der Grafik von Turbo Pascal 3.

Overlay (nur in Version 5 verfügbar)

Programmteile können bei Bedarf in den Arbeitsspeicher nachgeladen werden und nicht mehr benötigte Programmteile überlagern. Solche Programmteile sind beispielsweise die Bibliotheks-Funktionen (UNITs).

Printer

Dadurch wird die Druckausgabe vereinfacht. Es wird eine Textdateivariable *Lst* (wie List) definiert und dem Rechnerausgang LPT1 zugeordnet.

System

Es enthält den Sprachumfang von Turbo Pascal (in Version 5 einschließlich der Overlays und des 8087-Emulators) und wird als einzige UNIT automatisch in jedes Programm übernommen.

Turbo3

Stellt die Kompatibilität zur Version 3 her.

Diese Standard-Bibliotheksfunktionen werden durch die Anweisung USES, die zu Beginn des Programms steht, in das Programm übernommen (ausgenommen die Funktion *System*, die automatisch eingefügt wird).

Hinweis! Bei den Gerätedeklarationen hat sich folgendes verändert: In Turbo Pascal Version 3 existieren folgende Zuordnungen: CON:, LST:, TRM und PRN:. In der Version 4 und 5 dagegen nur CON, PRN und LST (definiert durch UNIT Printer). Zu beachten ist, daß der Doppelpunkt nach der Gerätekennzeichnung bei Version 4 und 5 weggefallen ist!

1.6.4 Programmieraufgabe

In Abschnitt 1.4 wurde aufgezeigt, in welchen Schritten eine systematische Programmentwicklung erfolgen muß. Da es sich um ein ganz einfaches Programm handelt, wird der Programmname vergeben, die Funktions- und Datenbeschreibung zusammengefaßt und auf eine Darstellung der Programmlogik sowie eine Variablenliste verzichtet.

a) Programmname

Das Programm soll den Namen **EINFACH** besitzen.

Das einfache Programm soll folgende Aufgabe erledigen:

b) Eingabefunktion

Eingabe einer ganzen positiven, maximal zweistelligen Zahl (Variable A vom Datentyp BYTE).

c) Verarbeitungsfunktion

Addiere zum Wert der Variablen A die Zahl 11 hinzu und weise das Ergebnis der Variablen B (Datentyp BYTE) zu.

d) Ausgabefunktion

Gib das Ergebnis, d. h. den Wert der Varibalen B auf dem Bildschirm aus.

1.6.5 Erstellen des Programms

Legen Sie die Systemdiskette (Diskette 1) ins Laufwerk A oder gehen Sie bei einem Festplattenrechner in das Verzeichnis C:\TP und geben Sie ein:

turbo <RETURN>.

Sie sehen anschließend das Hauptmenü der integrierten Entwicklungsumgebung (s. Bild 1-14).

1.6.5.1 Aufrufen des Editors

Durch Eingabe von e rufen Sie den Editor auf und der Cursor steht in der ersten Zeile in der ersten Spalte. Geben Sie jetzt folgendes ein und drücken Sie nach jeder Zeile die <RETURN>-Taste (s. Bild 1-16):

```
  File    Edit    Run    Compile    Options    Debug    Break/watch
═════════════════════════════ Edit ═════════════════════════════
     Line 11    Col 5   Insert Indent        Unindent * C:NONAME.PAS
USES Crt;

VAR
  a,b: BYTE;

BEGIN
   WRITELN('Gib eine zweistellige, positive ganze Zahl ein!');
   READLN(a);
   b:=a + 11;
   WRITELN('Die neue Zahl ist:',b);
END.

───────────────────────────── Watch ─────────────────────────────

F1-Help  F5-Zoom  F6-Switch  F7-Trace  F8-Step  F9-Make  F10-Menu
```

Bild 1-16 Programm nach der Eingabe

Da noch kein Name vergeben wurde, erhält das Programm den Namen NONAME.PAS. Im folgenden Abschnitt sind die Befehle bzw. Tastenkombinationen aufgeführt, mit denen die Bearbeitung des Quelltextes im Editor möglich sind. Durch Drücken der Taste <F10> gelangen Sie ins Hauptmenü zurück.

1.6.5.2 Editier-Befehle

a) Cursorsteuerung

Die Grundbewegungen des Cursors entsprechen denen der Tastatur. Mit den Tastenkombinationen <CTRL> <PGUP> bzw. <CTRL> <PGDN> gelangt man an den Anfang bzw. an das Ende des Textes. Die Tasten für die Cursorsteuerung zeigt Tabelle 1-3.

Tabelle 1-3 Tasten für die Cursor-Steuerung

Zeichen nach links	<PFEIL LINKS>
Zeichen nach rechts	<PFEIL RECHTS>
Wort nach links	<CTRL> A
Wort nach rechts	<CTRL> F
Zeile nach oben	<PFEIL OBEN>
Zeile nach unten	<PFEIL UNTEN>
Aufwärts rollen	<CTRL> W
Abwärts rollen	<CTRL> Z
Seite nach oben	<PGUP>
Seite nach unten	<PGDN>
Zeile links	<HOME>
Zeile rechts	<END>
Oberer Bildschirmrand	<CTRL> QE
Unterer Bildschirmrand	<CTRL> QX
Textbeginn	<CTRL><PGUP>
Textende	<CTRL><PGND>
Blockanfang	<CTRL> QB
Blockende	<CTRL> QE
Letzte Cursorposition	<CTLR> QP
letzte Fehlerposition	<CTRL> QW

b) Befehle zum Einfügen und Löschen

Bild 1-17 zeigt die Befehle zum Einfügen und Löschen

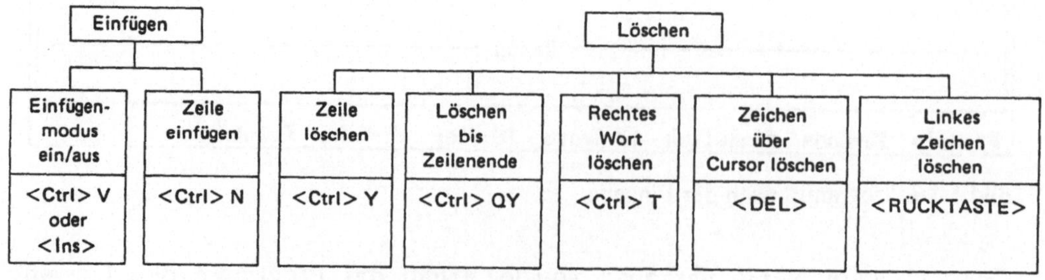

Bild 1-17 Übersicht über die Befehle zum Einfügen und Löschen

c) Block-Befehle

In Bild 1-18 sind die Block-Befehle zusammengestellt.

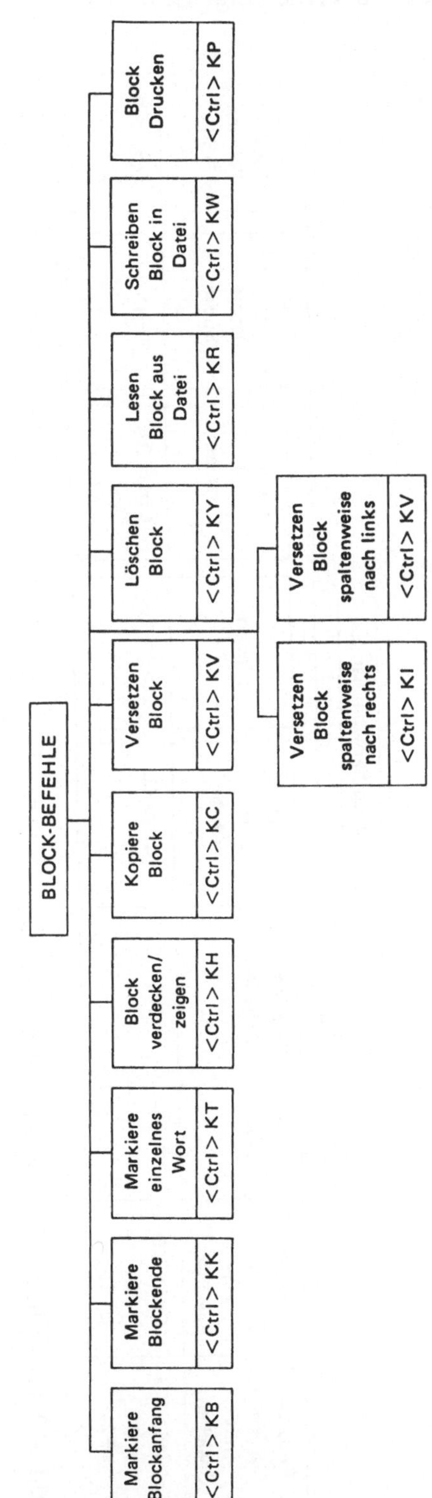

Bild 1-18 Übersicht über die Block-Befehle

d) Verschiedene Editier-Befehle

Die restlichen Editierbefehle zeigt Bild 1-19.

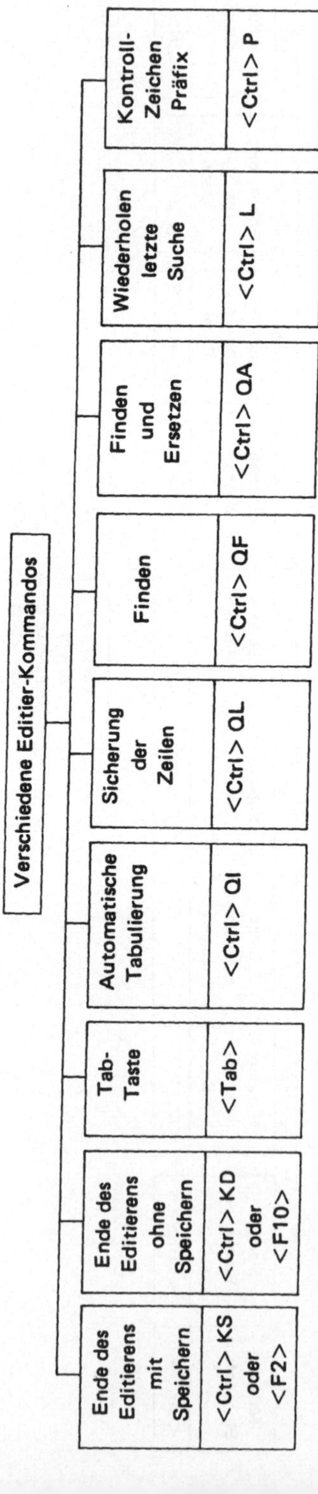

Bild 1-19 Übersicht über verschiedene Editier-Befehle

1.6.5.3 Speichern unter einem Programmnamen

Durch Drücken der Taste <F10> gelangt man ins Turbo Pascal Hauptmenü zurück. Nach der Tastenfolge **F** (für die Option File) und **S** (für die Funktion Save, d. h. sichern) sehen wir ein Fenster, in dem wir den vorigen Namen sehen und eine neue Programmbezeichnung eingeben können. Bild 1-20 zeigt den Bildschirm nach der Eingabe des neuen Programmnamens **Einfach** (falls ein Programm mit gleichem Namen bereits vorhanden wäre, bekommen Sie eine Aufforderung, ob Sie das bereits betstehende Programm überschreiben wollen).

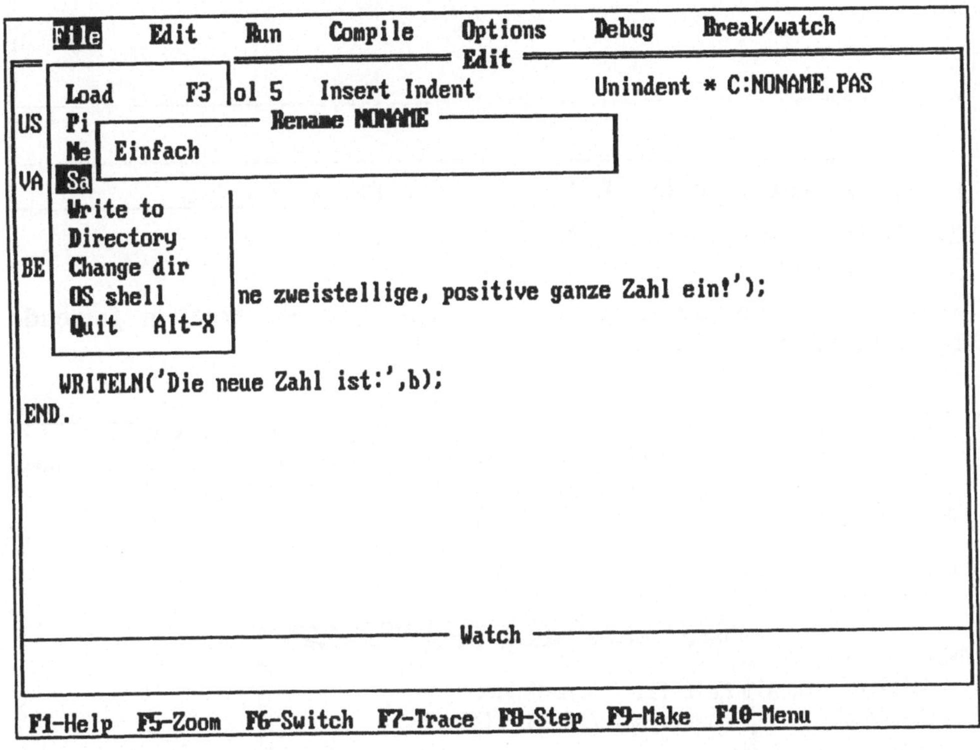

Bild 1-20 Benennen eines Programms

Danach wird wieder in den Edit-Modus zurückgeschaltet und Sie sehen Ihr Programm wieder.

1.6.5.4 Kompilieren

Mit <F10> gelangen Sie wieder zum Hauptmenü zurück und wählen die Kompilierung durch Eingabe des Buchstabens **C** (Option Compile). Sie sehen folgende Informationen (s. Bild 1-21):

File Edit Run Compile Options Debug Break/watch
Line 11 Col 5
:NONAME.PAS
Compile Alt-F9
Make F9
Build
Destination Memory
Find error
Primary file:
Get info
USES Crt;
VAR
a,b: BYTE;
BEGIN
WRITELN('Gib eine zwei
);
READLN(a);
b:=a + 11;
WRITELN('Die neue Zahl ist:',b);
END.
Watch
F1-Help F5-Zoom F6-Switch F7-Trace F8-Step F9-Make F10-Menu

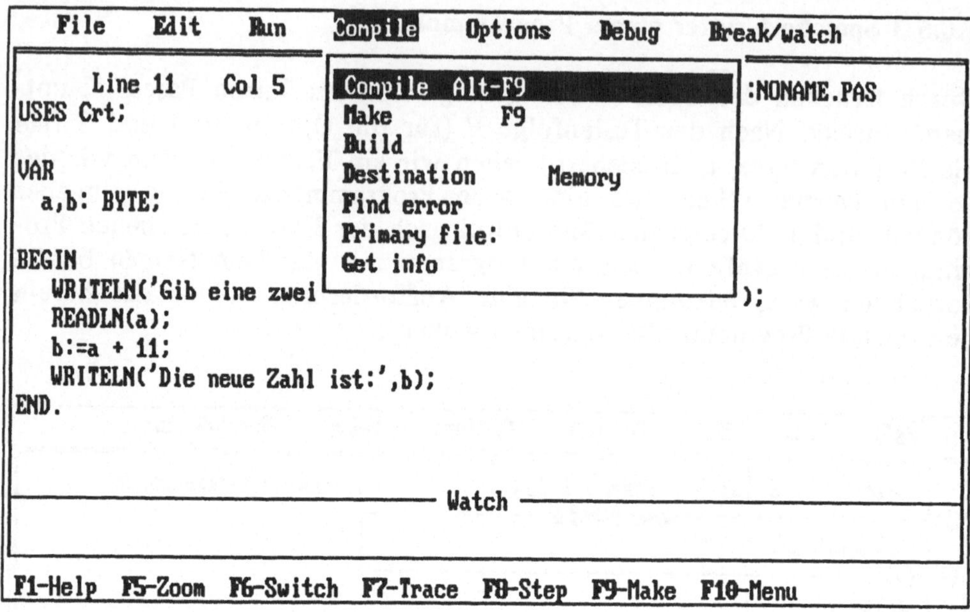

Bild 1-21 Informationen zum Kompilieren

Es wird die Funktion Compile ausgewählt und Sie erhalten folgende Ergebnismeldung (s. Bild 1-22):

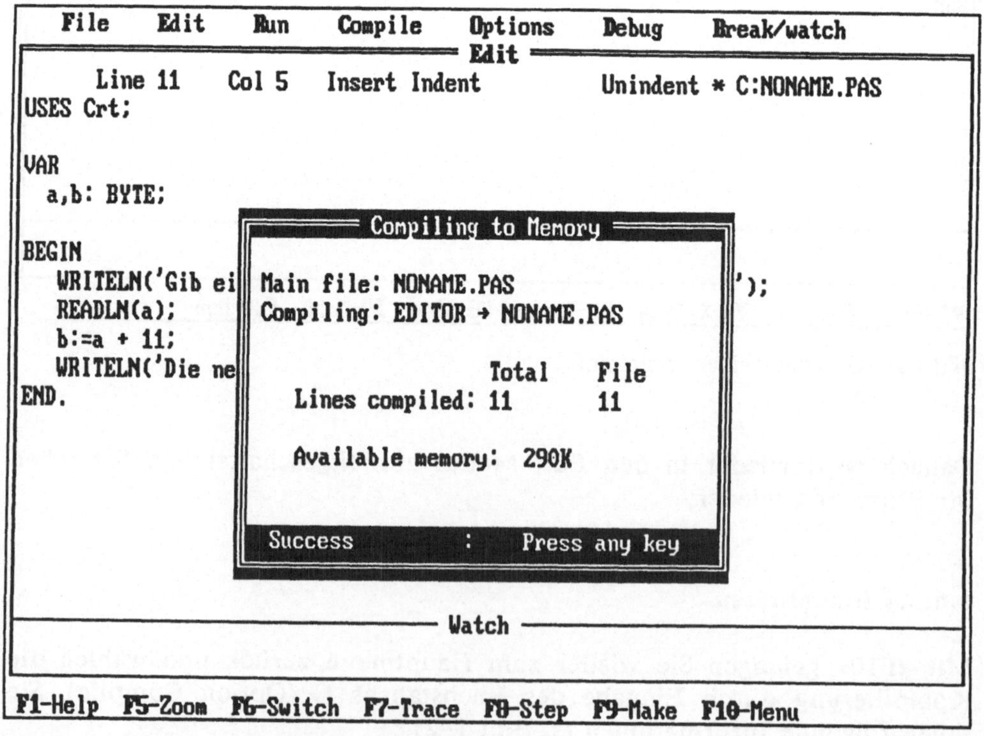

File Edit Run Compile Options Debug Break/watch
Edit
Line 11 Col 5 Insert Indent Unindent * C:NONAME.PAS
USES Crt;
VAR
a,b: BYTE;
BEGIN
WRITELN('Gib ei
');
READLN(a);
b:=a + 11;
WRITELN('Die ne
END.
Compiling to Memory
Main file: NONAME.PAS
Compiling: EDITOR → NONAME.PAS
Total File
Lines compiled: 11 11
Available memory: 290K
Success : Press any key
Watch
F1-Help F5-Zoom F6-Switch F7-Trace F8-Step F9-Make F10-Menu

Bild 1-22 Meldung nach erfolgter Kompilierung

Nach dem Drücken einer beliebigen Taste befindet man sich wieder im Edit-Menü.

1.6.5.5 Informationen (Options)

Mit <F10> gelangen Sie zum Hauptmenü zurück und wählen **Options Compiler** (Eingabe von **o c**) aus, um Informationen über den Compiler abzurufen (s. Bild 1-23).

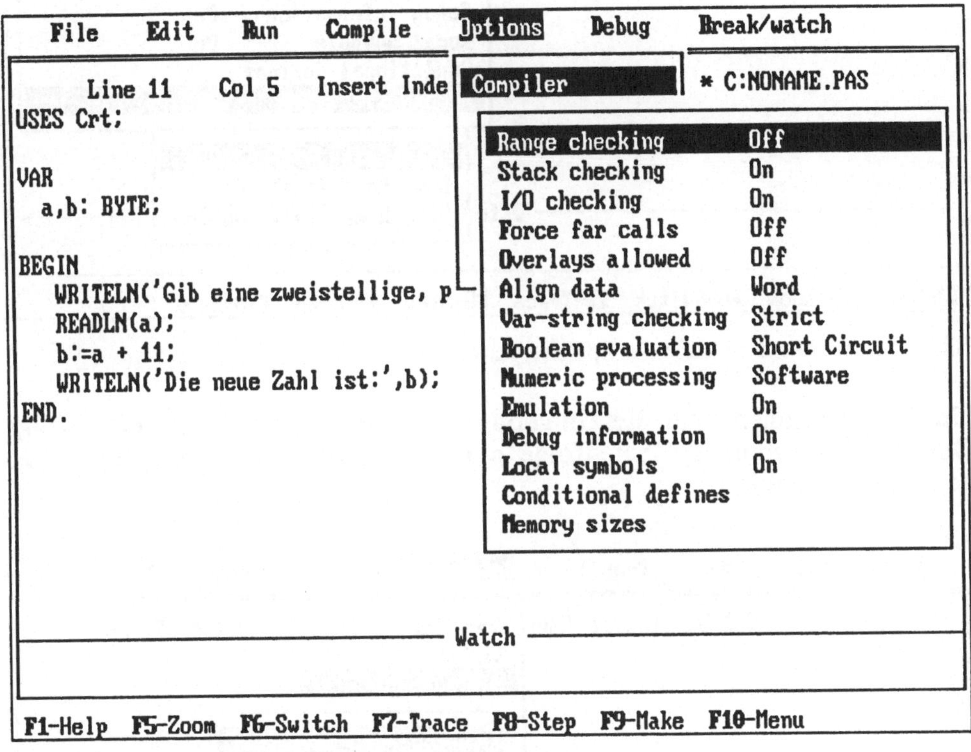

Bild 1-23 Mit Options Compiler eingestellte Schalter

Informationen über den Speicherplatz im Arbeitsspeicher wird durch die weitere Option Memory sizes angezeigt (s. Bild 1-24).

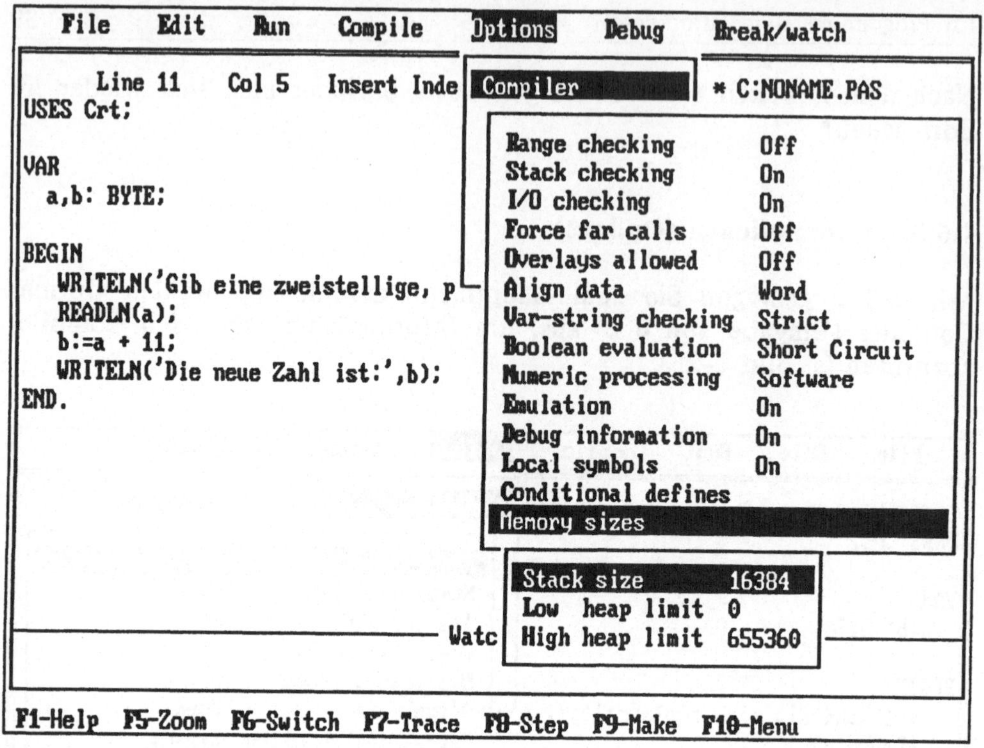

File Edit Run Compile Options Debug Break/watch
Line 11 Col 5 Insert Inde
Compiler
* C:NONAME.PAS
USES Crt;
VAR
a,b: BYTE;
BEGIN
WRITELN('Gib eine zweistellige, p
READLN(a);
b:=a + 11;
WRITELN('Die neue Zahl ist:',b);
END.
Range checking Off
Stack checking On
I/O checking On
Force far calls Off
Overlays allowed Off
Align data Word
Var-string checking Strict
Boolean evaluation Short Circuit
Numeric processing Software
Emulation On
Debug information On
Local symbols On
Conditional defines
Memory sizes
Stack size 16384
Low heap limit 0
High heap limit 655360
Watc
F1-Help F5-Zoom F6-Switch F7-Trace F8-Step F9-Make F10-Menu

Bild 1-24 Angabe der Größe des Speicherplatzes

Um Informationen über die Umgebung zu erhalten, wird die Befehlsfolge **Options Environment** (Tastenfolge **o e** vom Hauptmenü aus). Bild 1-25 zeigt das Ergebnis.

File Edit Run Compile Options Debug Break/watch
Line 11 Col 5 Insert Inde
Compiler
Linker
Environment
* C:NONAME.PAS
USES Crt;
VAR
a,b: BYTE;
BEGIN
WRITELN('Gib eine zweistellige, p
READLN(a);
b:=a + 11;
WRITELN('Die neue Zahl ist:',b);
END.
Config auto save Off
Edit auto save Off
Backup files On
Tab size 8
Zoom windows Off
Screen size
Watch
F1-Help F5-Zoom F6-Switch F7-Trace F8-Step F9-Make F10-Menu

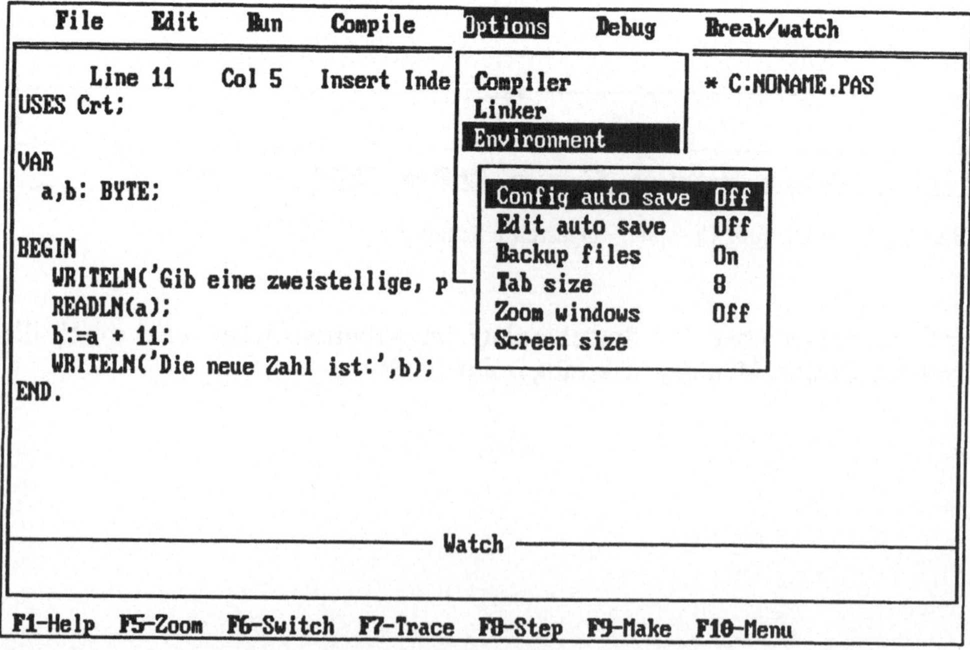

Bild 1-25 Informationen zur Umgebung mit Options Environment

Zusätzlich können Informationen über die Bildschirmgröße angezeigt werden, indem die Funktion Scren size aufgerufen wird (s. Bild 1-26).

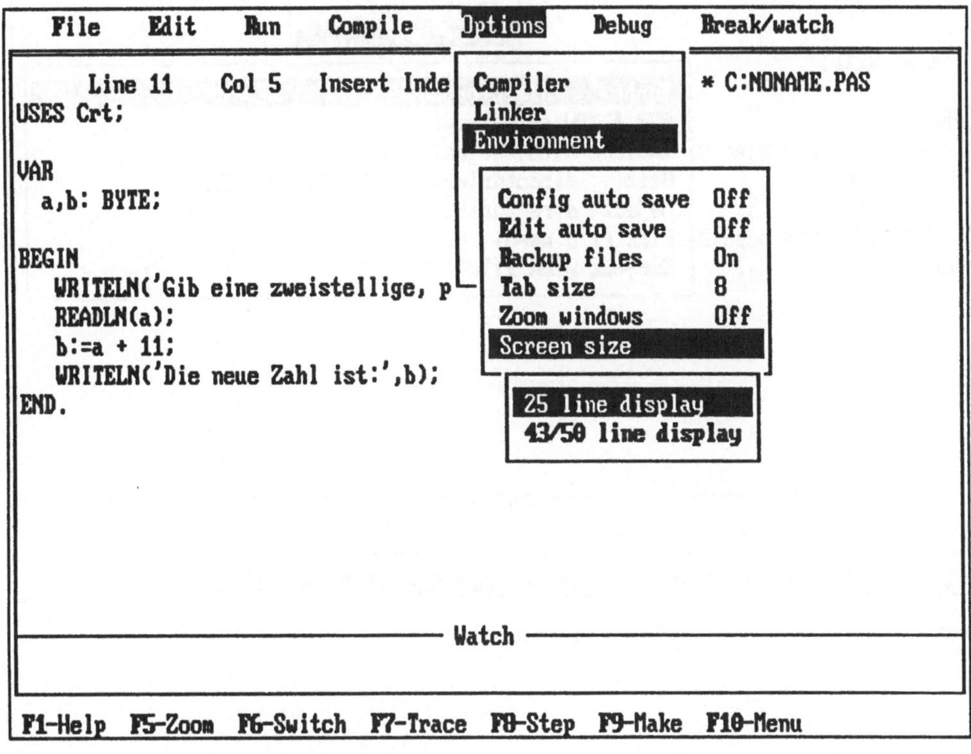

Bild 1-26 Angaben zur Bildschirmgröße

Die einzelnen Inhaltsverzeichnisse werden durch Options Directories gezeigt (s. Bild 1-27).

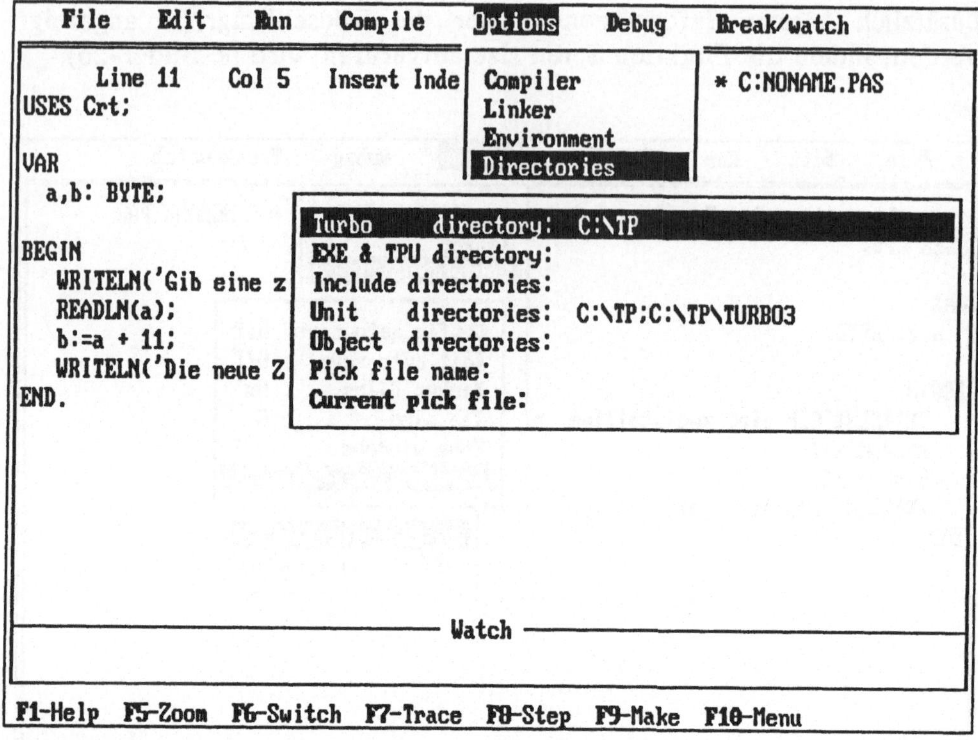

Bild 1-27 Angaben zu den Inhaltsverzeichnissen

Wird das Turbo directory aufgerufen, dann sieht man die Verzeichnisse von Turbo Pascal (in unserem Fall *\TP*).

Die Möglichkeiten des Debuggers und der Break/watch-Funktion werden ausführlich im Anhang (s. A 4) behandelt.

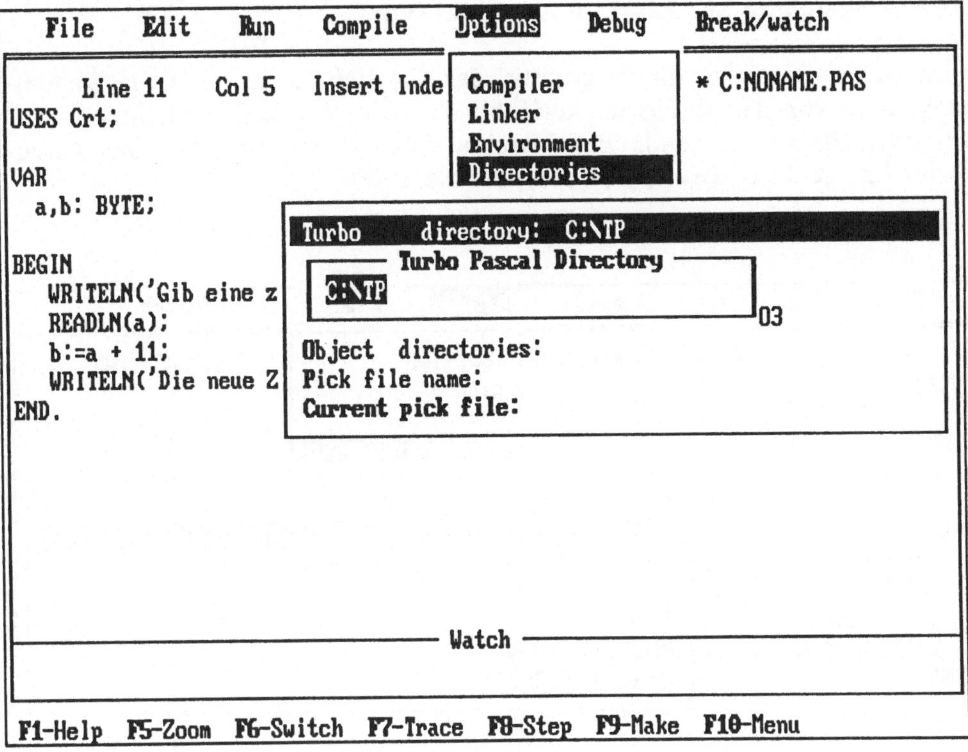

Bild 1-28 Einträge im Turbo Pascal Verzeichnis

1.6.5.6 Speichern des Programms

Dazu dient die Befehlsfolge File Save (f s). Anschließend wird ein Programmname (ohne Zusatz) eingegeben. Das Programm wird daraufhin unter diesem Namen als .PAS-Datei gespeichert. Wird die Funktionstaste <F10> gedrückt, dann gelangt man wieder ins Hauptmenü zurück.

1.6.5.7 Verlassen von Turbo Pascal

Mit dem Befehl File Quit (f q) verlassen wir Turbo Pascal.

1.6.5.8 Laden des Programms

Wir befinden uns im Hauptmenü (nach Verlassen wird dazu im Pfad *\TP* die Eingabe **turbo** vorgenommen und die <RETURN>-Taste gedrückt). Mit der Befehlsfolge File Load (f l) und der Eingabe des Namens in ein Fenster wird das Programm mit dem Zusatz .PAS in den Hauptspeicher geladen und erscheint am Bildschirm.

1.6.5.9 Speichern auf Diskette als .EXE-Datei

Eine .EXE-Datei ist ein Programm, das für sich, d. h. ohne die Systemumgebung von Turbo Pascal, lauffähig ist. Dies erreicht man, indem vom Hauptbefehl aus folgende Befehlsfolge eingegeben wird: **O**ptions **D**irectories **E**xe & TPU dirctory (**o d e**), s. Bild 1-29.

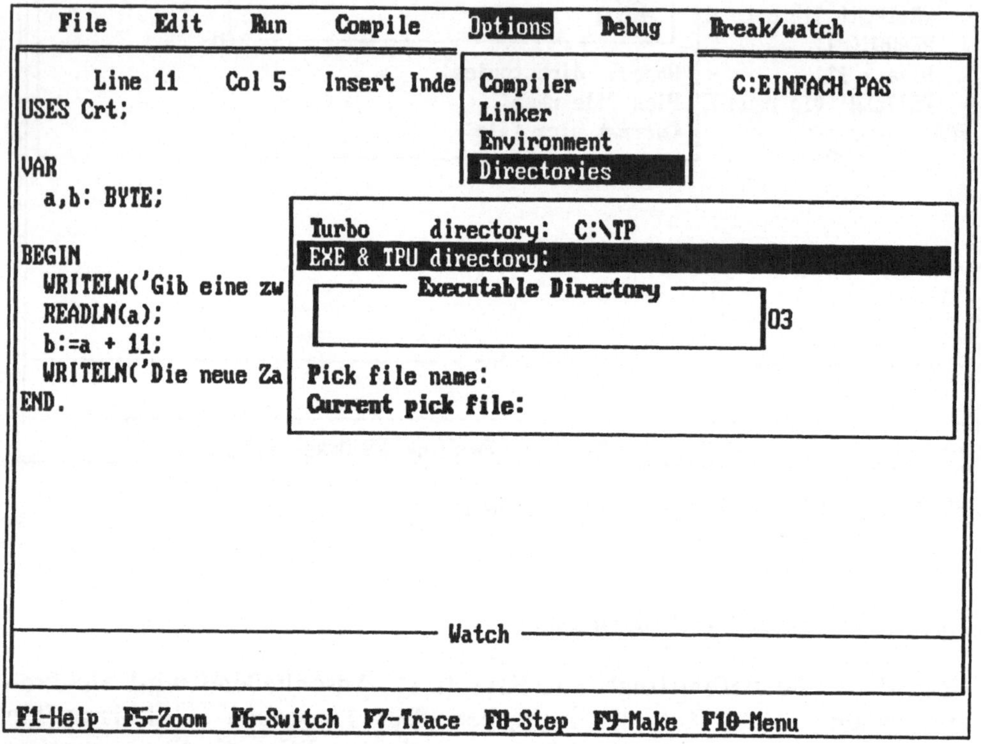

```
     File     Edit     Run     Compile     Options     Debug     Break/watch

          Line 11     Col 5     Insert Inde | Compiler    |     C:EINFACH.PAS
USES Crt;                                    | Linker      |
                                             | Environment |
VAR                                          | Directories |
  a,b: BYTE;
                          Turbo      directory:  C:\TP
BEGIN                     EXE & TPU directory:
  WRITELN('Gib eine zw      ┌──── Executable Directory ────┐
  READLN(a);                │                              │03
  b:=a + 11;                └──────────────────────────────┘
  WRITELN('Die neue Za    Pick file name:
END.                      Current pick file:

─────────────────────────── Watch ───────────────────────────

F1-Help  F5-Zoom  F6-Switch  F7-Trace  F8-Step  F9-Make  F10-Menu
```

Bild 1-29 Umwandeln in eine .EXE-Datei

Beachten Sie, daß dasselbe Programm als .EXE-Datei noch die Laufzeitbefehle der Turbo Pascal Standard-Programmbibliothek *System* enthält, damit es für sich lauffähig ist. Deshalb ist der Dateiumfang des *Quelltextes* immer größer als der der .PAS-Datei.

2 Programmstrukturen und Programmierbeispiele

Im folgenden ist ein einfaches Turbo Pascal-Programm aufgelistet. Es dient der Addition zweier Zahlen und soll den Grundaufbau aller Programme in Turbo Pascal verdeutlichen:

```
(* 1. Programmkopf – Programmbenennung *)

PROGRAM ADDITION ;
```

```
(* 2. Programmblock *)
```

```
(* 2.1. Vereinbarungsteil*)
  USES Crt;
  VAR
ZAHL1,ZAHL2,ENDWERT  :  INTEGER;
```

```
(* 2.2. Anweisungsteil *)

BEGIN

      WRITE ('Erste Zahl eingeben : ') ;
      READLN (ZAHL1);

      WRITE ('Zweite Zahl eingeben : ') ;
      READLN (ZAHL2);

      ENDWERT := ZAHL1 + ZAHL2  :

      WRITE ('Der Endwert beträgt : ')  ;
      WRITELN (ENDWERT)

END.
```

Dies Beispiel zeigt ein Programm, wie es typischerweise in den Lehrbüchern vorkommt. Es weist folgende Mängel auf:

1. Keine gesicherte Eingabe

Werden Werte über 32 767 oder Buchstaben eingegeben, dann stürzt das Programm ab.

2. Zu spezialisierte Problemlösung

Auch wenn das Beispiel der Addition hier nur als Demonstration gedacht ist, bildet das Zusammenzählen zweier Zahlen nur einen kleinen Ausschnitt aus der Aufgabenstellung "Zahlen zusammenzuzählen". Sinnvoller wäre es bei dieser Betrachtungsweise, die Zahlen bei der Eingabe solange aufzuaddieren, bis eine "Ende-Anweisung" erscheint. Im folgenden werden die einfachen Programmstrukturen nacheinander abgehandelt, ohne daß auf solche Besonderheiten, die in Turbo Pascal einfach zu realisieren sind (z. B. sichere Dateneingabe oder modulares Programmieren mit UNITs), besonderen Wert gelegt wird.

Das Grundgerüst eines jeden Programms besteht aus einem *Programmkopf* und einem *Programmblock*. Die Deklaration des Programmkopfes ist in Turbo Pascal nur aus Kompatibilitätsgründen zu Standard-Pascal vorhanden. Eine Auswertung dieser Deklaration erfolgt nicht. In Turbo Pascal wird bereits beim Aufrufen des Editors (Eingabe des Buchstabens e im Hauptmenü) ein Name für die Arbeitsdatei ("Work file name") verlangt. Dabei ist zu beachten, daß das *erste Zeichen* des Namens ein *Buchstabe* sein muß, und daß zur Benennung *keine* von Turbo Pascal *reservierten Worte* verwendet werden dürfen (z.B. PROGRAM, VAR, oder BEGIN, s. Liste im Anhang). Das Syntax-Diagramm für solche Bezeichner zeigt Bild 2-1.

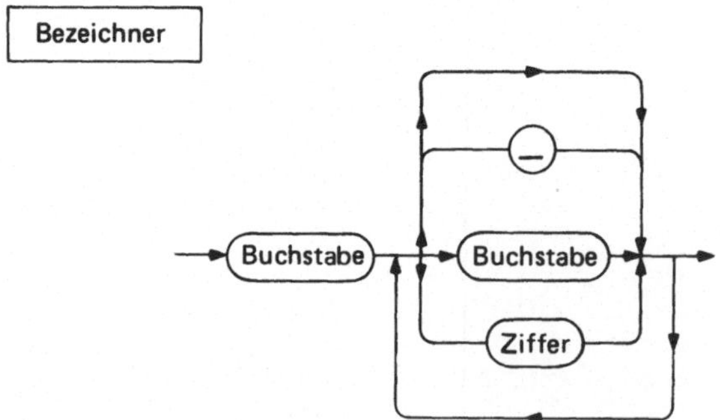

Bild 2-1 Syntax-Diagramm für einen Bezeichner

Der *Programmblock* besteht aus zwei Teilen, dem *Vereinbarungsteil* und dem Block mit den *Anweisungen.*

a) Vereinbarungsteil

Sie sehen im Beispiel des Additionsprogramms Teile, die mit den Zeichen "(* *)" eingefaßt sind. Diese Teile werden bei der Programmausführung nicht beachtet, sondern dienen als Kommentar zur besseren Verständlichkeit des Programms (alternativ dazu können auch die Kommentare zwischen den Zeichen "{ }" stehen).

Das Syntaxdiagramm für die Vereinbarungen zeigt Bild 2-2:

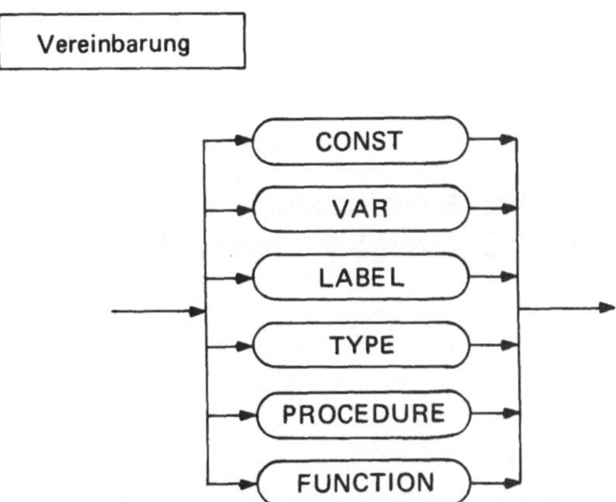

Bild 2-2 Syntaxdiagramm der Vereinbarungen

Es handelt sich dabei um folgende Festlegungen:

- Bibliotheksfunktion (UNIT Crt, d. h. Bildschirm- und Tastaturfunktionen), die mit USES ins Programm eingefügt wird;

- Konstante (CONST);

- Variable (VAR), für die ein Datentyp angegeben werden muß;

- Kennungen, beispielsweise Sprungmarkierungen (LABEL);

- eigene Datentypen (TYPE);

- Unterprogramme (PROCEDURE);

- Funktions-Unterprogramme (FUNCTION).

Bild 2-3 zeigt das Syntaxdiagramm für die Festlegung von Konstanten.

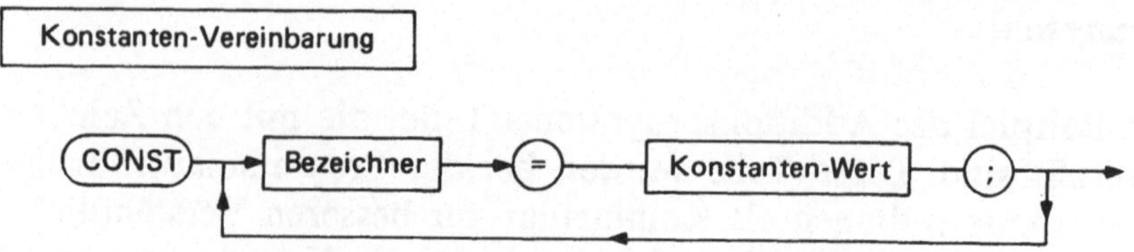

Bild 2-3 Syntaxdiagramm der Vereinbarung einer Konstanten

Um beispielsweise als Konstante die Erdbschleunigung g = 9,81 ms^{-2} zuzuweisen, muß geschrieben werden:

```
CONST
  g = 9.81;
```

Wie hier bereits zu erkennen ist, muß bei Kommazahlen ein *Dezimalpunkt* gesetzt werden (kein Komma). Bild 2-4 zeigt die Syntaxdiagramme der Zahlen.

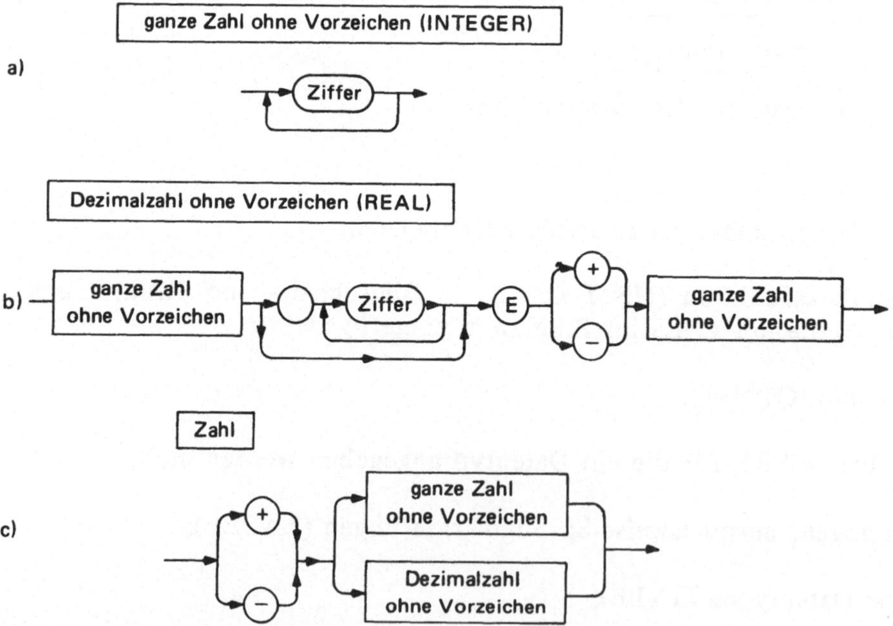

Bild 2-4 Syntaxdiagramme der Zahlen

a) ganze Zahl ohne Vorzeichen

b) Dezimalzahl ohne Vorzeichen (REAL)

c) allgemeine Zahl

Der Konstanten-Wert, der bei der Vereinbarung der Konstanten angegeben werden muß, hat eine Struktur, wie dies Bild 2-5 zeigt.

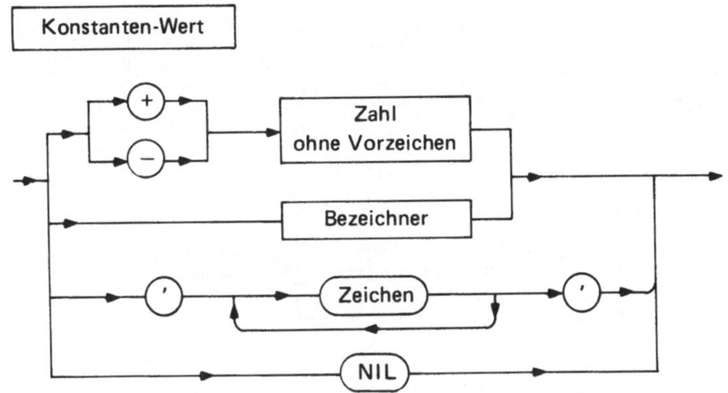

Bild 2-5 Syntaxdiagramm des Konstanten-Werts

Werden Variable vereinbart, so sieht dies folgendermaßen aus:

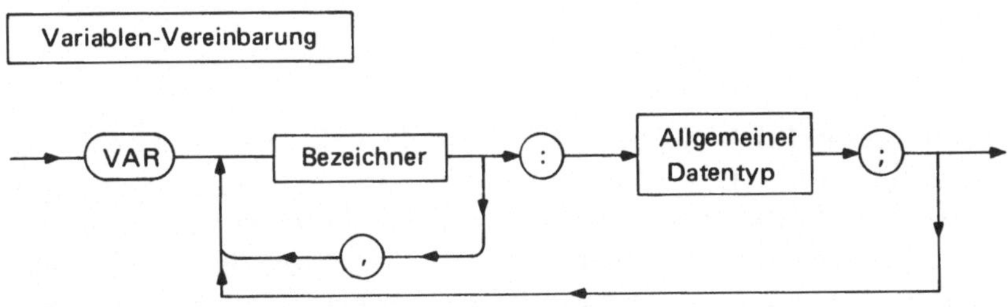

Bild 2-6 Syntaxdiagramm der Vereinbarung VAR

Im oben aufgeführten Additionsprogramm heißt die Vereinbarung:

```
VAR
  Zahl1,Zahl2,Endwert : INTEGER;
```

Dies bedeutet: Die Variablen Zahl1, Zahl2 und Endwert sind vom Datentyp INTEGER, d. h. ganzzahlig von -32768 bis 32767 (s. Bild 1-1). Gibt der Anwender unzulässige Zeichen, beispielsweise Buchstaben oder zu große bzw. zu kleine Zahlen ein, so reagiert das System mit einer Fehlermeldung. Das Syntaxdiagramm für die einfachen Datentypen und den Datentyp (allgemeiner Natur) ist in Bild 2-7 dargestellt (der allgemeine Datentyp wird in Kapitel 4 behandelt).

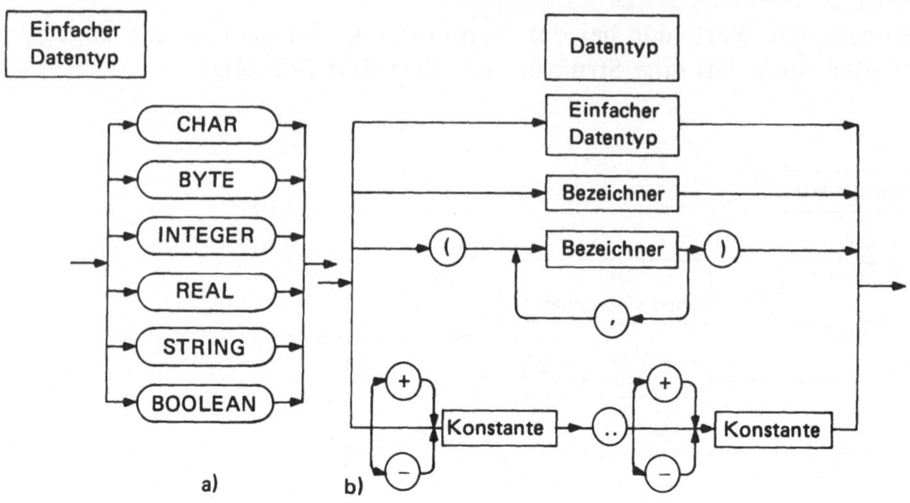

Bild 2-7 Syntaxdiagramm für die Datentypen
a) Einfacher Datentyp
b) Datentyp

Die anderen Vereinbarungen (s. Bild 2-2) werden in späteren Abschnitten an Hand von Beispielen erläutert.

b) Anweisungsteil

Im *Anweisungsteil* schließlich stehen die Befehle, die zur Lösung des Problems notwendig sind. Der Anweisungsteil steht immer zwischen BEGIN und END. Der Punkt (".") zeigt an, daß der Anweisungsteil beendet und das Programm abgeschlossen ist. Zu beachten ist, daß jede Anweisung mit einem *Semikolon* (;) abschließt. Weiterhin ist zu beachten, daß ein Anweisungsblock, d.h. die Elemente der Programmstruktur (s. Abschn. 1.3; Bild 1-5) immer zwischen BEGIN und END steht (Ausnahme: nur eine einzige Anweisung).

Wenn wir das Additionsprogramm verfolgen, dann sehen wir bei der Anweisung:

```
WRITE ('Erste Zahl eingeben : ')
```

auf dem Bildschirm den Ausdruck :

```
Erste Zahl eingeben :
```

WRITE (bzw. WRITELN) ist der Schreib- und Ausgabebefehl in Turbo Pascal. Mit ihm können alle für den Anwender wichtigen Abfragen,

Erläuterungen oder Ergebnisse auf dem Bildschirm ausgegeben werden. Wie das Beispiel zeigt, muß der auszugebende Text zwischen *Hochkommata* (' ') stehen.

Zur Eingabe dient der Befehl READ bzw. READLN. Mit ihm wird der Variablen, die in Klammern steht, ein eindeutiger Wert zugewiesen. Der Programmablauf bleibt solange unterbrochen, bis an dieser Stelle eine mit der Variablendeklaration übereinstimmende Eingabe erfolgt ist.

```
READ (Zahl1);
```

bedeutet also: Lies für die Variable "Zahl1" einen Wert des festgelegten Datentyps (im vorliegenden Fall INTEGER) ein.

Den beiden Befehlen READ und WRITE kann auch noch der Zusatz "LN" folgen (LN für Line). Verwendet man die Befehle READLN oder WRITELN, dann erfolgt nach diesen Kommandos ein Zeilenvorschub, d.h. der Programmmablauf wird erst in der nächsten Zeile fortgesetzt.

```
WRITELN ('Erste Zahl : ') ; READ ( Zahl1 ) ;
```

ergibt also bei Start des Programms auf dem Bildschirm :

```
Erste Zahl :
■           (blinkender Cursor
              - hier wird die Eingabe erwartet)
```

während bei

```
WRITE ('Erste Zahl : ') ; READ ( Zahl1 ) ;
```

folgendes erscheint :

```
Erste Zahl : ■
```

Als nächstes wird in gleicher Weise der Wert für die Zahl2 eingelesen. Anschließend folgt die Berechnung der Addition:

```
Endwert := Zahl1 + Zahl2;
```

Das Zeichen ":=" steht für eine *Zuweisung*, d. h. der Variablen Endwert wird die Summe aus Zahl1 und Zahl2 zugewiesen.

Die folgenden Anweisungen dienen der Ausgabe des Textes ('Der Endwert beträgt : ') und des Ergebnisses, d. h. des Wertes für die Variable Endwert.

Die in Turbo Pascal zu beachtenden Satzzeichen sind in folgender Tabelle zusammengestellt:

Tabelle 2-1 Bedeutung der Satzzeichen

Satzzeichen	Bedeutung
;	Ende einer Anweisung
.	Ende des Programms
=	Gleichsetzen
:=	Zuweisen
' '	Text
(* *)	Kommentar
{ }	(ASCII-Zeichen 123 bzw. 125)

Dieses Programm können Sie jetzt eingeben, indem Sie durch Drücken des Buchstabens **e** den Editor aufrufen (s. Abschn. 1.5.2.5) und das Programm abtippen. Dabei sollten Sie folgendes beachten:

a) Groß- und Kleinschreibung

Turbo Pascal unterscheidet wie MS-DOS nicht zwischen Groß- und Kleinbuchstaben. Diesen Umstand können Sie zur Strukturierung Ihrer Programme verwenden, indem Sie beispielsweise alle Befehle in Turbo Pascal groß schreiben.

b) Leerzeichen

Weiterhin werden *Leerzeichen* bei der Programmausführung *nicht beachtet.* Diese Spracheigenschaft kann ebenfalls als Strukturierungsmöglichkeit gebraucht werden, um beispielsweise zusammengehörende Blöcke durch Einrücken erkennen zu können.

Wenn Sie fertig sind, verlassen Sie den Editor durch Drücken der Tastenkombination <CTRL> **kd**.

Durch Eingabe von **c** (d. h. compilieren) wird das Programm übersetzt. Sind keine logischen Fehler enthalten, erscheint der in Bild 2-8 wiedergegebene Ausdruck, der die Belegung der einzelnen Speicher anzeigt (s. Abschn. 1.2, Bild 1-4).

Ist das Programm fehlerhaft, so werden die Fehlermeldungen ausgegeben (Liste der Fehlermeldungen im Anhang, s. A3). Durch Drücken der <ESC>-Taste gelangt man ins Programm zurück. Der Cursor blinkt dann in der Umgebung der fehlerhaften Stelle. Sie muß korrigiert werden.

```
Work file name: mittelwe

Loading C:\TURBO\MITTELWE.PAS
>

Compiling
  14 lines

Code:       0011 paragraphs (   272 bytes), 0D1A paragraphs free
Data:       0003 paragraphs (    48 bytes), 0FDC paragraphs free
Stack/Heap: 833C paragraphs (537536 bytes)

>
```

Bild 2-8 Ergebnis des Kompiliervorgangs

Anschließend wird mit <CTRL> **kd** der Editor verlassen und wieder kompiliert. Dieser Vorgang wird so lange wiederholt, bis das Programm fehlerfrei arbeitet.

Das Hauptziel dieses Buches ist es, den Weg zum selbstständigen Programmieren aufzuzeigen. Deshalb werden in diesem Kapitel zunächst die in Abschnitt 1.3 erläuterten Programmstrukturen (Folge-, Auswahl- und Wiederholungsstrukturen) Schritt für Schritt erklärt. Jeder Abschnitt, der eine Programmstruktur erläutert, ist in folgende Teile gegliedert:

- Erklärung der Anweisung in Turbo Pascal,

- Syntaxdiagramm der Anweisung,

- Programmbeispiel mit Struktogramm und Programmausdruck in Turbo Pascal,

- Übungsaufgabe mit Lösung im Anhang.

2.1 Folgestrukturen (Sequenzen)

Jedes Programm besteht aus einer Aneinanderreihung von Anweisungen, die der Rechner durchführt. Besteht das Programm jedoch nur aus einer *Folgestruktur*, dann werden alle in dieser Aneinanderreihung enthaltenen Befehle *nacheinander* abgearbeitet, d.h. zunächst die Anweisung Nr. 1, dann Nr. 2, anschließend Nr. 3 usw. Es werden in diesem Fall keine Befehle durch Festlegen von speziellen Bedingungen aus dem Programmablauf ausgeklammert, d.h. es finden keine Verzweigungen im Programm statt. Jede Anweisung wird auch nur einmal durchgeführt, so daß Befehlswiederholungen ausgeschlossen sind. Da diese Programmstruktur so einfach ist, wird auf ein Syntaxdiagramm verzichtet.

2.1.1 Bestimmung des Mittelwertes zweier Zahlen

Errechnet werden soll der arithmetische Mittelwert zweier Zahlen. Zu diesem Zweck werden beide Zahlen addiert und anschließend durch zwei geteilt.

2.1.1.1 Struktogramm

Eingabe der ersten Zahl
Eingabe der zweiten Zahl
X = Z1 + Z2
Y = 0,5 * X
Ausgabe Y

2.1.1.2 Programm (MITTELWE.PAS)

```
(* Vereinbarungsteil *)

USES
  Crt;

    VAR     Z1, Z2, X, Y: REAL;


(* Anweisungsteil *)

    WRITE ('Bitte erste Zahl eingeben : ');
    READLN (Z1);

    WRITE ('Bitte zweite Zahl eingeben : ');
    READLN (Z2);

    X := Z1 + Z2;
    Y := 0.5 * X;

    WRITE ('Der Mittelwert beträgt : ');WRITELN (Y)

    END.
```

2.1.2 Übungsaufgabe: WURF1.PAS

In dieser ersten Übungsaufgabe sollen die Ortskoordinaten eines schiefen Wurfes berechnet werden. Ein Gegenstand wird mit einer bestimmten Geschwindigkeit v_0 unter dem Winkel α (zur Waagerechten) in die Luft geworfen. Wird der Luftwiderstand vernachlässigt, können die Koordinaten eines Flugpunktes, d. h. eines Punktes, an dem sich der Gegenstand nach einer bestimmten Flugzeit befindet, nach folgenden Formeln berechnet werden.

Weg in x-Richtung: $X = v_0 * t * \cos\alpha$

Weg in y-Richtung: $Y = (v_0 * t * \sin\alpha) - (g * SQR(t) / 2)$

SQR ist die Turbo Pascal-Anweisung, das *Quadrat* (SQUARE) des jeweiligen Ausdrucks zu bilden.

Wie die beiden Gleichungen zeigen, ist ein schiefer Wurf aus zwei Bewegungstypen zusammengesetzt:

a) In x-Richtung aus einer gleichförmigen Bewegung (Zerlegung der Geschwindigkeit v_0 in seine waagrechte Komponente $v_0 * \cos\alpha$);

b) In y-Richtung aus der Überlagerung der senkrechten Komponente $v_0 * \sin\alpha$ der gleichförmigen Bewegung mit der gleichmäßig beschleunigten Bewegung des freien Falls (Erdbeschleunigung g).

Mit diesen Gleichungen läßt sich die Flugbahn des Körpers beschreiben. Unser Programm stellt also eine Simulation des schiefen Wurfs dar.

Das Programm erfüllt folgende Funktionen:

a) Eingabefunktionen

- Eingabe von v_0 und α,

- Eingabe der Flugdauer (t).

b) Berechnungsfunktionen

Berechnung der Höhe (Y) und der Weite (X).

c) Ausgabefunktionen

Ausgabe der Höhe (Y) und der Weite (X).

Dem aufmerksamen Beobachter wird nicht entgangen sein, daß bei der Gleichung für die Flughöhe (Y-Wert) des Gegenstandes die Flugzeit (t) quadratisch eingeht,und zwar im zweiten Gleichungsabschnitt, der den Einfluß des freien Falls beschreibt. Mit zunehmender Flugzeit spielt daher die y-Komponente des freien Fall des geworfenen Gegenstandes eine immer größere Rolle.

Da wir in diesem Stadium des Programmierens noch nicht über die Möglichkeiten der Fallunterscheidung verfügen, sollte sich niemand wundern, wenn bei Eingabe eines größeren Zeitwertes eine negative Höhe errechnet wird. Dies bedeutet im Prinzip nichts anderes, als daß unser Gegenstand vom Rand des Grand Canyon abgeworfen wurde und soeben in denselben hinuntersegelt; denn die Abwurfhöhe muß nicht gleich der Auftreffhöhe sein.

Na dann - viel Spaß beim ersten eigenen Programm! (Lösung im Anhang, A 4.1).

2.2 Auswahlstrukturen (Selektion)

Wie bereits in Bild 1-5 von Abschnitt 1.3 gezeigt wurde, werden mit den *Auswahlstrukturen* verschiedene *Programmteile ausgewählt*. Bei diesen *Auswahlstrukturen* (*Selektionen*) werden die Bedingungen exakt festgelegt, die dem Rechner vorschreiben, mit welchem Programmteil er an welcher Stelle fortfahren soll.

Prinzipiell werden zwei Typen von Auswahlstrukturen unterschieden:

a) Eine Auswahl aus 2 Möglichkeiten

Es stehen nur zwei Möglichkeiten zur Wahl, von denen, je nach Bedingung, eine auszuwählen ist.

b) Eine Auswahl aus mehreren Möglichkeiten

Hierbei kommen mehrere Wahlmöglichkeiten in Frage. Je nach Bedingung ist eine davon auszuwählen.

2.2.1 Auswahl aus zwei Möglichkeiten (IF..THEN..ELSE)

Die Auswahlstruktur "IF..THEN..ELSE" bedeutet übersetzt:

"*Wenn* (diese Bedingung erfüllt ist), *dann* (mache dies und das), *ansonsten* (dies und jenes)". Solche bedingten Anweisungen sind praktisch in jedem Programm zu finden. Das zugehörige Syntaxdiagramm ist in Bild 2-9 zu sehen.

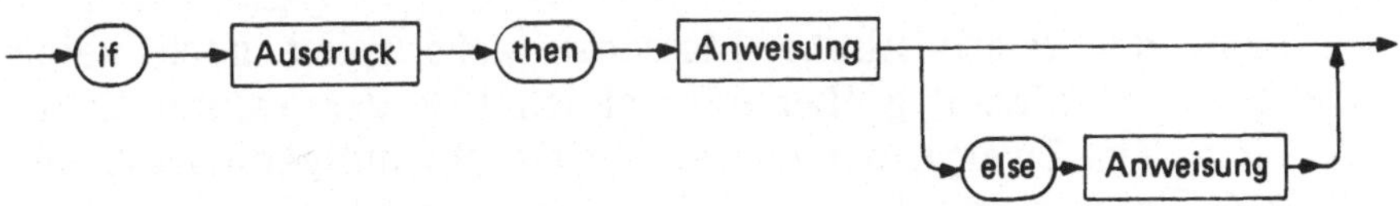

Bild 2-9 Syntaxdiagramm der Anweisung IF..THEN..ELSE

2.2.1.1 Endgeschwindigkeit eines Elektrons nach Durchlaufen einer Spannung (relativistisch - nicht relativistisch)

Ein Elektron wird im elektrischen Feld von den Feldkräften in Richtung der Anode (positiver Pol) beschleunigt. Die jeweilige Geschwindigkeit läßt sich mit folgender Formel berechnen:

$$V = SQRT\ (2*U*e/m_e)$$

(SQRT: Anweisung zur Berechnung der Quadratwurzel, engl.: **SQUARE** ROOT)

Dabei bedeutet:

U : Durchlaufene Spannung
e : Elementarladung ($1{,}602*10^{-19}$ C)
m_e : Masse des Elektrons ($9{,}11*10^{-31}$ kg)

Bei Elektronengeschwindigkeiten, die größer als 10% der Vakuumlichtgeschwindigkeit c_o sind, macht sich jedoch bereits der relativistische Massenzuwachs bemerkbar (d.h. m_e wird größer).

Die oben genannte Gleichung würde also in diesen Fällen zu große Werte für die Geschwindigkeit liefern. Deshalb muß bei höheren Geschwindigkeiten eine andere Formel verwendet werden, die den relativistischen Massenzuwachs berücksichtigt und folgendermaßen lautet:

$$V = c_o*SQRT\ (1-(1/(SQR(e*U/(m_e*SQR(c_o))+1))))$$

Dabei bedeuten:

SQR : Anweisung zum Quadrieren
c_o : Vakuumlichtgeschwindigkeit ($2{,}998*10^8$ m/s)

Das Programm errechnet zunächst mit der normalen Gleichung den Wert für die Endgeschwindigkeit (V). Dann wird überprüft, ob die errechnete Geschwindigkeit V größer als 10% von c_o ist. Ist dies *nicht* der Fall (nein-Zweig), wird das für die Geschwindigkeit V errechnete Ergebnis ausgegeben, denn der relativistische Massenzuwachs spielt noch keine Rolle. Ist die Geschwindigkeit größer oder gleich 10% der Vakuumlichtgeschwindigkeit c_0 (ja-Zweig), dann wird die Geschwindigkeit nach der relativistischen Gleichung errechnet und das entsprechende Ergebnis ausgegeben.

Das Programm enthält folgende Elemente:

a) Konstante Größen

Ruhemasse des Eleketrons m_e, Vakuumlichtgeschwindigkeit c_0 und Elementarladung e.

b) Eingaben

Spannung U.

c) Berechnung

Endgeschwindigkeit V.

d) Ausgabe

Endgeschwindigkeit V.

2.2.1.1.1 Struktogramm

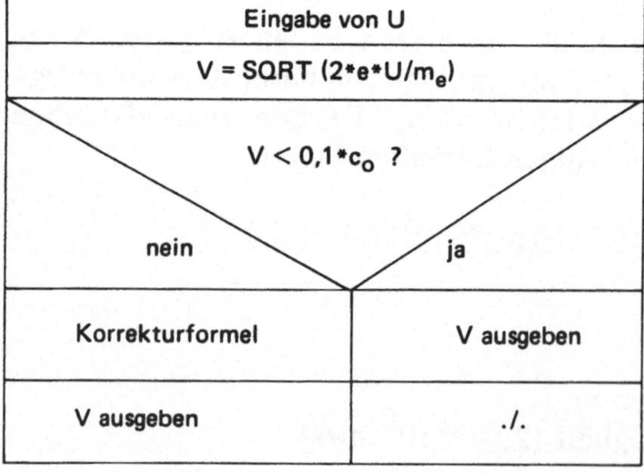

2.2.1.1.2 Programm (ELEKTRON.PAS)

Die Programmierung in Turbo Pascal ist absichtlich sehr einfach gehalten. Sie soll das zu lösende Problem direkt vor Augen führen, ohne durch zusätzliche Erläuterungen den eigentlichen Sinn des Programms zu verschleiern. In den folgenden Programmen werden dann aber mehr und mehr für den Anwender wichtige Informationen als Kommentare in die Programme geschrieben; denn der Softwareentwickler muß seine Produkte möglichst so gestalten, daß der spätere Benutzer genau weiß, in welchen Schritten das geschriebene Programm zum gewünschten Ergebnis führt.

```
USES
  Crt;

CONST
      me  = 9.11E-31;
       e  = 1.602E-19;
      co  = 2.998E8;

VAR
       U,V : REAL;


BEGIN
     CLRSCR; WRITELN;
     WRITE ('durchlaufene Spannung : ');
     READLN (U);

     V := SQRT (2*e*U/me);

     IF V < 0.1*co

        THEN BEGIN
                WRITE ('Endgeschwindigkeit : ');
                WRITE ( V ); WRITE (' km/s');
             END

        ELSE BEGIN
                V := co*SQRT(1-(1/(SQR(e*U/(me*SQR(co))+1))));
                WRITE ('Endgeschwindigkeit : ');
                WRITE ( V ); WRITE (' km/s');
             END
END.
```

2.2.1.2. Logische Verknüpfungen

Oft benötigt man zur Auswahl des gewünschten Programmteils nicht nur eine, sondern mehrere Bedingungen, die alle möglichst auf einmal abgefragt und bearbeitet werden sollen. Um mehrere Bedingungen miteinander zu verbinden (verknüpfen), gibt es die sogenannten *logischen Operatoren*. Sie prüfen, ob die zu verknüpfenden Operanden wahr oder falsch sind und ergeben nach der Verknüpfung ebenfalls den Wahrheitsgehalt wahr oder falsch. In Turbo Pascal finden folgende vier logische Operatoren Verwendung (s. Tabelle 2-2)

Tabelle 2-2 Logische Operatoren und ihre Bedeutung

Operator	Bedeutung
AND	Sowohl als auch (UND)
NOT	Verneinung (NICHT)
OR	Inklusives ODER
XOR	Exklusives ODER (entweder-oder)

In der nächsten Tabelle (Tabelle 2-3) sind die entsprechenden Wahrheitsgehalte bei der logischen Verknüpfung von zwei Variablen A und B zusammengestellt:

Tabelle 2-3 Logische Operatoren und ihr Wahrheitsgehalt

A	B	A AND B	NOT A	A OR B	A XOR B
w	w	w	f	w	f
w	f	f	f	w	w
f	w	f	w	w	w
f	f	f	w	f	f

In den folgenden Beispielen werden nur die logischen Operatoren AND und OR besprochen. Mit diesen Anweisungen können beispielsweise zwei Kriterien abgefragt werden:

```
IF (X < 100) AND (Y > 25) THEN BEGIN ...

                          ELSE
```

Wenn also der errechnete oder eingegebene X-Wert kleiner als 100 **und gleichzeitig** der Y-Wert größer als 25 ist, dann (THEN-Anweisungen) wird das Programm mit den nach BEGIN folgenden Anweisungen fortgesetzt, ansonsten (ELSE) wird der Programmablauf bei der nach ELSE folgenden Anweisung wieder aufgenommen. Mit der logischen Operation OR lautet die Anweisung:

```
IF (X < 100) OR  (Y > 25) THEN BEGIN ...
                         ELSE
```

In diesem Fall wird das Programm nach BEGIN fortgesetzt (THEN-Anweisungen), wenn X < 100 **oder** Y > 25 ist. Nach Tabelle 2-2 kann dabei entweder X < 100 oder Y > 25 sein, oder aber sowohl X < 100 als auch Y > 25 sein.

Wichtig bei der Verwendung dieser Anweisungen ist die *Einklammerung* der einzelnen Kriterien, sonst erfolgt eine Fehlermeldung des Systems.

Obwohl der Einsatz dieser Befehle keine Schwierigkeiten bereiten dürfte, wird ein kleines Programm vorgestellt, mit dem drei Zahlen verglichen werden können.

2.2.1.2.1 Vergleich dreier Zahlen

Drei einzugebende Zahlen werden hinsichtlich ihrer Größe und der Häufigkeit ihres Auftretens verglichen. Um die Häufigkeit des Vorkommens festzustellen, werden im Programm zwei Boolesche Variable definiert, denen dann die ersten bzw. letzten beiden Zahlen zugeordnet werden. Diese Booleschen Ausdrücke ergeben wahr (engl. true), wenn die jeweils zugewiesenen Zahlen gleich sind.

Mit der einfachen Abfrage:

```
IF A THEN...
```

kann dann z.B. kontrolliert werden, ob die ersten zwei Zahlen identisch sind. Sollten alle drei eingegebenen Zahlen gleiche Werte aufweisen, so ergibt die Abfrage :

```
IF A AND B THEN
```

das Ergebnis wahr und auf dem Bildschirm erscheint eine entsprechende Ausgabe.

2.2.1.2.1.1 Struktogramm

STRUKTOGRAMM ZUM PROGRAMM "LOGIK"

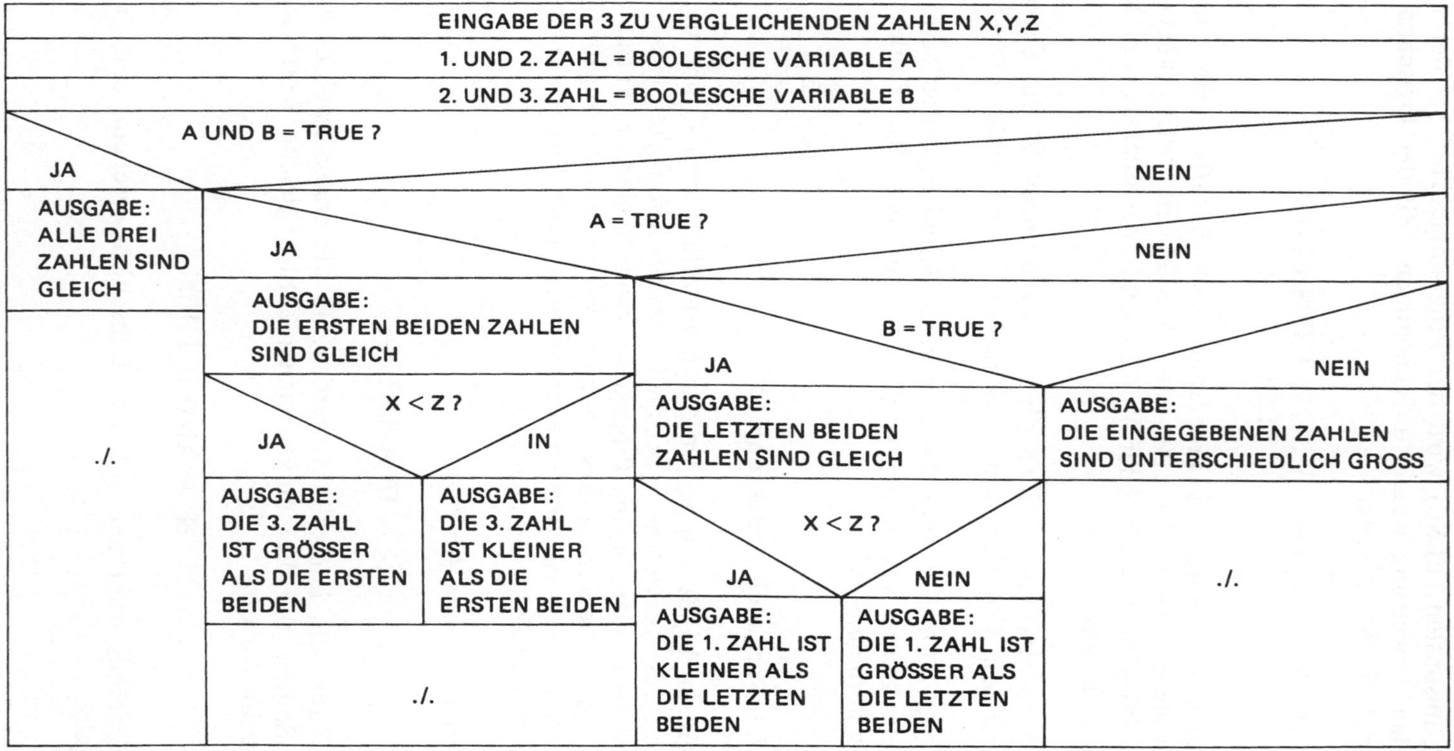

EINGABE DER 3 ZU VERGLEICHENDEN ZAHLEN X,Y,Z

1. UND 2. ZAHL = BOOLESCHE VARIABLE A

2. UND 3. ZAHL = BOOLESCHE VARIABLE B

A UND B = TRUE ?

JA

AUSGABE:
ALLE DREI
ZAHLEN SIND
GLEICH

./.

NEIN

A = TRUE ?

JA

AUSGABE:
DIE ERSTEN BEIDEN ZAHLEN
SIND GLEICH

X < Z ?

JA

AUSGABE:
DIE 3. ZAHL
IST GRÖSSER
ALS DIE ERSTEN
BEIDEN

IN

AUSGABE:
DIE 3. ZAHL
IST KLEINER
ALS DIE
ERSTEN BEIDEN

./.

NEIN

B = TRUE ?

JA

AUSGABE:
DIE LETZTEN BEIDEN
ZAHLEN SIND GLEICH

X < Z ?

JA

AUSGABE:
DIE 1. ZAHL IST
KLEINER ALS
DIE LETZTEN
BEIDEN

NEIN

AUSGABE:
DIE 1. ZAHL IST
GRÖSSER ALS
DIE LETZTEN
BEIDEN

NEIN

AUSGABE:
DIE EINGEGEBENEN ZAHLEN
SIND UNTERSCHIEDLICH GROSS

./.

2.2.1.2.1.2 Programm (LOGIK.PAS)

```
USES
  Crt;

LABEL 1;

 VAR
       X,Y,Z   :   REAL;
       A,B     :   BOOLEAN;

 BEGIN
       (* Eingabeteil *)

       CLRSCR;
       WRITELN;WRITELN ('           Vergleich dreier Zahlen');
       WRITELN; WRITELN;
       WRITELN ('Bitte eingeben :');
       WRITELN; WRITE (' 1.Zahl : '); READLN (X);
       WRITELN; WRITE (' 2.Zahl : '); READLN (Y);
       WRITELN; WRITE (' 3.Zahl : '); READLN (Z);
       WRITELN;WRITELN;

       (* Überprüfung auf Häufigkeit des Vorkommens *)

       A := X = Y;
       B := Y = Z;

 IF A AND B THEN BEGIN
                   WRITELN ('Alle drei Zahlen sind gleich !');
                   GOTO 1;
                 END;

 IF A THEN BEGIN
             WRITELN ('Die ersten zwei Zahlen sind gleich !');
             IF X<Z THEN WRITELN ('Die dritte Zahl ist größer als die ersten
                                  beiden.')
                    ELSE WRITELN ('Die dritte Zahl ist kleiner als die
                                  ersten beiden.');
             GOTO 1;
           END;

 IF B THEN BEGIN
             WRITELN ('Die letzten zwei Zahlen sind gleich !');
             IF X<Z THEN WRITELN ('Die erste Zahl ist kleiner als die
                                  letzten beiden.')
                    ELSE WRITELN ('Die erste Zahl ist größer als die letzten
                                  beiden.');
             GOTO 1;
           END;
```

```
IF (X>Y) AND (Y>Z) THEN BEGIN
  WRITELN ('Die Reihenfolge der Zahlen ihrer Größe nach ist 1-2-3.');
  GOTO 1;
          END;

IF (X>Z) AND (Y<Z) THEN BEGIN

  WRITELN ('Die Reihenfolge der Zahlen ihrer Größe nach ist 1-3-2.');
  GOTO 1;
          END

          ELSE
     WRITELN ('Die eingegebenen Zahlen sind unterschiedlich groß !');
     WRITELN ('Ihre genaue Reihenfolge soll hier nicht dargestellt
                werden.');

1:   END.
```

(Zur Variablendeklaration LABEL und zur Anweisung GOTO s. Abschn. 2.2.2.1.1).

2.2.1.3. Übungsaufgabe: WURF2.PAS

In diesem Abschnitt soll die Übungsaufgabe aus Abschnitt 2.1.2 (Berechnung der Ortskoordinaten des schiefen Wurfs) so verändert werden, daß das Programm WURF1 unterbrochen wird, sobald eine Flughöhe mit negativem Vorzeichen errechnet wird.

Bei Eingabe von Flugzeiten, bei denen noch eine positive Höhe herauskommt, soll das Ergebnis wie in WURF1 ausgegeben werden. Gibt der Benutzer aber eine Flugzeit ein, bei der eine negative Höhe errechnet wird, so soll das Programm dies durch eine entsprechende Ausgabe mitteilen. (Lösung im Anhang A 4.2).

2.2.2 Auswahl aus mehreren Möglichkeiten (CASE..OF..END)

Die Auswahlstruktur "CASE..OF..END" bedeutet übersetzt: "Wähle unter folgenden Möglichkeiten". Sie findet ihre Anwendung immer, wenn mehrere Alternativen zur Wahl stehen und nur eine davon bearbeitet werden soll. Die Anweisung CASE..OF ist eine in sich geschlossene Ablaufstruktur (s. Bild 1-5). Deshalb muß sie mit einem END abgeschlossen werden. Bild 2-10 zeigt das zugehörige Syntaxdiagramm (vgl. auch Abschnitt 2.2.2.1.4).

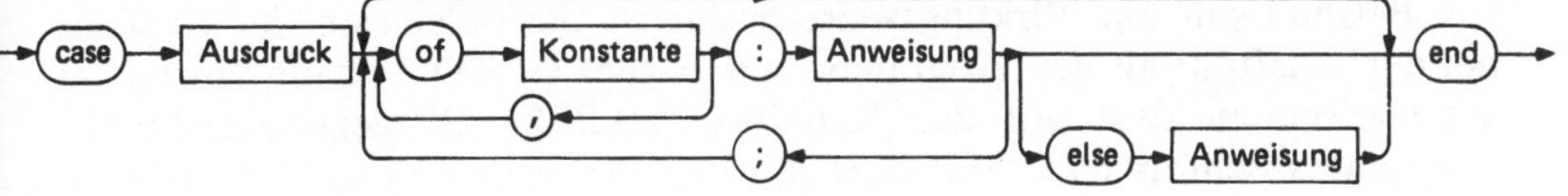

Bild 2-10 Syntaxdiagramm von CASE..OF..ELSE..END

2.2.2.1 Wahlweise Berechnungen am senkrechten Kreiszylinder

Als Beispiel hierzu dient ein Programm, in dem ausgewählt werden kann, ob das Volumen, die Manteloberfläche oder die Gesamtoberfläche eines senkrechten Kreiszylinders berechnet werden soll. Zum Verständnis dieses Programms ist vorab jedoch noch die Definition des Turbo-Pascal-Befehls *LABEL* notwendig (s. auch bereits Programm 2.2.1.2.1.2). Bild 2-11 zeigt das Syntaxdiagramm.

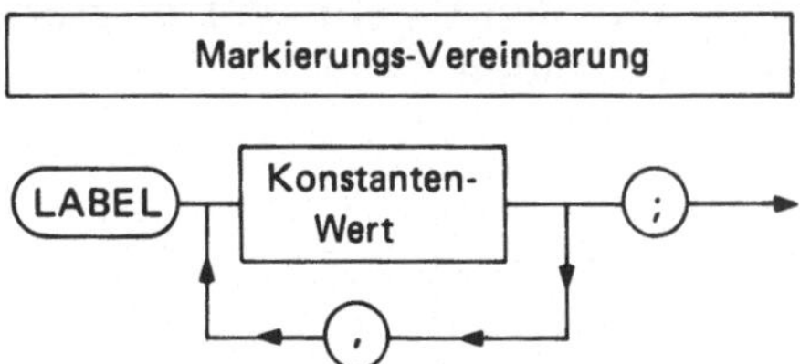

Bild 2-11 Syntaxdiagramm der Vereinbarung LABEL

2.2.2.1.1 LABEL (Kennung)

Selbst in einem umsichtig strukturierten Programm kann die Kennzeichnung von Sprungadressen durch sogenannte LABELs oder *Kennungen* erforderlich sein. Das bedeutet, daß man einzelne Programmteile vollständig überspringt, ohne vorher Bedingungen festgelegt zu haben, beispielsweise wenn das Programm nach dem ersten Durchlauf noch einmal gestartet werden soll.

BASIC-Umsteigern wird der in dieser Sprache oft gebrauchte GOTO-Befehl noch in bester Erinnerung sein. Dieser Befehl existiert auch in Turbo Pascal. Da hier aber im Gegensatz zu Basic keine fortlaufende Numerierung der Zeilen erfolgt, muß eine Zieladresse gekennzeichnet werden, zu der ein eindeutiger Sprung möglich ist. Die Festlegung dieser *Kennung* erfolgt im Vereinbarungsteil unter der Rubrik *LABEL*, in der die gewünschten Bezeichnungen für die Sprungadresse stehen (z.B. 1, 2, Endwertberechnung).

Ein Beispiel soll die Wirkungsweise erläutern. Befindet sich der Rechner bei der Ausführung des Programms am Befehl GOTO 1, dann springt er automatisch zu dem mit der Kennung (LABEL) "1" gekennzeichneten Programmabschnitt und fährt dort mit der Bearbeitung fort. (Im Vereinbarungsteil muß allerdings die Kennung festgelegt worden sein: LABEL 1). Wie das Syntaxdiagramm in Bild 2-11 zeigt, können auch Bezeichner und Zeichenketten als Kennungen verwendet werden).

2.2.2.1.2 Struktogramm

Das Struktogramm zeigt, daß der Radius (r) und die Höhe (h) eingegeben werden müssen. Im Anschluß daran legt der Wert der Variablen Auswahl fest, welche Berechnung vorgenommen werden soll (Kanal 1: Volumen; Kanal 2: Gesamtoberfläche; Kanal 3: Mantelfläche). Die Berechnungen werden ausgegeben. Anschließend wird gefragt, ob eine weitere Berechnung stattfinden soll. In diesem Fall wird wieder zur Eingabe zurückgesprungen. Dies zeigt der linke Kanal des Struktogramms. Die Eingabe ist mit der *Kennung* (LABEL) *4* gekennzeichnet, damit ein definierter Rücksprung vom Abfrageteil des Programms stattfinden kann.

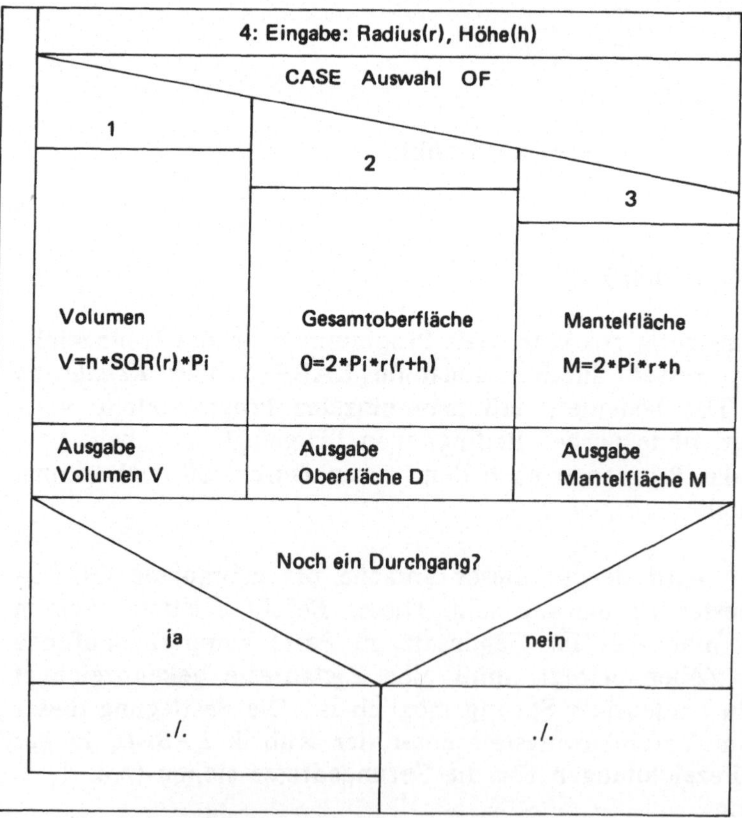

2.2.2.1.3 Programm (KREISZYL.PAS)

```
USES
  Crt;

LABEL
        4;

VAR
        V,O,M,r,h   :  REAL;
                W   :  CHAR;
          Auswahl   :  BYTE;

CONST
        Pi = 3.1415926;

   BEGIN

   4:  CLRSCR;
       WRITELN ('Programm zu wahlweisen Berechnungen');
       WRITELN ('an senkrechten Kreiszylindern'); WRITELN;
       WRITELN ('Es kann gewählt werden zwischen :');
       WRITELN; WRITELN ('    1. Berechnung des Volumens');
       WRITELN ('   2. Berechnung der Manteloberfläche');
       WRITELN ('   3. Berechnung der Gesamtoberfläche');
       WRITELN; WRITELN ('Um den Programmablauf zu starten,');
       WRITE ('bitte die gewünschte Nummer eingeben : ');
       READLN (Auswahl);
       WRITELN; WRITE ('Höhe des Zylinders in Meter : '); READLN (h);
       WRITE          ('Radius des Zylinders in m    : '); READLN (r);

       CASE   Auswahl   OF

          1: BEGIN
             WRITELN; WRITELN ('Volumenberechnung');
             V := h*SQR(r)*Pi;
             WRITELN('Das Volumen beträgt : ',V:10:2,' m3');
             END;

          2: BEGIN
             WRITELN; WRITELN ('Mantelflächenberechnung');
             M := h*2*Pi*r;
             WRITELN ('Die Mantelfläche beträgt : ',M:10:2,' m2');
             END;

          3: BEGIN
             WRITELN; WRITELN ('Berechnung der Gesamtoberfläche');
             O := 2*Pi*r*(r+h);
             WRITELN ('Die Gesamtoberfläche beträgt : ',O:10:2,' m2');
             END

       END;
```

```
        WRITELN;WRITELN;
        WRITE ('Soll noch eine Berechnung durchgeführt werden (j/n) ? ');
        READLN (W);

        IF W = 'j' THEN GOTO 4
        ELSE

END.
```

2.2.2.1.4 Die Anweisung CASE..OF..ELSE..END

Im Programm "Kreiszyl" wird nur bei Eingabe von 1, 2 oder 3 ein Lösungsweg angeboten. Bei fehlerhaften Eingaben wird immer die letzte Möglichkeit ausgeführt (im vorliegenden Fall die Möglichkeit 3). Um auf Falscheingaben entsprechend reagieren zu können, wird der Fehlerfall als ELSE-Fall behandelt (s. Bild 2-10) und die Anweisung lautet CASE..OF..ELSE. Dieser Befehl führt die nach ELSE folgenden Anweisungen aus, wenn eine Eingabe nicht durch die unter CASE..OF stehenden Auswahlmöglichkeiten abgedeckt werden kann.

Das Programm "Kreiszy" verdeutlicht die Anwendung dieses Befehls. Bei falscher Eingabe, d.h. "Auswahl" ungleich 1,2 oder 3, wird das Programm nicht abgebrochen, sondern der Benutzer wird zur erneuten Eingabe aufgefordert.

2.2.2.1.5 Programm (KREISZY.PAS)

```
USES
  Crt;

LABEL
        4,5;

VAR
        V,O,M,r,h   :  REAL;
                W   :  CHAR;
          Auswahl   :  BYTE;

CONST
        Pi = 3.1415926;

   BEGIN

   4:  CLRSCR;
       WRITELN ('Programm zu wahlweisen Berechnungen');
       WRITELN ('an senkrechten Kreiszylindern'); WRITELN;
```

```
5: WRITELN ('Es kann gewählt werden zwischen :');
   WRITELN;
   WRITELN ('   1. Berechnung des Volumens');
   WRITELN ('   2. Berechnung der Manteloberfläche');
   WRITELN ('   3. Berechnung der Gesamtoberfläche');
   WRITELN;
   WRITELN ('Um den Programmablauf zu starten,');
   WRITE   ('bitte die gewünschte Nummer eingeben : ');
   READLN (Auswahl);

   CASE  Auswahl  OF

     1: BEGIN

        WRITELN; WRITE ('Höhe des Zylinders in Meter : '); READLN (h);
        WRITE ('Radius des Zylinders in Meter: '); READLN (r);
        WRITELN; WRITELN ('Volumenberechnung');
        V := h*SQR(r)*Pi;
        WRITELN('Das Volumen beträgt : ',V:10:2,' Kubikmeter ');

        END;

     2: BEGIN

        WRITELN; WRITE ('Höhe des Zylinders in Meter : '); READLN (h);
        WRITE ('Radius des Zylinders in m    : '); READLN (r);
        WRITELN; WRITELN ('Mantelflächenberechnung');
        M := h*2*Pi*r;
        WRITELN ('Die Mantelfläche beträgt : ',M:10:2,' Quadratmeter ');

        END;

     3: BEGIN

        WRITELN; WRITE ('Höhe des Zylinders in Meter : '); READLN (h);
        WRITE ('Radius des Zylinders in Meter   : '); READLN (r);
        WRITELN; WRITELN ('Berechnung der Gesamtoberfläche');
        O := 2*Pi*r*(r+h);
        WRITELN ('Die Gesamtoberfläche beträgt : ',O:10:2,' m2');

        END
    ELSE

        WRITELN; WRITELN;
        WRITELN ('Falsche Eingabe! Bitte korrigieren!');
        WRITELN;
        GOTO 5;

    END;
```

```
        WRITELN;WRITELN;
        WRITE ('Soll noch eine Berechnung durchgeführt werden (j/n) ? ');
        READLN (W);

        IF W = 'j' THEN GOTO 4
        ELSE

END.
```

2.2.2.2 Wahlweise Berechnung von Wechselstromwiderständen

Um alle, die vielleicht gerade vom Frust geplagt werden, seelisch und moralisch wieder aufzurichten, soll gezeigt werden, daß mit den bisher erworbenen Kenntnissen bereits ein kompliziertes und umfangreiches Programm erstellt werden kann:

Die drei Bauelemente Widerstand, Spule und Kapazität seien in Reihe geschaltet. Wahlweise sollen der Scheinwiderstand und die Phasenverschiebung aus den einzelnen Wechselstromwiderständen ermittelt werden.

Bevor das eigentliche Programm erklärt wird, möchten wir an dieser Stelle noch einige Bemerkungen zum Umgang mit fehlerhaften Eingaben machen. Da der Programmierer immer damit rechnen muß, daß der spätere Benutzer bei den Eingaben Fehler macht, muß er sich gegen diese absichern, ohne den Programmablauf im wesentlichen zu stören oder den Anwender ins Chaos zu stürzen. Durch die im Vereinbarungsteil festgelegten Datentypen wird eine dieser Festlegung widersprechende Eingabe vom System abgewiesen (z. B. Eingabe eines Buchstabens, wenn eine Zahl festgelegt wurde). Gibt es trotzdem noch Möglichkeiten fehlerhafter Eingaben, so lassen sich diese am zweckmäßigsten mit der Anweisung IF..THEN..ELSE bearbeiten. Falls die Eingabe *nicht korrekt* ist, läßt man auf dem Bildschirm die Warnung *"Falsche Eingabe ! Bitte korrogieren !"* erscheinen und gibt im Programm eine Rücksprungadresse (LABEL) an, um den entsprechenden Eingabeteil noch einmal ablaufen zu lassen. Auf diese Weise wird verhindert, daß das Programm vorzeitig abgebrochen wird und damit mühsam gesammelte Daten, die schon zur Bearbeitung bereitliegen, unter Umständen verloren sind.

Jetzt wird das Programm WESTROWI besprochen, das beim ersten Hinsehen aufgrund seines Umfangs ganz schön beeindruckend wirkt, sich aber bei genauerer Betrachtung als Zusammensetzung bekannter Strukturen erweist.

2.2.2.2.1 Struktogramm

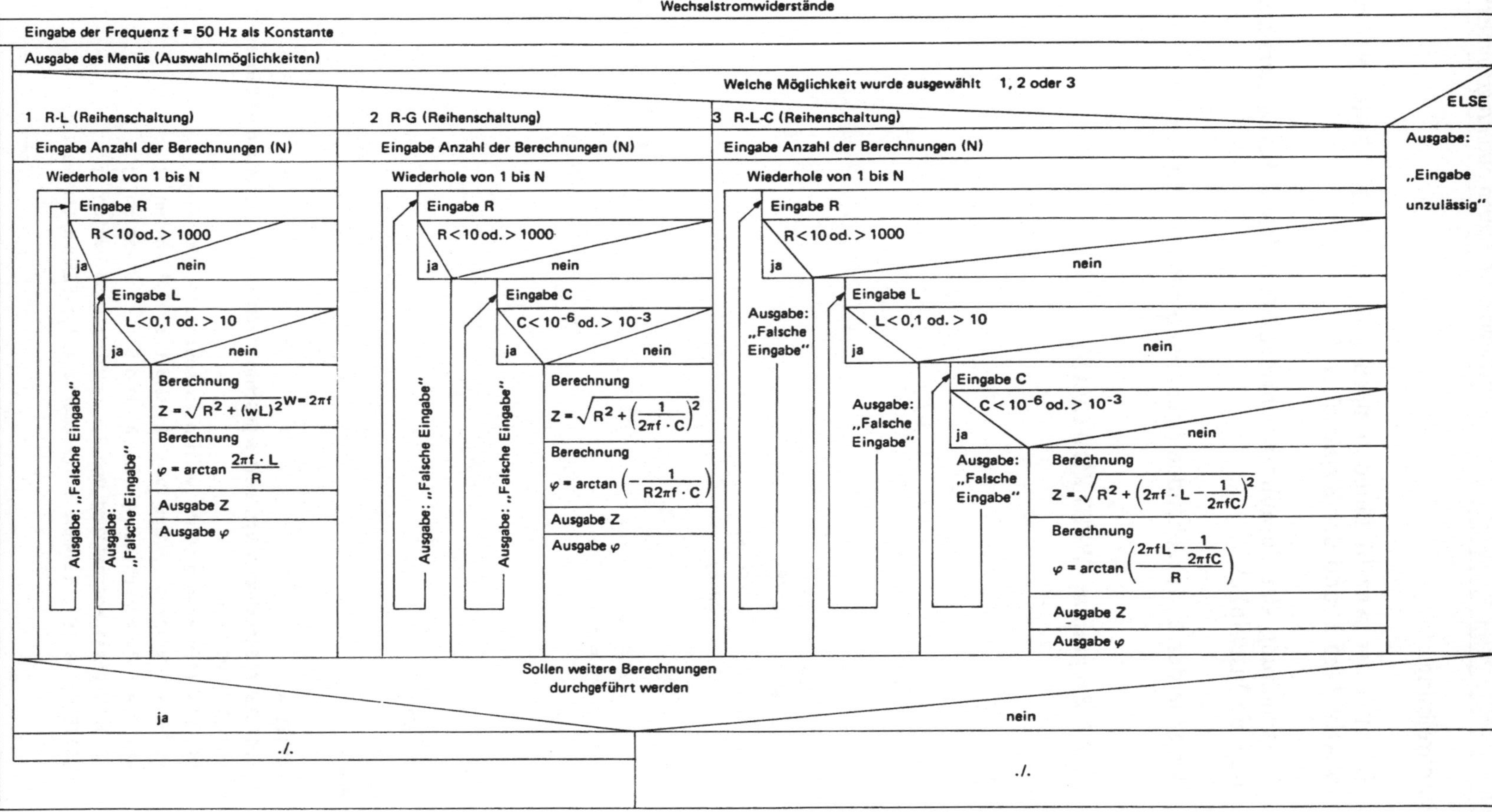

Beschreibung:

- Eingabe der Anzahl Berechnungen (N), der Widerstände (R), der Induktivitäten L und der Kapazitäten C.

- Verarbeitung der jeweiligen Formeln für den Scheinwiderstand und den Verlustwinkel.

- Ausgabe der entsprechenden Scheinwiderstände und der Verlustwinkel.

2.2.2.2.2 Programm (WESTROWI.PAS)

```
USES
  Crt;

LABEL
      4,5,6,7,8,Anfang,Start;

VAR
      L,C,R,W,z  :  REAL;
        Auswahl  :  BYTE;
            i,n  :  INTEGER;
              A  :  CHAR;

CONST
              f = 50;
             Pi = 3.1415926;

BEGIN

Start:

      CLRSCR;

Anfang:

      WRITELN;
      WRITELN ('Berechnung von reihengeschalteten Wechselstromwiderständen');
      WRITELN; WRITELN;
      WRITELN ('Es kann gewählt werden zwischen :'); WRITELN;
      WRITELN ('Reihenschaltung von  R  und L :    1 wählen');
      WRITELN ('Reihenschaltung von  R  und C :    2 wählen');
      WRITELN ('Reihenschaltung von R,C und L :    3 wählen');
      WRITELN; WRITE ('Auswahl : 1,2 oder 3 : '); READLN (Auswahl);
```

```
IF (Auswahl<>1) AND (Auswahl<>2) AND (Auswahl<>3) THEN

    BEGIN
        WRITELN; WRITELN ('Es dürfen nur Werte zwischen 1 und 3 eingegeben
                               werden!');
        GOTO Anfang;
    END
      ELSE

CLRSCR; WRITELN; WRITELN;
WRITELN ('                    ACHTUNG !!');
WRITELN; WRITELN ('Die einzugebenden Werte müssen sich innerhalb der
                  folgenden Grenzen bewegen :');
WRITELN; WRITELN ('          10Ω <=R <=    1000Ω');
        WRITELN ('         0.1 H  <= L <=     10 H ');
        WRITELN ('       10E-6 F  <= C <=  10E-3 F ');
        WRITELN; WRITELN ('Eingabe der Meßwerte : '); WRITELN;

4:      WRITE (' R = '); READ (R); WRITELN ('  ');

        IF (R>1000)  OR  (R<10)  THEN

             BEGIN
                 WRITELN ('Falsche Eingabe! Bitte korrigieren!');
                 GOTO 4;
             END
               ELSE

 WRITELN;

 CASE Auswahl OF

  1:
     5: BEGIN
             WRITE (' L = '); READ (L); WRITELN (' H');

             IF  (L>10)  OR   (L<0.1) THEN

              BEGIN
                  WRITELN ('Falsche Eingabe! Bitte korrigieren!');
                  GOTO 5;
              END
                ELSE
```

```
         BEGIN
          Z := SQRT ( SQR(R) + SQR(2*Pi*f*L) );
          W := ARCTAN ( (2*Pi*f*L) / R );
          WRITELN;
          WRITELN (' Scheinwiderstand    Z = ',Z:10:3,' Ohm');
          WRITELN (' Phasenverschiebung  W = ',W:10:3,'° ');
         END;
       END;

 2:
     6: BEGIN
             WRITE (' C = '); READ (C); WRITELN (' F');

             IF (C>10E-3) OR (C<10E-6) THEN

              BEGIN
                   WRITELN ('Falsche Eingabe! Bitte korrigieren!');
                   GOTO 6;
              END
                 ELSE

    BEGIN
          Z := SQRT ( SQR(R) + SQR(0.5*Pi*f*C) );
          W := ARCTAN ( -1/R*2*Pi*f*C );
          WRITELN;
          WRITELN (' Scheinwiderstand    Z = ',Z:10:3,' Ohm');
          WRITELN (' Phasenverschiebung  W = ',W:10:3,'° ');
    END;
    END;

 3:
    7: BEGIN
            WRITE (' C = '); READLN (C);

            IF (C>10E-3) OR (C<10E-6) THEN

             BEGIN
                  WRITELN ('Falsche Eingabe! Bitte korrigieren!');
                  GOTO 7;
             END
                ELSE
```

```
        8: BEGIN
                WRITELN;
                WRITE (' L = '); READLN (L);

                IF  (L<0.1)  OR  (L>10)  THEN

                 BEGIN
                      WRITELN ('Falsche Eingabe! Bitte korrigieren!');
                      GOTO 8;
                 END
                    ELSE

        BEGIN
             Z := SQRT ( SQR(R) + SQR(2*Pi*f*L) - (0.5*Pi*f*C) );
             W := ARCTAN ( (2*Pi*f*L) - (0.5*Pi*f*C)/R );
             WRITELN;
             WRITELN (' Scheinwiderstand      Z = ',Z:10:3,' Ohm');
             WRITELN (' Phasenverschiebung  W = ',W:10:3,'° ');
        END;
        END;
        END;
        END;

     WRITELN;
     WRITE ('Sollen noch weitere Berechnungen durchgeführt werden (j/n) ?');
     READLN (A);

     IF A = 'j' THEN GOTO Start;
     WRITELN; WRITELN ('Programmende');

END.
```

2.2.2.3. Übungsaufgabe: KUGEL.PAS

Wer sich jetzt einmal selbst an der CASE..OF-Anweisung versuchen möchte, der sollte einfach zu irgendeiner Formelsammlung greifen, mehrere Formeln heraussuchen und diese in einem Programm seiner Wahl verarbeiten. Um in der Geometrie zu bleiben, sei hier als Beispiel die wahlweise Berechnung der Volumina von senkrechtem Kreiszylinder, Kugel und Kreiskegel aufgeführt. (Lösung im Anhang A 4.3).

2.3 Wiederholung (Iterationen)

Wiederholungsstrukturen dienen allgemein der mehrmaligen Ausführung von Anweisungen. Dabei kann der Programmierer selbst bestimmen, wann eine Schleife beendet werden soll. Dies geschieht entweder durch Eingabe der Anzahl der gewünschten Wiederholungen oder durch die Festlegung von Bedingungen, die zum Abbruch der Schleife führen. Jede dieser Möglichkeiten ist durch bestimmte Befehlskombinationen realisiert, die im folgenden erläutert werden.

2.3.1 Zählschleifen (FOR..TO (DOWNTO)..DO)

Mit Zählschleifen kann direkt bestimmt werden, wie oft die in der Schleife aufgeführten Befehle abzuarbeiten sind. Bild 2-12 zeigt das Syntaxdiagramm der Zählschleife.

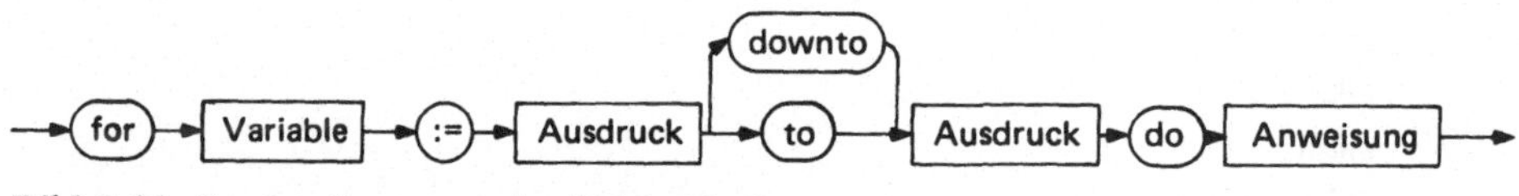

Bild 2-12 Syntaxdiagramm der Zählschleife

Im folgenden wird ein Beispiel gezeigt:

```
FOR Z:=1 TO 20 DO
```

"Z" bezeichnet man als Laufvariable oder als *Zähler*; der *Anfangswert* für Z ist in diesem Fall *1*, der *Endwert 20*. Die Schleife wird also (beginnend bei 1) 20 mal durchlaufen. Die *Schrittweite* beträgt bei der Zählschleife immer *eins*, d.h., der Wert des Zählers wird bei jedem Durchlauf um "1" erhöht.

Oft möchte man auch die jeweiligen Werte des Zählers selbst zu Berechnungen heranziehen. In diesem Fall muß man entscheiden, ob die Berechnung mit dem *niedrigsten* oder dem *höchsten* Wert beginnen sollen. Soll mit dem *höchsten* Wert begonnen werden, ist eine *abwärts zählende Schleife* von Vorteil. Der Wert der Laufvariablen wird dabei um jeweils "1" erniedrigt. Eine abwärts zählende Schleife lautet beispielsweise:

```
FOR Z:=20 DOWNTO 1 DO
```

Die Anfangs- und Endwerte müssen selbstverständlich keine Zahlen sein. In vielen Fällen empfiehlt sich der Einsatz von Variablen, um die Schleife den entsprechenden Bedürfnissen anzupassen.

Die Schrittweite kann in Turbo Pascal nicht wie in BASIC beliebig gewählt werden, sie ist auf bei aufwärtszählenden Schleifen auf +1, bei abwärts zählenden Schleifen auf -1. Zu beachten ist weiterhin, daß die Anfangs- und Endwerte einer Zählschleife nur *einmal* vor dem Eintritt in die Schleife ausgewertet werden; eventuelle Änderungen bleiben dann unberücksichtigt.

2.3.1.1 Simulation eines Würfelspiels

Um die Wirkungsweise dieses Schleifentyps zu zeigen, wird ein Würfelspiel simuliert. In ihm wird gezeigt, daß bei einem völlig symmetrischen Würfel jede der möglichen Zahlen 1 bis 6 gleich häufig vorkommt. Strenggenommen müßte dazu unendlich oft gewürfelt werden. Dies ist zwar nicht möglich, doch die Tendenz zur Gleichverteilung der Würfelaugen ist erkennbar.

Würfeln bedeutet, daß eine der Zahlen 1 bis 6 zufällig erzeugt werden. In einem Computerprogramm wird dazu ein Befehl benötigt, der solche Zufallszahlen erzeugt. In Turbo Pascal heißt diese Anweisung:

```
RANDOM (Zahl);
```

Es wird eine Zufallszahl zwischen **0** und **Zahl** (ausschließlich) als ganze Zahl erzeugt (Zahl muß vom Datentyp INTEGER sein!). Wenn beim Würfelspiel Zufallszahlen von 1 bis 6 generiert werden sollen, dann lautet der Befehl:

```
RANDOM (6) + 1;
```

2.3.1.1.1 Struktogramm

Eingabe der Wurfanzahl					
Augenzähler auf Null setzen a = 0, b = 0, c = 0, d = 0, e = 0, f = 0					
I = 1					
Wurf = ?					
1	2	3	4	5	6
a = a + 1	b = b + 1	c = c + 1	d = d + 1	e = e + 1	f = f + 1
Wiederhole bis I = Wurfanzahl					
Ausgabe von a, b, c, d, e, f					

2.3.1.1.2 Programm (WUERFEL.PAS)

```
USES
  Crt;

VAR

   a,b,c,d,e,f,i,Wurfanzahl,Wurf  :  INTEGER;


BEGIN

     CLRSCR;
     WRITELN; WRITELN;
     WRITELN (' Simulationsprogramm eines Würfelspiels');
     WRITELN;
     WRITE (' Bitte eingeben, wie oft gewürfelt werden soll: ');
     READ (Wurfanzahl); WRITELN (' mal');

     a:=0;b:=0;c:=0;d:=0;e:=0;f:=0;

     FOR i := 1 TO Wurfanzahl DO

       BEGIN

           Wurf := RANDOM (6) +1;

           CASE Wurf OF

                      1: a := a+1;
                      2: b := b+1;
                      3: c := c+1;
                      4: d := d+1;
                      5: e := e+1;
                      6: f := f+1;

           END;

       END;

    WRITELN (' Ausgabe des Ergebnisses:'); WRITELN;
    WRITELN (' Die Verteilung der Augenzahl ergibt sich zu:');
    WRITELN;
    WRITELN (' Die Zahl 1 wurde ',a,' mal gewürfelt'); WRITELN;
    WRITELN (' Die Zahl 2 wurde ',b,' mal gewürfelt'); WRITELN;
    WRITELN (' Die 3, 4, 5 und die 6 je ',c,', ',d,', ',e,' bzw. ',f,' mal');

END.
```

2.3.1.2 Einlesen eines ARRAYS

In Abschnitt 1.2 wurde der Datentyp ARRAY bereits erwähnt und darauf hingewiesen, daß ein ARRAY ein Feld (engl. array) darstellt, in dem sich mehrere Datenelemente *desselben* Datentyps befinden (s. Bild 1-1). Die einzelnen Daten werden über den entsprechenden Index (Position des Datenelements) angesprochen. Anschaulich gesprochen ist ein ARRAY ein Schrank mit einer entstrechenden Anzahl von Schubladen, in denen sich Daten desselben Datentyps befinden. Bild 2-13 zeigt das Syntaxdiagramm des Datentyps ARRAY.

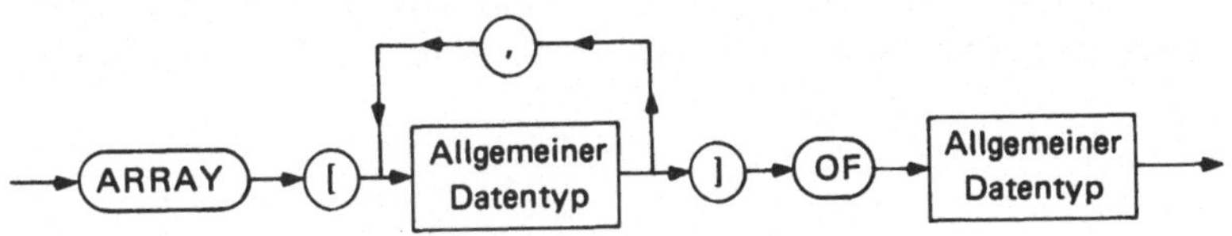

Bild2-13 Syntaxdiagramm des Datentyps ARRAY

Eine häufig verwendete Darstellung einer Variablen als ARRAY lautet:

```
VAR
  Name: ARRAY[Konstante1 .. Konstante2] OF Datentyp;
```

Die Konstante1 ist dabei die untere Indexgrenze und die Konstante2 die obere Indexgrenze.

Für die Indizes ist folgendes zu beachten:

a) Variable oder Ausdrücke sind als Indizes nicht zulässig.

b) Die untere Indexgrenze muß immer kleiner als die obere sein.

Die Art der Daten (z. B. REAL, INTEGER, BYTE, CHAR) wird als Datentyp festgelegt.

Ein ARRAY wird bei der zugehörigen Variablen, wie oben bereits gezeigt wird, im Vereinbarungsteil unter VAR festgelegt. So bedeutet beispielsweise:

```
A: ARRAY [1..20] OF INTEGER;
```

daß für die Variable A ein Feld mit 20 Datenelementen vom Typ INTEGER reserviert wird.

ARRAYS können auch, wie Bild 1-1 zeigt, zwei- oder dreidimensional aufgebaut sein. Bildlich gesprochen vereinbart man als zweidimensionales ARRAY ein Schachbrett oder im dreidimensionalen Fall einen Würfel mit einzelnen Bereichen, von denen jeder über eine entsprechende Indexfolge ansprechbar ist. Beispielsweise legt die Vereinbarung:

B: ARRAY [1..20,1..15] OF STRING

einen zweidimensionalen ARRAY vom Typ STRING fest, bei dem insgesamt 20*15 = 300 einzelne Felder für Zeichenketten zur Verfügung gestellt werden.

Ein wichtiges Anwendungsfeld für ARRAYs sind die Daten, die über Zählschleifen in den Rechner eingelesen oder aus dem Rechner ausgegeben werden.

2.3.1.2.1 Einlesen eines eindimensionalen ARRAYs

Mit dem altgedienten Programm, das uns die Berechnug der Ortskoordinaten des schiefen Wurfes ermöglichte (s. Abschn. 2.1.2), soll für verschiedene, einzugebende Flugzeiten die erreichte Weite bestimmt werden. Die eingeführte Neuerung besteht darin, daß zur Ermittlung von mehreren Ergebnissen kein neuer Start des Programms nötig ist; alle Rechenoperationen werden sofort nacheinander ausgeführt und in die einzelnen Datenfelder gespeichert. Größere Datenmengen können also nach der Eingabe schnell in einem Arbeitsgang abgefertigt werden.

2.3.1.2.1.1 Struktogramm

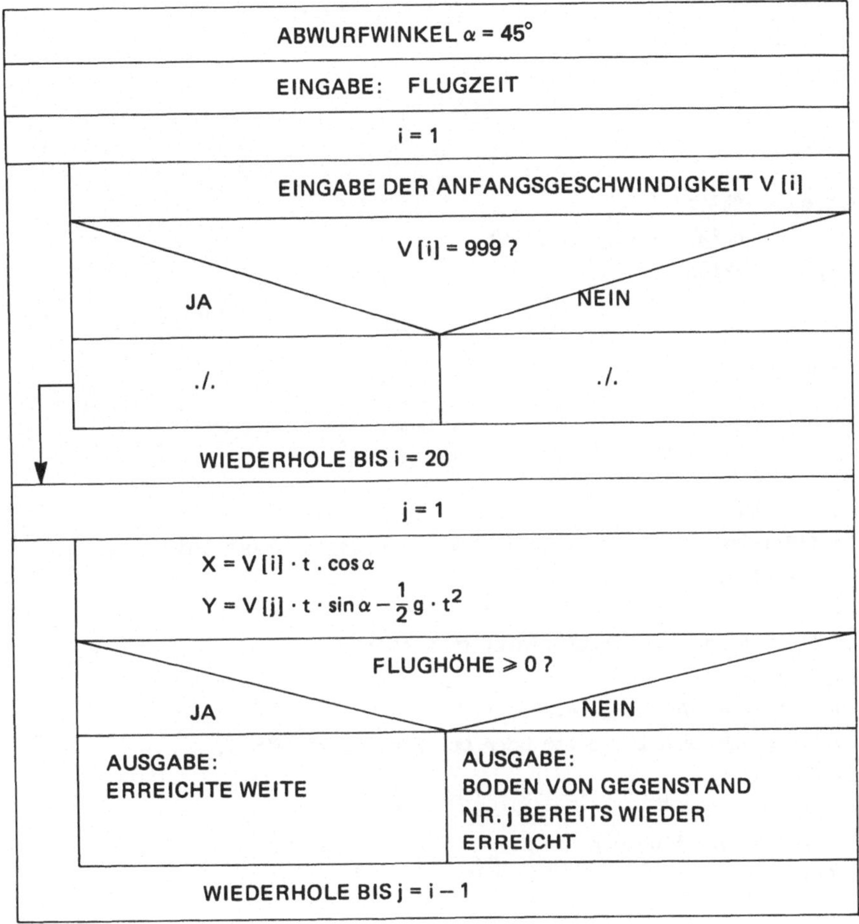

2.3.1.2.1.2 Programm (WURF3.PAS)

```
USES
  Crt;

LABEL   1;

VAR
        X,Y,t,a  :  REAL;
              v  :  ARRAY [1..20] OF REAL;
            i,j  :  BYTE;

CONST
            g = 9.81;

BEGIN
      CLRSCR;
      WRITELN;WRITELN;
      WRITELN ('Bestimmung der Ortskoordinaten eines Gegenstandes beim schiefen
              Wurf');
      WRITELN;
      WRITELN ('  vorgegebener Abwurfwinkel α = 45°');
      WRITELN;WRITELN;
      WRITELN ('Es folgt der Eingabeteil. ');
      WRITELN ('Abbruch nach 20 Werten oder bei Eingabe von 999');
      WRITELN;

      WRITE ('Eingabe der Flugzeit  in s                  : ');
      READLN (t);
      WRITELN;

      a:=45/360*2*3.1415926;

      FOR i:=1 TO 20 DO

                  BEGIN

                      WRITE ('Eingabe der Anfangsgeschwindigkeit in m/s : ');
                      READLN (v[i]);
                      IF v[i]=999 THEN GOTO 1;

                  END;
```

```
1:  FOR j:=1 TO i-1 DO

                BEGIN

                    X := v[j]*t*cos(a);
                    Y := v[j]*t*sin(a) - SQR(t)*g*0.5;

                    IF Y>=0 THEN
                         BEGIN
                           WRITELN; WRITELN ('Gegenstand Nr.',j,' :');
                           WRITELN ('  die erreichte Weite beträgt :
                                 ',X:10:3,' m');
                           WRITELN;
                         END

                       ELSE

                         BEGIN
                           WRITELN;
                           WRITELN ('Der Gegenstand Nr.',j,' hat
                                 bereits wieder den Boden erreicht
                                  !');
                         END;

                END;

END.
```

2.3.1.2.2 Einlesen eines zweidimensionalen ARRAYs

Das Programm (WURF4.PAS) zum Einlesen eines zweidimensionalen ARRAYs lautet:

```
USES
  Crt;

LABEL   1,2,3;

VAR
        X,Y,t,a  :  REAL;
              v  :  ARRAY [1..10,1..3] OF REAL;
    i,j,k,n,s,c  :  BYTE;

CONST
           g = 9.81;
```

```
BEGIN
     CLRSCR;
     WRITELN; WRITELN;
     WRITELN ('  Bestimmung der Ortskoordinaten eines Gegenstandes beim schiefen
             Wurf');
     WRITELN; WRITELN; WRITELN;
     WRITELN (' vorgegebener Abwurfwinkel α = 45°');
     WRITELN; WRITELN;
     WRITELN (' Es folgt der Eingabeteil. ');
     WRITELN (' Abbruch nach 30 Werten oder bei Eingabe von 999');
     WRITELN; WRITELN;

     WRITE (' Eingabe der Flugzeit in s : ');
     READLN (t);
     WRITELN; WRITELN;

     a:=45/360*2*3.1415926; k:=0;
     n:=0; s:=0; c:=0;

     FOR i:=1 TO 10 DO

           BEGIN

     FOR j:=1 TO  3 DO

                   BEGIN
                       WRITE (' Eingabe der Anfangsgeschwindigkeit in m/s : ');
                       READLN (v[i,j]);
                       IF v[i,j]=999 THEN GOTO 1;
                       n:=n+1;
                   END;

           END;

  1: WRITELN;

     IF n=0 THEN GOTO 3;

     IF n<3 THEN s:=n
              ELSE s:=3;

     FOR k:=1 TO i DO
              BEGIN
                       GOTO 2;
```

```
2: FOR j:=1 TO s DO

                    BEGIN

                       X := v[k,j]*t*cos(a);
                       Y := v[k,j]*t*sin(a) - SQR(t)*g*0.5;
                       c := c+1;

                       IF Y>=0 THEN

                      BEGIN
                       WRITELN; WRITELN (' Gegenstand Nr.',c);
                       WRITELN (' die erreichte Weite beträgt : ',X:10:3,'
                              m');
                      END
                             ELSE

                      BEGIN
                       WRITELN;
                       WRITELN (' Der Gegenstand Nr.',c,' hat bereits wieder
                              den Boden erreicht !');
                      END;

                    END;

                    IF k=i-1 THEN s:=n-3*(i-1);

          END;

3: END.
```

2.3.2 Abweisende Schleife (WHILE..DO)

Die "WHILE..DO"-Schleife wird *abweisende* Schleife genannt, weil sie *vor Ausführung* eines Programmteils eine sogenannte *Ausführungsbedingung* abfragt:

> *"Während die Ausführungsbedingung erfüllt ist, mache..".*

Ist die Ausführungsbestimmung nicht erfüllt, dann werden die gesamten Anweisungen in der Schleife übersprungen, ohne eine einzige Operation auszuführen: Das Programm weist die Ausführung dieses Programmteils ab. Bild 2-14 zeigt das entsprechende Syntaxdiagramm.

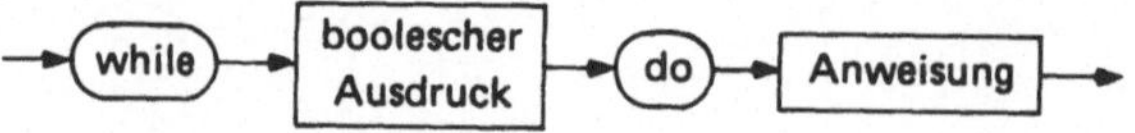

Bild 2-14 Syntaxdiagramm der WHILE..DO-Schleife

Die Ausführungsbedingung muß auf jeden Fall nachprüfbar sein, beispielsweise müssen alle Variablen bei der Überprüfung der Ausführungsbedingung bekannt sein und einen Wert besitzen. Werden Teile der Ausführungsbedingung erst im Programmteil der Schleife selbst errechnet, dann müssen Hilfswerte so gesetzt werden, daß der erste Schleifendurchlauf ermöglicht wird.

Da die WHILE..DO-Schleife nur eine *kontrollierte* Verarbeitung zuläßt, ist sie prinzipiell der im nächsten Abschnitt zu beschreibenden REPEAT..UNTIL-Schleife vorzuziehen.

2.3.2.1 Strömungswiderstand einer laminaren Strömung in glatten Rohren (Reynolds-Zahl)

In unserem Beispiel soll der Strömungswiderstand (Fw) ermittelt werden. Als Strömungswiderstand bezeichnet man die Kraft, die ein umspülendes Medium auf einen Gegenstand ausübt. Die Kraft setzt sich dabei aus der Reibungskraft und der Druckkraft zusammen. Bei kleinen Strömungsgeschwindigkeiten ist jede reale Strömung laminar. Ab einem kritischen Grenzwert jedoch, der sogenannten Reynoldsschen Zahl (Re), ist die Strömung turbulent, d.h. der Strömungswiderstand nimmt erheblich zu.

Zu überprüfen ist nun, ab welcher Geschwindigkeit (v) eine bewegte Kugel in Glyzerin den für glatte Rohre geltenden Grenzwert der kritischen Reynoldszahl von Re=1160 erreicht.

Ausgegeben werden sollen die Geschwindigkeiten der Kugel und die entsprechenden Strömungswiderstände für den laminaren Bereich (solange die Reynoldszahl kleiner als 1160 ist).

Folgende Größen sind bekannt und konstant:

Kugelradius r=0,1m
größter Kugelquerschnitt A=0.2*Pi m^2
Widerstandsbeiwert der Kugel c=0,2 (dimensionslos)
Dichte von Glyzerin (20°C) ro=1261 kg/m^3
kinematische Viskosität von Glyzerin (20°C) n=1170E-6 m^2/s
Maximum für Re=1160 (dimensionslos)

Zu berechnen sind folgende Größen:

Relativgeschwindigkeit zwischen Kugel und Rohr v
Reynoldssche Zahl (Re) in Abhängigkeit von v

Dazu werden folgende Formeln verwendet:

Fw = c*A*0.5*ro*SQR(V)
Re = r*V/n

2.3.2.1.1 Struktogramm

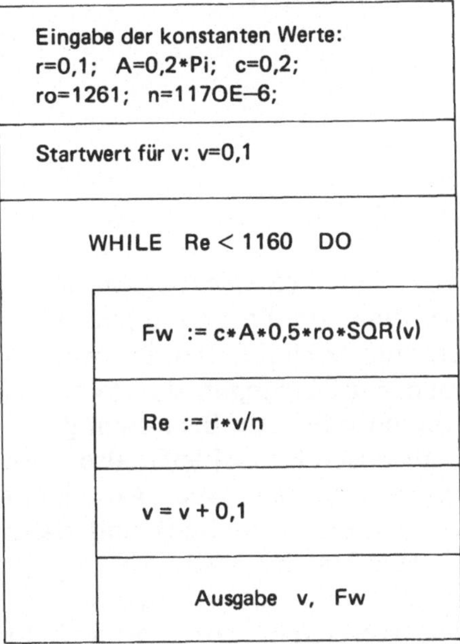

2.3.2.1.2 Programm (STROEMEN.PAS)

```
USES
  Crt;

CONST
        pi = 3.1415926;
         r = 0.1;
        cw = 0.2;          (* Widerstandsbeiwert *)
        ro = 1261;         (* Dichte von Glyzerin *)
         k = 1170E-6;      (* kinematische Viskosität *)

VAR
         Re,v,Fw  :  REAL;

         (* Re: Reynoldszahl, v: Relativgeschwindigkeit der Kugel *)
         (* Fw: Strömungswiderstand *)
```

```
BEGIN

      CLRSCR;
      Re := 0; v := 0;

      WHILE  Re < 1160  DO

          BEGIN
            v  := v + 0.1;
            Fw := cw*pi*SQR(r)*0.5*ro*SQR(v);
            Re := (r*v)/k;
            WRITELN ('Geschwindigkeit der Kugel: ',v:10:1,' m/s');
            WRITELN ('Strömungswiderstand       : ',Fw:10:3,' N');
          END;

END.
```

2.3.3 Nicht abweisende Schleife (REPEAT..UNTIL)

Die "REPEAT..UNTIL"-Schleife prüft vor dem Schleifenbeginn keine Ausführungsbedingung, die zu einer Abweisung des Programmteils führen kann. Sie ist deshalb eine *nicht-abweisende* Schleife. Bei ihr werden also zunächst die in der Schleife enthaltenen Ausführungen durchgeführt und dann erst die Bedingung zum Wiederholen oder zur Beendigung der Schleife abgefragt. Es kann bei der nicht abweisenden Schleife also vorkommen, daß Berechnungen vorgenommen wurden, die gar nicht erwünscht sind. Das Programm hat nämlich zuerst gerechnet und dann festgestellt, daß die Bedingungen zum Beenden der Schleife erfüllt waren. In einem solchen Fall können Variable unbrauchbare Werte aufweisen, mit denen unter Umständen weitergerechnet wird. Bild 2-15 zeigt das zugehörige Syntaxdiagramm:

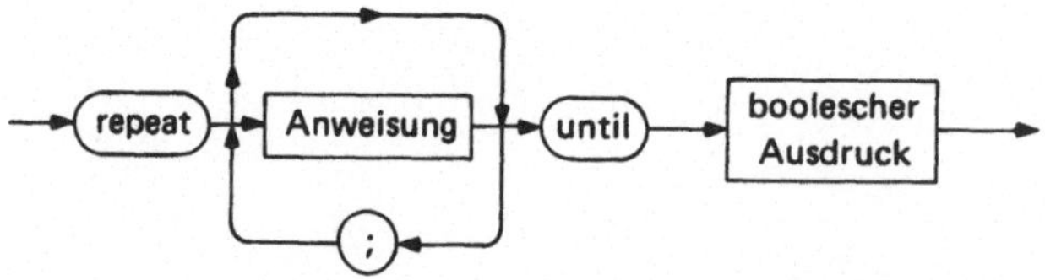

Bild 2-15 Syntaxdiagramm der REPEAT..UNTIL-Schleife

Wie daraus ersichtlich ist, muß man sich über diesen Sachverhalt genau im klaren sein, um nicht beispielsweise bei einer Auswertung großer Datenmengen völlig falsche Ergebnisse zu erhalten. Aus diesem Grund ist man generell mit der "WHILE..DO"-Schleife am besten beraten, einfach aus Sicherheitsgründen.

Da aber auch die Anwendung einer "REPEAT..UNTIL"-Schleife einmal möglich oder nötig sein kann (wenn z. B. vor der Schleife keine Bedingung geprüft werden kann, weil diese erst in der Schleife berechnet wird), wird hier als Beispiel das bereits aus Abschnitt 2.3.2. bekannte Programm "STROEMEN.PAS" nicht mit einer "WHILE..DO"-Schleife, sondern mit einer Schleife vom "REPEAT..UNTIL"-Typ programmiert.

2.3.3.1 Strömungsprogramm mit der REPEAT .. UNTIL-Schleife

2.3.3.1.1 Struktogramm

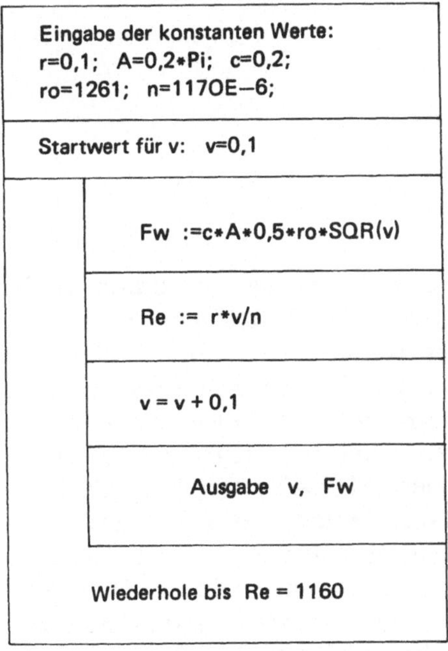

2.3.3.1.2 Programm (STROM2.PAS)

```
USES
  Crt;

CONST
        pi = 3.1415926;
         r = 0.1;
        cw = 0.2;            (* Widerstandsbeiwert *)
        ro = 1261;           (* Dichte von Glyzerin *)
         k = 1170E-6;        (* kinematische Viskosität *)

VAR
          Re,v,Fw  :  REAL;
          (* Re: Reynoldszahl, v: Relativgeschwindigkeit der Kugel *)
          (* Fw: Strömungswiderstand *)
```

```
BEGIN

     CLRSCR;
     Re := 0; v := 0;

     REPEAT

          v  := v + 0.1;
          Fw := cw*pi*SQR(r)*0.5*ro*SQR(v);
          Re := (r*v)/k;
          WRITELN ('Geschwindigkeit der Kugel: ',v:10:1,' m/s');
          WRITELN ('Strömungswiderstand      : ',Fw:10:3,' N');
     UNTIL Re = 1160;

END.
```

2.3.4 Geschachtelte Schleifen

Um das Programmiervergnügen noch zu steigern, sei an dieser Stelle erwähnt, daß man selbstverständlich auch alle Schleifenarten munter ineinander schachteln kann, d.h. in einer Schleife steht eine andere, in dieser dann wieder eine usw. Dieses Schachteln von Schleifen ist eine vielgebrauchte Möglichkeit, um bestimmte Probleme elegant zu lösen. Eine Hauptanwendung der geschachtelten Schleifen liegt zweifellos im Einlesen von zwei- oder mehrdimensionalen ARRAYs durch Zählschleifen und in der Möglichkeit, diese zu verarbeiten, etwa in Form von Matrizen oder zweidimensionalen Tabellen, die aus Zeilen und Spalten bestehen. Da bereits in Abschnitt 2.3.1.2 der prinzipielle Aufbau von ein- und mehrdimensionalen ARRAYs erklärt wurde, werden hier die Anwendung von ein- und zweidimensionalen ARRAYs bei Berechnungen vorgestellt.

2.3.4.1 Durchflußvolumen nach Hagen-Poiseuille

Mit dem Hagen-Poiseullischen Gesetz kann das Durchflußvolumen einer Flüssigkeit durch Rohre mit verschiedenen Radien errechnet werden. Dabei wird automatisch für Druckdifferenzen (Δp) von 1 bis 1000 mbar zwischen den Rohrenden und für Rohrinnenradien (r) von 5 bis 100 mm das Volumen der Flüssigkeit errechnet, das in der Zeit t durch das Rohr strömt.

Eingegeben wird lediglich die Viskosität der Flüssigkeit (e), die Durchflußdauer (t) und die Länge des Rohres (l). Die Berechnung des Durchflußvolumens geschieht nach folgender Formel:

$$V = Pi*\Delta p*t*r^4 \;/\; (8*e*l).$$

Die Ausgabe erfolgt dann selbstständig, wobei die Druckdifferenz in 10er-Schritten, die Radien in 5er-Schritten erhöht und zur Berechnung herangezogen werden.

2.3.4.1.1 Struktogramm

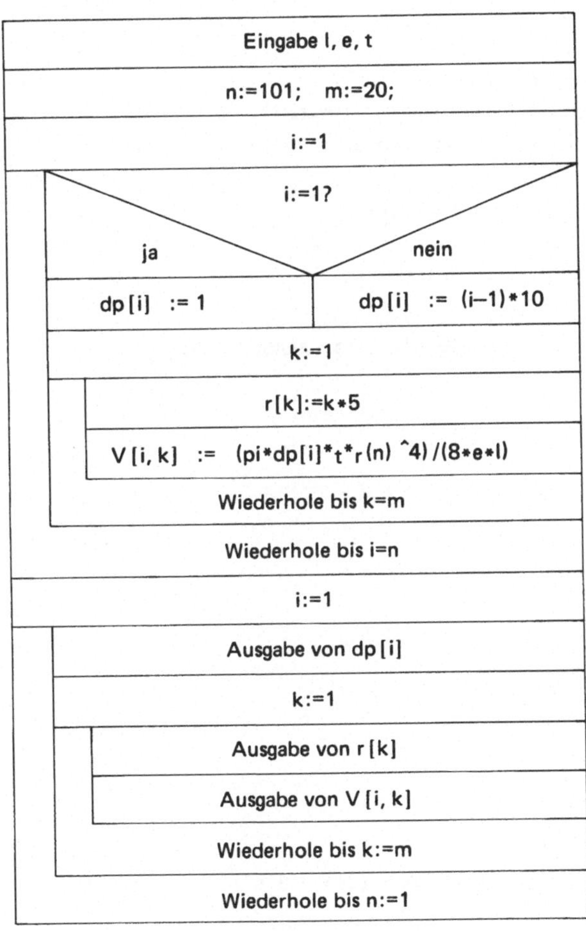

2.3.4.1.2 Programm (HAGEN.PAS)

```
USES
  Crt;

VAR
       l,t,e : REAL;
           r : ARRAY [1..20] OF BYTE;
           V : ARRAY [1..11,1..20] OF REAL;
     n,m,i,k : BYTE;
          dp : ARRAY [1..11] OF INTEGER;

BEGIN

   CLRSCR;
   WRITELN ('Berechnung des in der Zeit t durch ein');
   WRITELN; WRITELN ('Rohr fließenden Flüssigkeitsvolumens');
   WRITELN; WRITELN ('nach dem Gesetz von Hagen-Poiseuille');
   WRITELN;WRITELN;
   WRITE ('Eingabe der Rohrlänge : '); READLN (l);
   WRITELN;
   WRITE ('Eingabe der Durchflußzeit : '); READLN (t);
   WRITELN;
   WRITE ('Eingabe der Viskosität der Flüssigkeit : '); READLN (e);

   n := 11; m := 20;

     FOR i:= 1 TO n DO

       BEGIN
         IF  i=1 THEN
                dp[i] := 1
                ELSE
                dp[i] := (i-1)*100;

         FOR k:= 1 TO m DO

           BEGIN
              r[k] := k*5;
              V[i,k] := (pi*dp[i]*t*SQR(r[k])*SQR(r[k]))/(8*e*l);
           END;

       END;
```

```
   FOR i:=1 TO n DO

   BEGIN
      WRITELN;
      WRITE ('Druckdifferenz zwischnen den Rohrenden : ',dp[i]);

      FOR k:=1 TO m DO

        BEGIN
         WRITE ('Rohrinnenradius : ',r[k]);
         WRITELN;
         WRITE ('Durchflußvolumen in der Zeit t : ',V[i,k]:10:2);
        END;

   END;

END.
```

2.3.4.2 Sortierverfahren nach dem Bubble-Sort-Algorithmus

Sortieren ist eine der Grundaufgaben der Datenverarbeitung, für die es eine Reihe von Verfahren gibt. Ohne die einzelnen Algorithmen in ihrer Leistungsfähigkeit vergleichen zu wollen, werden zwei der bekanntesten Sortierverfahren vorgestellt, das *Bubble-Sort-Verfahren* und das *Shell-Sort-Verfahren* (als Übungsaufgabe im Anhang).

Der Bubble-Sort-Algorithmus stellt sicher, daß immer auf der am weitesten links stehenden Position (angezeigt durch den Index I) die kleinste Zahl steht. Durch Vergleich der Nachbarzahlen (angezeigt durch den Index K) und durch eventuelles Vertauschen wird dies erreicht. Der Positionszeiger I rückt von 1 aus immer weiter vor (bis zur vorletzten Zahl I=N-1) und zeigt an, ab welcher Position noch zu sortieren ist (bis zur vorherigen Position ist bereits alles sortiert; ist beispielsweise I=4, dann sind die ersten 3 Positionen bereits sortiert und der aktuelle Sortiervorgang läuft ab Position 4).

2.3.4.2.1 Struktogramm

Wie das Struktogramm zeigt, steuert die innere Schleife (Index K) die Zahlenvergleiche und veranlaßt die Tauschoperation, während die äußere Schleife (Index I) die Anzahl der zu vergleichenden Zahlen steuert.

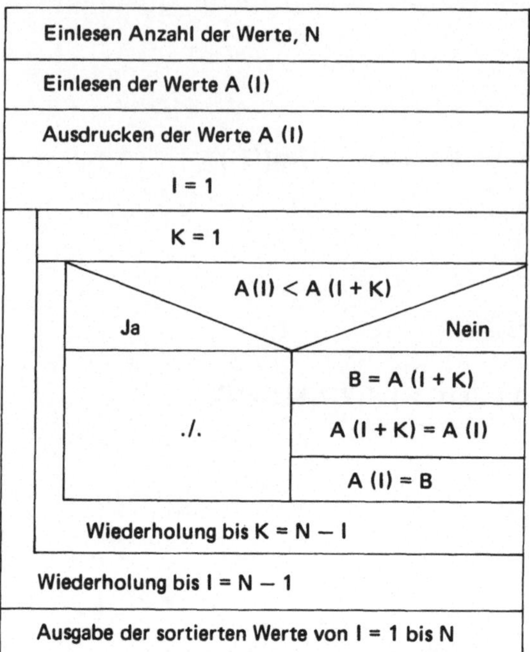

2.3.4.2.2 Programm (BUBBLE.PAS)

```
USES
  Crt;

VAR

  N,I,K,B : INTEGER;
        A : ARRAY [1..20] OF INTEGER;

BEGIN

     CLRSCR; WRITELN; WRITELN;
     WRITE ('Anzahl der zu sortierenden Zahlen :  '); READLN (N);
     WRITELN;WRITELN;

     FOR I:=1 TO N DO

                          BEGIN
                               WRITE (' Bitte Zahl Nr.',I,' eingeben :  ');
                               READLN (A[I]);
                          END;
```

```
    FOR I:=1 TO N-1 DO
       BEGIN

          FOR K:=1 TO N-I DO
                BEGIN

                            IF A[I]>A[I+K] THEN

                      BEGIN
                           B:=A[I+K];
                           A[I+K]:=A[I];
                           A[I]:=B;
                      END;

                END;

       END;

    WRITELN;WRITELN;
    WRITELN ('Reihenfolge der Zahlen :'); WRITELN;

    FOR I:=1 TO N DO
                WRITELN (' A(',I,')=',A[I]);

END.
```

2.3.4.3 Übungsaufgabe: Sortierverfahren nach dem Shell-Sort-Algorithmus (SHELL.PAS)

Dieses Sortierverfahren wurde von D. L. Shell vorgeschlagen und fängt mit einer Grobsortierung an, die immer weiter verfeinert wird. Dazu wird die gesamte Zahlenmenge halbiert und eine Distanz D ausgerechnet (ganzzahliger Wert von D = N/2), über die jeweils zwei Elemente der beiden Felder miteinander verglichen und eventuell vertauscht werden. Die Felder werden solange halbiert und die jeweiligen Elemente verglichen und bei Bedarf getauscht, bis nur noch zwei benachbarte Elemente verglichen werden müssen. Dieses Verfahren ist bei sehr großen Datenmengen, die teilweise vorsortiert sind (da in Abständen Sortierläufe stattgefunden haben), äußerst effizient. Das zugehörige Struktogramnm und das Programm in Turbo Pascal befindet sich im Anhang A 4.4.

3 Unterprogrammtechnik

Ein Programmierer sollte immer darauf achten, daß er seine Probleme durch möglichst übersichtliche, möglicherweise mit einem Kommentar versehene Programme löst. Sind die Probleme sehr umfangreich, so ist es sinnvoll, diese Probleme in eine Vielzahl kleinere, voneinander möglichst unabhängige Teilprobleme zu zerlegen. Die Programme, die diese Teilprobleme lösen, sind die einzelnen *Moduln*, aus denen das Programm zusammengesetzt wird. Die Technik, mit der diese Moduln programmiert werden, wird *Unterprogrammtechnik* genannt. Der Vorteil liegt auf der Hand: Neben der Übersichtlichkeit und klaren Strukturierung umfangreicher Probleme kann jeder Modul (jedes Unterprogramm) von einer anderen Person programmiert und auf seine Richtigkeit überprüft werden. Durch diese Arbeitsteilung können komplexe Programme wirtschaftlich und in vertretbarer Zeit erstellt werden.

In Turbo Pascal ist jedes Unterprogramm eine selbstständige Einheit und wird als *Prozedur* oder *Funktion* vereinbart.

3.1 Unterprogramme (Prozeduren)

An dieser Stelle sollen die Unterprogramme, die als Prozeduren geschrieben werden, vorgestellt und erläutert werden. Generell gesagt ist eine Prozedur ein "*Programm im Programm*", d.h. eine selbstständige Einheit von Anweisungen, die ebenso wie das Hauptprogramm einen Namen besitzt und über einen Vereinbarungs- und einen Anweisungsteil verfügt. Genau wie das Hauptprogramm, wird auch das Unterprogramm durch Aufrufen seines Namens aktiviert. Bild 3-1 zeigt das Syntaxdiagramm einer Prozedur.

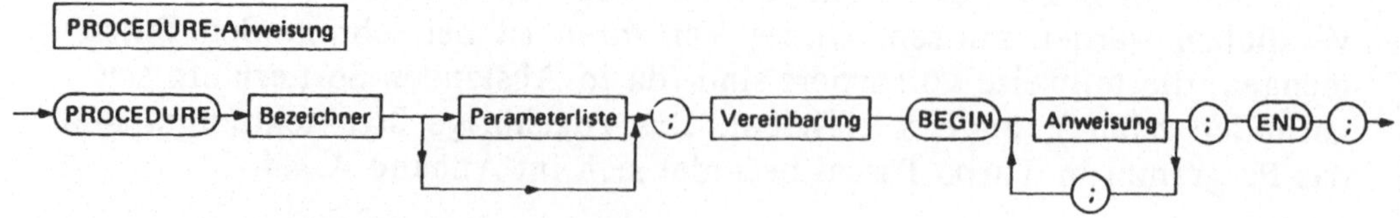

Bild 3-1 Syntaxdiagramm einer Prozedur

Um einen ersten Eindruck von der Wirkungsweise der Prozeduren und ihr Zusammenspiel in einem Programm zu vermitteln, gliedern wir unser allererstes Programm MITTELWE.PAS (s. Abschn. 2.1.1) in Unterprogramme, die wir als Prozeduren schreiben. Zum direkten Vergleich zeigen wir zuerst das bereits aus Abschnitt 2.2.1 bekannte Programm:

3.1.1 Programm Mittelwertbildung ohne Unterprogramm (MITTELWE.PAS)

```
(* Vereinbarungsteil *)

USES
  Crt;

VAR     Z1, Z2, X, Y: REAL;

         (* Anweisungsteil *)

BEGIN
              WRITE ('Bitte erste Zahl eingeben : ');
              READLN (Z1);

              WRITE ('Bitte zweite Zahl eingeben : ');
              READLN (Z2);

              X := Z1 + Z2;
              Y := 0.5 * X;

              WRITE ('Der Mittelwert beträgt : '); WRITELN (Y)

END.
```

3.1.2 Programm Mittelwertbildung in Unterprogrammtechnik (MITTELW2.PAS)

```
(* Vereinbarungsteil *)

USES
  Crt;

VAR
    Z1, Z2, X, Y : REAL;
(* Anweisungsteil *)
(* Modul Eingabe *)

PROCEDURE Eingabe;
```

```
    BEGIN

        WRITE ('Bitte erste Zahl eingeben  : ');
        READLN (Z1);

        WRITE ('Bitte zweite Zahl eingeben : ');
        READLN (Z2);
    END;

(* Modul Verarbeitung *)

PROCEDURE Verarbeitung;

    BEGIN

        X := Z1 + Z2;
        Y := 0.5 * X;

    END;

(* Modul Ausgabe *)

PROCEDURE Ausgabe;

    BEGIN

        WRITE ('Der Mittelwert beträgt : ',Y);

    END;

(* Hauptteil *)

BEGIN

    Eingabe;
    Verarbeitung;
    Ausgabe;

END.
```

Wie aus diesem Programm ersichtlich ist, steht der Name des Unterprogramms unmittelbar nach der Anweisung PROCEDURE. Unsere drei Unterprogramme sind die Prozeduren "Eingabe", "Verarbeitung" und "Ausgabe". Im Hauptprogramm werden diese Prozeduren aufgerufen, indem der Name an die entsprechende Stelle geschrieben wird. Das

Hauptprogramm selbst fängt wie üblich mit BEGIN an, besteht diesmal aber lediglich aus dem Aufrufen der Unterprogramme "Eingabe", "Verarbeitung" und "Ausgabe".

Daß zwischen den beiden Programmen ohne und mit Unterprogrammtechnik im Grunde kein Unterschied besteht, wird spätestens klar, wenn man sich die jeweilige Ausführung der Programme durch Eingabe von **R** (d. h. **R**un) ansieht. In beiden Fällen erscheint genau die gleiche Bildschirmausgabe.

Auch wenn in unserem Fall das Programm mit den Unterprogrammen länger ist als das ohne Unterprogramme, so sollten doch die oben erwähnten Vorteile der Unterprogrammtechnik erkennbar sein:

1. Programmteile müssen nur *einmal* programmiert werden und können dann an verschiedenen Stellen desselben Programms oder in unterschiedlichen Programmen Verwendung finden.

2. Die einzelnen Unterprogramme können von verschiedenen Personen entwickelt und getestet werden. Damit kann ein großes Programmiervorhaben in kürzerer Zeit fertiggestellt werden.

3. Große Programme werden übersichtlich gegliedert; sie dürften zuverlässig sein, wenn sie aus einzelnen, bereits getesteten Unterprogrammen zusammengesetzt sind.

3.2 Lokale und globale Variable (Konstante)

Dem aufmerksamen Leser wird natürlich das Wort "Vereinbarungsteil" etwas seltsam erscheinen; denn normalerweise sind Variable ja im Hauptprogramm bereits definiert. Das ist auch bei Programmen mit Unterprogrammen der Fall, nur daß hier ein Unterschied zwischen den Gültigkeitsbereichen der einzelnen Variablen bzw. Konstanten besteht.

Diejenigen Variablen bzw. Konstanten, die im *Hauptprogramm* vereinbart werden, behalten ihre Gültigkeit während des *ganzen Programmablaufs* bei. Mit ihnen kann überall im Programm gearbeitet werden; sie haben *globale* Gültigkeit und werden deshalb als *globale Variablen* bzw. *globale Konstanten* bezeichnet.

Variablen und Konstanten, die nur im *Unterprogramm* vereinbart werden, haben ausschließlich dort Gültigkeit. Ihre Gültigkeit ist *lokal* auf das jeweilige Unterprogramm beschränkt; sie werden *lokale* Variable bzw. Konstante genannt. Werden im Hauptprogramm lokale Variable bzw. Konstante aufgerufen, so reagiert das System mit einer Fehlermeldung.

Um die Gültigkeitsbereiche von lokalen und globalen Variablen zu zeigen, wird das Programm "KREISZYL.PAS" (s. Abschn. 2.2.2.1.3) in Unterprogrammtechnik mit globalen und lokalen Variablen programmiert.

Die Konstante sowie der Radius r müssen in *allen* Programmteilen verfügbar sein; sie werden deshalb im Hauptprogramm als *globale* Variablen definiert. Die übrigen Variablen M, V und O brauchen nur in den jeweiligen Unterprogrammen bekannt zu sein; sie werden deshalb als *lokale* Variablen festgelegt.

Programm KREISZY2.PAS

```
USES
  Crt;

LABEL
        4,5;

VAR
              r,h   :  REAL;
                W   :  CHAR;
          Auswahl   :  BYTE;

CONST
        Pi = 3.1415926;


PROCEDURE Volumen;

        VAR
          V : REAL;

   BEGIN

          WRITELN; WRITELN ('Volumenberechnung');
          V := h*SQR(r)*Pi;
          WRITELN('Das Volumen beträgt : ',V:10:2,' m3');

   END;
```

```
PROCEDURE Mantelflaeche;

      VAR
         M : REAL;

   BEGIN

         WRITELN; WRITELN ('Mantelflächenberechnung');
         M := h*2*Pi*r;
         WRITELN ('Die Mantelfläche beträgt : ',M:10:2,' m2');

   END;


PROCEDURE Gesamtoberflaeche;

      VAR
         O : REAL;

   BEGIN

         WRITELN; WRITELN ('Berechnung der Gesamtoberfläche');
         O := 2*Pi*r*(r+h);
         WRITELN ('Die Gesamtoberfläche beträgt : ',O:10:2,' m2');
   END;


BEGIN

   4:  CLRSCR; WRITELN; WRITELN;
       WRITELN ('    Programm zu wahlweisen Berechnungen an senkrechten
                Kreiszylindern');
       WRITELN; WRITELN;
   5:  WRITELN ('Es kann gewählt werden zwischen :');
       WRITELN;
       WRITELN ('   1. Berechnung des Volumens');
       WRITELN ('   2. Berechnung der Manteloberfläche');
       WRITELN ('   3. Berechnung der Gesamtoberfläche');
       WRITELN;
       WRITELN ('Um den Programmablauf zu starten,');
       WRITE   ('bitte die gewünschte Nummer eingeben : ');
       READLN (Auswahl);

       IF (Auswahl<>1) AND (Auswahl<>2) AND (Auswahl<>3) THEN
```

```
        BEGIN
             CLRSCR; WRITELN; WRITELN;
             WRITELN ('Falsche Eingabe! Bitte korrigieren!'); WRITELN; WRITELN;
             GOTO 5;
        END;

     WRITELN; WRITE ('Höhe des Zylinders in Meter : '); READLN (h);
     WRITE          ('Radius des Zylinders in m   : '); READLN (r);

     CASE   Auswahl   OF

        1: Volumen;

        2: Mantelflaeche;

        3: Gesamtoberflaeche

     END;

     WRITELN;WRITELN;
     WRITE ('Soll noch eine Berechnung durchgeführt werden (j/n) ? ');
     READLN (W);

     IF W = 'j' THEN GOTO 4
     ELSE

END.
```

3.3 Prozeduren mit Parameterübergabe

Ein sehr wesentlicher Vorteil bei der Verwendung von Unterprogrammstrukturen wird deutlich, wenn ein bestimmter Ablauf in einem Programm mehrmals benötigt wird, d.h. wenn beispielsweise eine Rechenoperation mehrmals ausgeführt werden muß. In diesem Fall genügt es, ein einziges Unterprogramm zu schreiben und dieses jeweils aufzurufen. Dadurch können die Anzahl der Programmzeilen und die Fehlermöglichkeiten erheblich verringert werden.

Die Hauptschwierigkeit beim mehrmaligen Aufrufen einzelner Unterprogramme an verschiedenen Stellen des Hauptprogramms liegt in der *Parameterübergabe*, d. h. in der Übergabe der richtigen Werte für die Variablen vom Hauptprogramm ins Unterprogramm und nach der Berechnung vom Unterprogramm wieder zurück ins Hauptprogramm. Es gibt mehrere Möglichkeiten, den Austausch von Variablen aus unterschiedlichen Programmteilen vorzunehmen. Sie werden anschließend vorgestellt.

Als Beispiel wird eine einfache Multiplikation gewählt, wie sie in folgendem Unterprogramm durchgeführt wird:

```
PROCEDURE Multiplikation

    BEGIN

        X := X * 2;

    END;
```

"X" ist eine festgelegte Variable, die mit 2 multipliziert wird.

3.3.1 Parameterübergabe außerhalb der Prozedur

Wie bereits erwähnt, sind die globalen Variablen im gesamten Programm verfügbar, d.h. wenn eine Variable im Vereinbarungsteil des Hauptprogramms festgelegt worden ist, kann mit ihr auch im Unterprogramm gearbeitet werden. Soll nun ein entsprechendes Unterprogramm mehrmals aufgerufen werden, können die Variablen jeweils vor Beginn bzw. nach Beendigung des Unterprogramms ausgetauscht werden.

Das Programm PROZED1.PAS zeigt das entsprechende Vorgehen beim Programmieren. Die Variable X, die in der Prozedur "Multiplikation" vorkommt, wird im Hauptprogramm definiert. Bevor das Unterprogramm aufgerufen wird, werden die Inhalte der im jeweiligen Abschnitt des Hauptprogramms einzugebenden Variablen (in diesem Fall die Variablen a und b) mit der in der Prozedur verwendeten Variablen (X) ausgetauscht:

```
X := a; Multiplikation; a := X;

X := b; Multiplikation; b := X;
```

Nach Abschluß des Unterprogramms tauscht man, wie oben angegeben, die Werte wieder zurück.

Das Programm PROZED1.PAS zeigt das Vorgehen:

Programm PROZED1.PAS

```
USES
  Crt;

VAR
     a,b : REAL;
       X : REAL;

PROCEDURE  Multiplikation;

   BEGIN

        X := X * 2;

   END;


BEGIN

     CLRSCR; WRITELN; WRITELN;

     WRITELN ('          Zweimaliger Aufruf des Unterprogramms "Multiplikation"');
     WRITELN;WRITELN;

     WRITE ('Eingabe der ersten Zahl :  ');  READLN (a);
     X := a; Multiplikation; a := X;
     WRITELN; WRITELN ('Ergebnis : ',a:5:2);

     WRITELN;WRITELN;

     WRITE ('Eingabe der zweiten Zahl : '); READLN (b);
     X := b; Multiplikation; b := X;
     WRITELN; WRITELN ('Ergebnis : ',b:5:2);

END.
```

Der Nachteil dieser Methode liegt darin, daß bei jedem Aufrufen des Unterprogramms die Variablen durch direkte Anweisungen ausgetauscht werden müssen, d.h. der Programmierer muß in diesem Fall jeden Tausch ausdrücklich in das Programm hineinschreiben. Wie man sich diese Mühe sparen kann, erklärt der nächste Abschnitt.

3.3.2 Direkte Parameterübergabe innerhalb der Prozedur

In den Programmen PROZED2.PAS und PROZED3.PAS wird das Unterprogramm "Multiplikation" wiederum jeweils zweimal aufgerufen. Um dabei die Variablen direkt übergeben zu können, wird eine sogenannte *formale* Variable (X) im Unterprogramm definiert, die die Aufgabe hat, beim späteren Programmablauf die Inhalte der *aktuellen* Variablen (a und b) zu übernehmen. Als *aktuelle* Variable bezeichnet man diejenige Variable, mit der das *Hauptprogramm* zum Zeitpunkt des Unterprogramm-Aufrufs *gerade arbeitet.*

Eine formale Variable wird folgendermaßen vereinbart: Hinter dem Unterprogrammnamen steht in Klammern die Variable und der entsprechende Datentyp. Dabei kann festgelegt werden, ob es sich bei der formalen Variablen um einen Ein- und Ausgabeparameter handeln soll oder nur um einen Eingabeparameter.

Im Programm PROZED2.PAS wird "X" folgendermaßen definiert:

```
PROCEDURE Multiplikation  (VAR  X:REAL);

  BEGIN ...
```

Durch die Festlegung von "VAR" wird dem Hauptprogramm mitgeteilt, daß es sich bei der Variablen "X" sowohl um einen Ein- als auch um einen Ausgabeparameter handelt. Vom Hauptprogramm aus kann die Variable "X" also eingelesen und abgerufen werden.

Im Programm PROZED3.PAS wird "X" ohne den Zusatz "VAR" definiert. In diesem Fall kann "X" vom Hauptprogramm aus nur eingelesen, nicht aber ausgegeben werden. "X" ist somit ein reiner Eingabeparameter.

```
PROCEDURE Multiplikation  (X:REAL);

  BEGIN ...

      WRITELN ('Ausgabe : ',X);...
```

Der Unterschied der Variablendefinition im Unterprogrammteil ist folgender:

Wird eine Variable im Unterprogramm als Ein- und Ausgabeparameter vereinbart, findet die Ein- und Ausgabe dieser Variablen im *Hauptprogramm* statt. Bei einer Prozedur, bei der eine Variable nur als *Eingabeparameter* definiert ist, findet die *Eingabe* dieser Variablen im *Haupt-*

programm, die *Ausgabe* jedoch im *Unterprogramm* selbst statt. Die beiden folgenden Abschnitte zeigen den Unterschied beider Variablendeklarationen im einzelnen.

3.3.2.1 Festlegung der Variablen als Ein- und Ausgabeparameter (PROZED2.PAS)

```
USES
  Crt;

VAR
      a,b : REAL;


PROCEDURE  Multiplikation (VAR  X:REAL);


   BEGIN

        X := X * 2;

   END;


BEGIN

     CLRSCR; WRITELN; WRITELN;

     WRITELN ('         Zweimaliger Aufruf des Unterprogramms "Multiplikation"');
     WRITELN;WRITELN;

     WRITE ('Eingabe der ersten Zahl :  ');  READLN (a);
     Multiplikation (a);
     WRITELN; WRITELN ('Ergebnis : ',a:5:2);

     WRITELN;WRITELN;

     WRITE ('Eingabe der zweiten Zahl : '); READLN (b);
     Multiplikation (b);
     WRITELN; WRITELN ('Ergebnis : ',b:5:2);

END.
```

3.3.2.2 Festlegen der Variablen als Eingabe-Parameter (PROZED3.PAS)

```
USES
  Crt;

VAR
     a,b : REAL;


PROCEDURE  Multiplikation (X : REAL);


   BEGIN

        X := X * 2;

        WRITELN; WRITELN ('Ergebnis : ', X:5:2);

   END;


 BEGIN

     CLRSCR; WRITELN; WRITELN;

     WRITELN ('         Zweimaliger Aufruf des Unterprogramms "Multiplikation"');
     WRITELN;WRITELN;

     WRITE ('Eingabe der ersten Zahl :  ');  READLN (a);
     Multiplikation (a);

     WRITELN;WRITELN;

     WRITE ('Eingabe der zweiten Zahl : '); READLN (b);
     Multiplikation (b);

 END.
```

Wie aus diesem Programm zu erkennen ist, wird das Unterprogramm durch die Anweisung "Multiplikation (a)" bzw. "Multiplikation (b)" aktiviert. Die aktuellen Variablen a und b werden dabei automatisch durch die formale Variable X ersetzt.

3.2.2.3 Definition mehrerer formaler Variablen

Selbstverständlich kann eine Prozedur mehrere dieser formalen Variablen enthalten, die analog den gegebenen Beispielen definiert werden. Das Programm PROZED4.PAS zeigt ein solches Programm.

Programm PROZED4.PAS

```
USES
  Crt;

VAR
     a,b : REAL;


PROCEDURE  Multiplikation (VAR  X,Y:REAL);


   BEGIN

        X := X * Y;

   END;

BEGIN

     CLRSCR; WRITELN; WRITELN;

     WRITELN ('          Zweimaliger Aufruf des Unterprogramms "Multiplikation"');
     WRITELN;WRITELN;

     WRITE ('Eingabe der ersten Zahl  :  ');  READLN (a);
     WRITE ('Eingabe der zweiten Zahl :  ');  READLN (b);

     Multiplikation (a,b);

     WRITELN; WRITELN ('Ergebnis : ',a:5:2);

     WRITELN;WRITELN;

     WRITE ('Eingabe der dritten Zahl : '); READLN (a);
     WRITE ('Eingabe der vierten Zahl : '); READLN (b);

     Multiplikation (a,b);

     WRITELN; WRITELN ('Ergebnis : ',a:5:2);

END.
```

3.4 Funktionen

Unterprogramme, die nur *ein einziges* Ergebnis ermitteln sollen, können in Turbo Pascal als *Funktionen* vereinbart werden. Der Name kommt vom mathematischen Funktionsbegriff, bei der durch Einsetzen von Werten für die unabhängigen Variablen in eine Funktionsgleichung der Wert für die Funktion errechnet wird. Bild 3-2 zeigt das entsprechende Syntaxdiagramm.

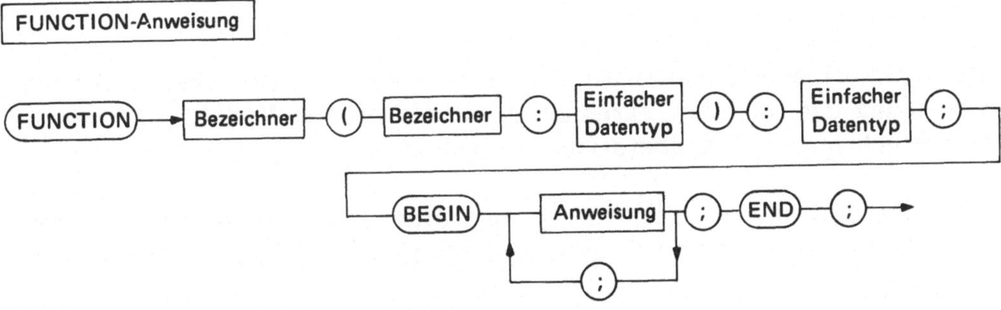

Bild 3-2 Syntaxdiagramm des Unterprogrammtyps FUNCTION

Unsere in den Programmen PROZED1.PAS bis PROZED3.PAS beschriebenen Unterprogramme erfüllen diese Bedingung, so daß sie ohne weiteres auch als Funktion definiert werden können. Der Aufbau der Funktion "Multiplikation" weicht nur unwesentlich von demjenigen der Prozedur "Multiplikation" ab. Ein wichtiger Unterschied ist in der Kopfzeile zu erkennen:

```
FUNCTION  Multiplikation : REAL;
```

Bei der Bestimmung von Funktionen muß angegeben werden, welchen Datentyp das Ergebnis der Funktion haben wird. In unserem Fall ist das Ergebnis der Funktion "Multiplikation" eine Zahl vom Datentyp REAL. Für das durch "FUNCTION" definierte Wort "Multiplikation" muß also nach Ablauf dieser Funktion ein konkretes Ergebnis vorliegen, d.h. mindestens eine Wertzuweisung muß an die Funktion selbst erfolgen, wie folgender Programmausschnitt zeigt:

```
FUNCTION  Multiplikation  : REAL;

  BEGIN

     Multiplikation := ...;

  END;
```

Soll eine Funktion mehrere Male aufgerufen werden, sind die jeweils auszutauschenden Variablen wiederum eingeklammert direkt nach dem Namen der Funktion aufzuführen:

```
FUNCTION Multiplikation (X:REAL) : REAL;

   BEGIN

      Multiplikation := X * 2;

   END;
```

Der aufmerksame Leser wird das Wort VAR bei der oben erfolgten Festlegung der formalen Variablen X vermissen. Die Variable "X" wurde absichtlich nur als Eingabevariable festgelegt.

Beim Umgang mit Funktionen als Unterprogrammen ist es aus Gründen der Übersichtlichkeit und Strukturiertheit sinnvoll, folgenden Hinweis zu beachten:

Hinweis! In einer Funktion kann die Vereinbarung VAR stehen und somit Variablenwerte Werte sowohl als Ein-, als auch als Ausgabeparameter definieren. Da bei einer Funktion aber aus Eingabewerten immer ein Funktionswert als Ausgabewert errechnet wird, genügt es, sich auf Funktionen mit Eingabeparametern zu beschränken, d.h. Sie sollten nur diejenigen globalen Variablen verändern, die unmittelbar zur Ermittlung des Funktionsergebnisses notwendig sind.

Der Aufruf einer Funktion im Hauptprogramm unterscheidet sich ebenfalls nur geringfügig von dem der Prozedur. Allerdings kann ein Funktionsaufruf keine eigenständige Anweisung darstellen, sondern ist immer *Bestandteil* eines Befehls, wie folgende Beispiele zeigen:

```
X := Multiplikation (X);
```

oder

```
IF Multiplikation (X) < 10 THEN...
```

Zum Schluß dieses Abschnitts wird ein Programm mit einem Unterprogramm vom Typ Funktion vorgestellt:

Programm FUNKTION.PAS

```
USES
  Crt;

VAR
      a,b : REAL;


FUNCTION  Multiplikation (X:REAL) : REAL;


   BEGIN

       Multiplikation := X * 2;

   END;


 BEGIN

     CLRSCR; WRITELN; WRITELN;

     WRITELN ('         Zweimaliger Aufruf des Unterprogramms "Multiplikation"');
     WRITELN;WRITELN;

     WRITE ('Eingabe der ersten Zahl :  ');  READLN (a);

     a := Multiplikation (a);

     WRITELN; WRITELN ('Ergebnis : ',a:5:2);

     WRITELN;WRITELN;

     WRITE ('Eingabe der zweiten Zahl : '); READLN (b);

     b := Multiplikation (b);

     WRITELN; WRITELN ('Ergebnis : ',b:5:2);

 END.
```

3.5 Rekursive Abläufe (Rekursionen)

Alle Unterprogramme können prinzipiell aufgerufen werden, sobald sie vereinbart worden sind. Es ist daher auch möglich, ein Unterprogramm in anderen Unterprogrammen oder *während des eigenen Ablaufs* aufzurufen, d.h. das Unterprogramm kann sich immer wieder selbst aufrufen. Dabei entsteht durch eine immer weitergehende Schachtelung eine Wiederholungsstruktur, die genau wie eine Schleife durch Festlegen einer Abbruchbedingung beendet werden muß, da sonst die Programmausführung endlos fortgesetzt werden würde. Dieses "Sich-selbst-Aufrufen" eines Unterprogramms wird *Rekursion* genannt.

Jedes Problem, das über eine Rekursion (Wiederholung mittels Schachtelung von Unterprogrammen) abgehandelt wird, kann auch durch Einsatz einer Iteration (Wiederholung mittels Schleife) gelöst werden.

Zur Demonstration einer Rekursion wird im Programm FAKUL1.PAS die Fakultät einer eingegebenen Zahl berechnet. Anschließend wird im Programm FAKUL2.PAS die iterative Lösung dieses Problems gezeigt. Der Wert der Fakultät wird einer ganzen Zahl (INTEGER) zugewiesen. Da INTEGER-Zahlen nur bis 32 767 definiert sind, dürfen Fakuläten nur bis zur Zahl 33 berechnet werden.

3.5.1 Rekursives Programm zur Fakultätsermittlung (FAKUL1.PAS)

```
USES
  Crt;

VAR

    Zahl : INTEGER;


FUNCTION Fakultaet (Zahl:INTEGER) : REAL;

BEGIN

     IF Zahl = 0 THEN Fakultaet := 1

                 ELSE Fakultaet := Zahl * Fakultaet(Zahl-1);

END;
```

```
BEGIN
    CLRSCR; WRITELN; WRITELN;
    WRITELN ('            Berechnung der Fakultät über eine Rekursion');
    WRITELN; WRITELN;

    WRITE ('  Eingabe einer Zahl<34, deren Fakultät berechnet werden soll : ');
    READLN (Zahl);

    WRITELN; WRITELN;
    WRITELN ('  ',Zahl,'! ergibt ',Fakultaet(Zahl),'.');
    WRITELN; WRITELN ('Programmende');
END.
```

3.5.2 Iteratives Programm zur Fakultätsermittlung (FAKUL2.PAS)

```
USES
  Crt;

VAR

    Zahl,I    : BYTE;
    Fakultaet : REAL;

BEGIN

    CLRSCR; WRITELN; WRITELN;
    WRITELN ('            Berechnung der Fakultät über eine Iteration');
    WRITELN; WRITELN;

    WRITE ('  Eingabe einer Zahl<34, deren Fakultät berechnet werden soll : ');
    READLN (Zahl);

    Fakultaet := 1;

    IF Zahl = 0 THEN Fakultaet := 1

               ELSE BEGIN

                        FOR I := 1 TO Zahl DO

                            Fakultaet := Fakultaet * (Zahl+1-I);
                    END;

    WRITELN; WRITELN;
    WRITELN ('  ',Zahl,'! ergibt ',Fakultaet,'.');
    WRITELN; WRITELN ('Programmende');

END.
```

4 Weiterführende Möglichkeiten zum Umgang mit Datentypen und Datenstrukturen

Die Möglichkeiten, Datentypen festzulegen sind in Turbo Pascal äußerst vielfältig, wie nachstehendes Syntaxdiagramm zeigt.

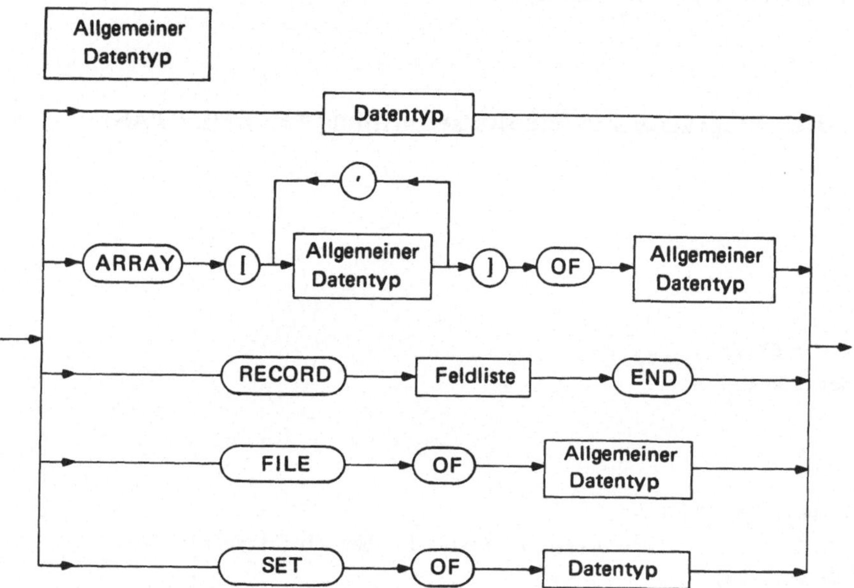

Bild 4-1 Syntaxdiagramm eines allgemeinen Datentyps

Die meisten von ihnen wurden bereits besprochen (s. Bild 2-7 a und b sowie Bild 2-13). In diesem Kapitel werden die für eine Dateiverwaltung notwendigen Datentypen besprochen.

4.1 Definition von Datentypen durch den Benutzer (TYPE-Anweisung)

In den vorangegangenen Kapiteln sind uns die Datentypen BYTE, CHAR, STRING, INTEGER, REAL und BOOLEAN immer wieder begegnet. Kein Programm, das in Turbo Pascal geschrieben ist, kommt ohne die im Vereinbarungsteil definierten Variablen und ihren Datentypen aus.

Der Benutzer von Turbo Pascal kann jedoch auch selbstständig neue Datentypen festlegen, d.h. er kann abweichend von den oben genannten, fest vorgegebenen Möglichkeiten Datentypen vereinbaren, die in seinem Programm benötigt werden. Hierzu dient die Anweisung "TYPE", die vor allem bei Vergleichen und zum vereinfachten Zugriff auf die noch zu besprechende Datenstruktur RECORD Verwendung findet. Das Syntaxdiagramm zeigt Bild 4-2.

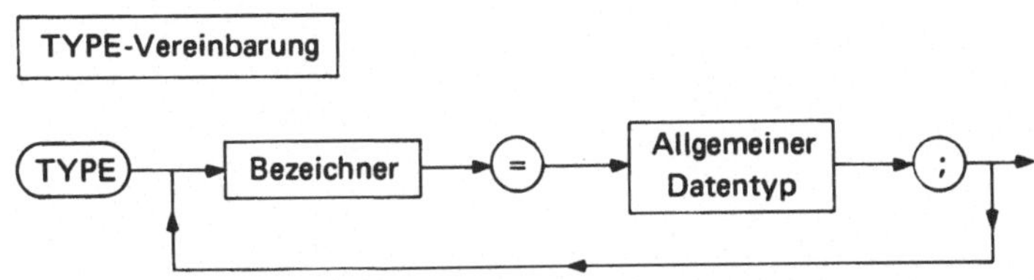

Bild 4-2 Syntaxdiagramm des Datentyps TYPE

Im Programm "TYP1.PAS" wird beispielsweise ein Datentyp namens "Ersatzteil" durch Aufzählung seiner Elemente vereinbart, d.h. genau wie der Datentyp BYTE in Turbo Pascal für alle ganzen Zahlen zwischen 0 und 255 verwendet wird, so steht der Datentyp "Ersatzteil" für "Keilriemen, Batterie, Zündkerzen usw.".

Bei der Variablendeklaration wird dann einer Variablen dieser Datentyp zugeordnet. Mit dem Inhalt dieser Variablen kann dann wie gewöhnlich verfahren werden, wobei es allerdings genau wie bei einem ARRAY auf die Reihenfolge der Elemente ankommt, d.h. die Elemente werden mit dem ersten beginnend abgearbeitet.

Wie man diese Eigenschaften ausnutzen kann, läßt sich aus dem Programm "TYP1.PAS" ersehen. Gewünscht wird eine Ersatzteilliste, in die für namentlich vorgegebene Ersatzteile jeweils Preis und vorhandene Lagermenge eingegeben werden kann. Zunächst wird der Datentyp "Ersatzteil" festgelegt, in dem die einzelnen Ersatzteilarten aufgezählt sind. Für Preis und Lagermenge wird je ein ARRAY definiert, dessen Inhalt durch den Datentyp "Ersatzteil" festgelegt wird. In die zur Vereinbarung des ARRAY nötigen eckigen Klammern trägt man deshalb "Ersatzteil" ein. So werden, auch bei einer später erfolgenden Änderung des Inhalts von "Ersatzteil" die ARRAYs automatisch an die aktuelle Liste angepaßt. Anstelle der Dimensionierung der ARRAYs durch "Ersatzteil" können auch die Namen des ersten und letzten Elements von "Ersatzteil" (in unserem Fall "Batterie" bzw. "Zuendkerzen", siehe ARRAY "Ersatzteilname" im Unterprogramm "Listenausgabe") eingegeben werden, bzw. diejenigen Elemente verwendet werden, die einen bestimmten Bereich innerhalb von "Ersatzteil" abgrenzen. Man kann also sowohl die ganzen, in "Ersatzteil" vereinbarten Elemente zur Definition eines ARRAY heranziehen, als auch nur Teile davon.

Bei der oben angesprochenen, eventuell erforderlichen Änderung müßten nur das erste und letzte Element von "Ersatzteil" gleichbleiben, da über sie die beiden Eingabeschleifen gesteuert werden. Hintenangestellte Änderungen würden bei Ausführung des Programms nicht beachtet, da die Schleifen nur bis "Zuendkerzen" laufen.

Programm TYP1.PAS

```
USES
  Crt;

TYPE

    Ersatzteil = (Batterie,Keilriemen,Oelfilter,Turbolader,Zuendkerzen);

VAR
    Preis       : ARRAY [Ersatzteil] OF REAL;
    Lagermenge  : ARRAY [Ersatzteil] OF REAL;
    I           : Ersatzteil;

PROCEDURE Listenausgabe;

CONST
   Ersatzteilname : ARRAY [Batterie..Zuendkerzen] OF STRING [11] =
   ('Batterie','Keilriemen','Oelfilter','Turbolader','Zuendkerzen');

BEGIN
    CLRSCR;
    WRITELN; WRITELN;
    WRITELN ('                     Lagerliste :'); WRITELN; WRITELN;
    WRITELN ('                  Anzahl :        Stückpreis :');
    WRITELN;

    FOR I := Batterie TO Zuendkerzen DO
     WRITELN (Ersatzteilname [I], '': 16-LENGTH (Ersatzteilname [I]),
             Lagermenge [I]:5:0,'              ',Preis [I]:5:2);

END;

PROCEDURE Gesamtwertberechnung;

VAR
   Gesamtwert : REAL;
```

```
BEGIN
    FOR I := Batterie TO Zuendkerzen DO
         Gesamtwert := Gesamtwert + Preis [I] *  Lagermenge [I];
    WRITELN;
    WRITELN (' Gesamtwert aller gelagerten Ersatzteile : ',Gesamtwert:9:2,' DM');
END;


BEGIN
    CLRSCR; WRITELN; WRITELN;
    WRITELN ('                    Lagerliste'); WRITELN;

    FOR I := Batterie TO Zuendkerzen DO
      BEGIN
         WRITE (' Eingabe des Stückpreises in DM        : ');
         READLN (Preis[I]);
         WRITE (' Eingabe der gelagerten Menge in Stück : ');
         READLN (Lagermenge[I]);
         WRITELN;
      END;

    Listenausgabe;
    Gesamtwertberechnung;

END.
```

4.2 Strukturierung von Daten als RECORD

In der Verwendung von ARRAYs liegt nach bisherigem Kenntnisstand die einzige Möglichkeit, bestimmte Datentypen zu strukturieren, d.h. zu einem Verbund zusammenzufassen. Man kann dabei ein- oder mehrdimensionale ARRAYs (Vektoren bzw. Matrizen) definieren, deren Elemente jedoch alle vom gleichen Datentyp sein müssen. Durch die Festlegung:

X : ARRAY [1..10] OF INTEGER

werden für X nur Eingaben vom INTEGER-Typ akzeptiert, bei anderen Datentypen reagiert das System mit einer Fehlermeldung.

Dieser Nachteil kann durch Verwendung eines RECORDs (Datensatz) als Datenstruktur aufgehoben werden. Bild 4-2 zeigt das Syntaxdiagramm der Vereinbarung RECORD.

Bild 4-3 Syntaxdiagramm des Datentyps RECORD

Im Gegensatz zum ARRAY können im RECORD auch Daten verschiedenen Typs abgelegt werden (s. Abschn. 1.2, Bild 1-1). Im folgenden wird dies gezeigt.

```
Datensatz = RECORD
              Name       : STRING [25];
              Strasse    : STRING [25];
              Ort        : STRING [25];
              Telefon    : REAL;
              Umsatz     : REAL;
              Kundennr.  : INTEGER;
         END;
```

Wie der oben wiedergegebene RECORD zeigt, der z.B. Bestandteil einer Kundendatei sein könnte, ist der Einsatz aller Datentypen in dieser Datenstruktur möglich. Bei Ablauf des entsprechenden Programms wird mindestens ein Datensatz, bestehend aus Name, Strasse usw., als Eingabe verlangt. Die Definition eines RECORDs erfolgt entweder im Vereinbarungsteil des Programms oder vor demselben:

```
VAR

   Datensatz : RECORD
                  Name  : STRING [25] ...
               END;
```

oder:

```
TYPE
   Datensatz : RECORD
                  Name  : STRING [25] ...
               END;
```

Im Programm "RECORD1.PAS" wird der Umgang mit einem RECORD aufgezeigt. Die Eingabe der einzelnen Komponenten erfolgt im Unterprogramm "Eingabe" durch vier aufeinanderfolgende READ-Anweisungen. Dabei wird in die READ-Anweisung zunächst der Variablenname des RECORDS notiert und, durch einen Punkt "." getrennt, der Name der einzugebenden Komponente geschrieben:

```
READ (Ein.Name);
```

Der Komponente "Name" des RECORDs "Datensatz" wird bei Ablauf des Programms dann z. B. "Maier" zugeordnet. Die Eingabe in einen RECORD kann also immer nur komponentenweise erfolgen, genauso die Ausgabe, d. h. jede Komponente muß namentlich einzeln aufgeführt werden.

Durch die REPEAT..UNTIL-Schleife können maximal 100 Datensätze eingegeben werden; durch Eingabe von "0" für die Komponente "Name" ist ein Abbruch auch vor dieser Grenze möglich. Die in "Datensatz" eingegebenen Werte werden im ARRAY "Speicher" abgelegt. Hier kann man eine mögliche Verknüpfungen zwischen ARRAY und RECORD deutlich erkennen:

Während im ARRAY eigentlich keine Daten verschiedenen Typs stehen dürfen, kann man durch Definition des RECORDs als Datentyp dennoch verschiedene Datentypen in einen ARRAY schreiben. In jeder "Schublade" des ARRAY ist zwar derselbe Datentyp, nämlich "Datensatz" abgelegt. Da aber "Datensatz" als RECORD definiert ist, enthält der ARRAY verschiedene Datentypen (STRING, INTEGER usw.).

Im Unterprogramm "Ausgabe" soll der Zugriff auf die Datensätze über die Komponente "Name" erfolgen, d.h. der gesamte Datensatz, in dem der einzugebende Vergleichsname mit der Komponente "Name" übereinstimmt, wird ausgegeben. Wie man erkennen kann, sind auch Vergleichsoperationen in RECORDs, genau wie Ein- und Ausgaben, nur komponentenweise möglich.

Das Programm "RECORD1.PAS" wird später Bestandteil des Dateiprogramms "Datei" sein, bei dem es nicht mehr nötig ist, nach jedem Programmstart die einzelnen Datensätze einzugeben. Diese werden als Datei auf Externspeichern (Diskette) bereits vorliegen.

Programm RECORD1.PAS

```
USES
  Crt;

TYPE

    Datensatz = RECORD
                        Name    : STRING [25];
                        Strasse : STRING [25];
                        Ort     : STRING [25];
                        Telefon : REAL;

                END;
```

```
VAR
    Speicher : ARRAY [1..100] OF Datensatz;
           n : BYTE;

PROCEDURE Eingabe;

VAR
    Ende  : BOOLEAN;

BEGIN
     CLRSCR;
     Ende := FALSE;
     GOTOXY (20,3); WRITELN ('Eingabe der Datensätze:');
     GOTOXY ( 2,6); WRITELN ('Ende durch Eingabe von "0" für "Name".');
     GOTOXY ( 2,7); WRITELN ('Telefonnummer ohne Schrägstrich nach Vorwahl
                              eingeben!');
     WRITELN;

     REPEAT
           n := n+1;
           WRITE ('  Name       : '); READLN (Speicher [n].Name);

           IF Speicher [n].Name = '0' THEN BEGIN
                                             n := n-1;
                                          Ende := TRUE;
                                            END

                                      ELSE BEGIN
          WRITE ('  Strasse    : '); READLN (Speicher [n].Strasse);
          WRITE ('  Ort        : '); READLN (Speicher [n].Ort);
          WRITE ('  Telefonnr. : '); READLN (Speicher [n].Telefon);
          WRITELN;
                                           END;
    UNTIL Ende;


END;

PROCEDURE Ausgabe;

VAR
   Vergleichsname : STRING [25];
                I : BYTE;
```

```
BEGIN
      CLRSCR;
      GOTOXY (15,3); WRITELN ('Zugriff auf die Datensätze:');
      GOTOXY ( 2,6); WRITE  ('Eingabe des Vergleichnamens : ');
                     READLN (Vergleichsname);

      FOR I := 1 TO n DO
             BEGIN

             IF Vergleichsname = Speicher [I].Name THEN
                BEGIN
                   WRITELN; WRITELN;
                   WRITELN ('  Datensatz zu ',Vergleichsname);
                   WRITELN;
                   WRITELN ('  Wohnort     : ',Speicher [I].Ort);
                   WRITELN ('  Strasse     : ',Speicher [I].Strasse);
                   WRITELN ('  Telefonnr. : ',Speicher [I].Telefon:10:0);
                END;

             END;
      WRITELN;
      WRITELN ('  Programmende');

END;

BEGIN
     n := 0;
     Eingabe;
     Ausgabe;
END.
```

4.3 Vereinfachte Bearbeitung von RECORDs (WITH-Anweisung)

Das Syntaxdiagramm zur WITH-Anweisung zeigt Bild 4-4.

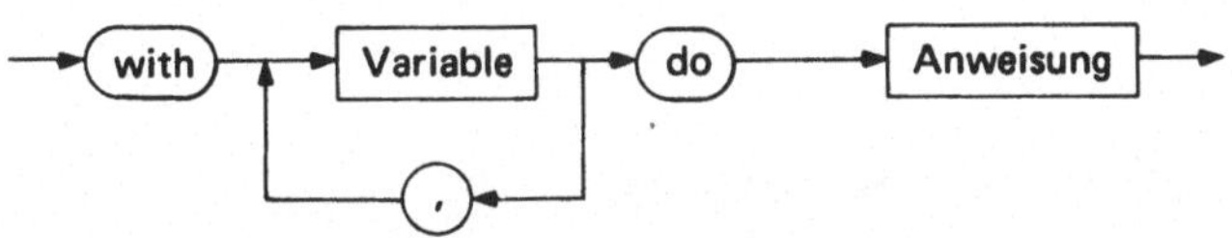

Bild 4-4 Syntaxdiagramm der WITH-Anweisung

Durch die Anweisung WITH wird der Zugriff auf RECORD-Komponenten vereinfacht. Soll beispielsweise ein bestimmter Name aus dem bereits beschriebenen RECORD "Datensatz" ausgegeben werden, so müßte man normalerweise folgende Befehlskombination verwenden:

WRITELN (Datensatz.Name);
WRITELN (Datensatz.Strasse);

Für jede Komponente aus dem RECORD "Datensatz" müßte eine solche Schreibweise verwendet werden. Um auf die Wiederholung der RECORD-Bezeichnung (in unserem Fall "Datensatz") verzichten zu können, wurde die Turbo Pascal-Anweisung WITH eingeführt.

WITH Datensatz DO

WRITELN (Name);
WRITELN (Strasse); usw.

Verwendung findet diese Anweisung auch in den nachfolgenden Dateiprogrammen. Zunächst soll die Wirkungsweise der WITH-Anweisung an folgendem Programm gezeigt werden.

Programm RECORD2.PAS

```
USES
  Crt;

VAR

    Datensatz : RECORD
                        Name    :  STRING [25];
                        Strasse :  STRING [25];
                        Ort     :  STRING [25];
                        Telefon :  REAL;

                END;

    n : BYTE;

    Ende  :  BOOLEAN;

BEGIN
     n := 0;
     CLRSCR;
     Ende := FALSE;
     GOTOXY (20,3); WRITELN ('Eingabe der Datensätze:');
     GOTOXY ( 2,6); WRITELN ('Ende durch Eingabe von "0" für "Name".');
     GOTOXY ( 2,7); WRITELN ('Telefonnummer ohne Schrägstrich nach Vorwahl
                             eingeben!');
     WRITELN;

     WITH Datensatz DO
```

```
REPEAT
        n := n+1;
        WRITE ('  Name        : '); READLN (Name);
        IF Name = '0' THEN BEGIN
                                          n := n-1;
                                          Ende := TRUE;
                                   END

                             ELSE BEGIN
        WRITE ('  Strasse     : '); READLN (Strasse);
        WRITE ('  Ort         : '); READLN (Ort);
        WRITE ('  Telefonnr.  : '); READLN (Telefon);
        WRITELN;
                                   END;

UNTIL Ende;

WRITELN; WRITELN ('  Eingabe der Datensätze beendet.'); WRITELN;
WRITELN ('  Programmende.');

END.
```

4.4 Strukturierung von Daten als FILE (Datei)

Nachdem nun fast alle Möglichkeiten zur Definition von Datentypen und zur Strukturierung von Daten erläutert wurden, soll in diesem Abschnitt die Anordnung von Daten in einer Datei (FILE) besprochen werden. Bild 4-5 zeigt das zugehörige Syntaxdiagramm:

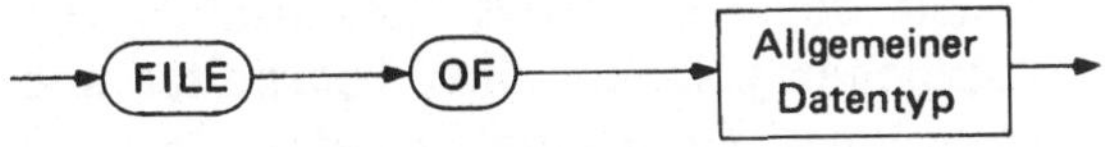

Bild 4-5 Syntaxdiagramm des Datentyps FILE

Das Anlegen von Dateien und ihre Verwaltung gehört zu den vordringlichsten Aufgaben der Datenverarbeitung. Der Einsatz von Rechnern als Unterstützung hierbei ist in nahezu allen Bereichen zur Selbstverständlichkeit geworden. In diesem Abschnitt soll nur ein bescheidener Einblick in das Anlegen und Verwalten von Dateien gegeben werden; denn dieses Thema könnte mühelos ein eigenes Buch füllen.

Das Ziel ist die Erstellung und Bearbeitung einer sequentiellen Datei und deren Umgestaltung zu einer Direktzugriff-Datei. Die Bedeutung dieser Begriffe werden im Laufe der nächsten Abschnitte klar.

4.4.1 Organisationsformen von Dateien

Grundsätzlich unterscheidet man vier Arten von Dateien:

- Sequentielle Datei
- Direktzugriff-Datei
- Verkettete Datei
- Index-sequentielle Datei

Wie bereits erwähnt, werden die sequentielle und die Direktzugriff-Datei in diesem Abschnitt anhand eines Programmbeispiels besprochen.

Worin bestehen nun die Unterschiede zwischen den einzelnen Dateiformen?

Arbeitet man mit einer sequentiellen Datei, dann wird nach dem Starten des Programms die gesamte Datei von Externspeichern (Diskette, Festplatte) aus in den Arbeitsspeicher des Rechners geladen. Der Umfang einer solchen Datei wird deshalb von der Kapazität des Arbeitsspeichers bestimmt.

Überschreitet die Datenmenge den Hauptspeicherplatz, muß eine satzweise arbeitende Dateiverwaltung angewendet werden. Dies bedeutet, daß nur einzelne Datensätze (z.B. ein Inhalt des RECORDs "Datensatz") von den Externspeichern in den Arbeitsspeicher geladen, dort bearbeitet und sofort nach Ausführen der gewünschten Operation wieder in den Externspeicher zurückübertragen werden. Es findet also ein ständiger Dialog statt. Diese Art der Dateiverwaltung wird durch Direktzugriff-Dateien verwirklicht. Der Vorteil dieser Methode liegt darin, daß die Dateigröße unabhängig vom Platzangebot im Hauptspeicher des Rechners ist.

Eine Gegenüberstellung verdeutlicht die Unterschiede (s. Bild 4-6):

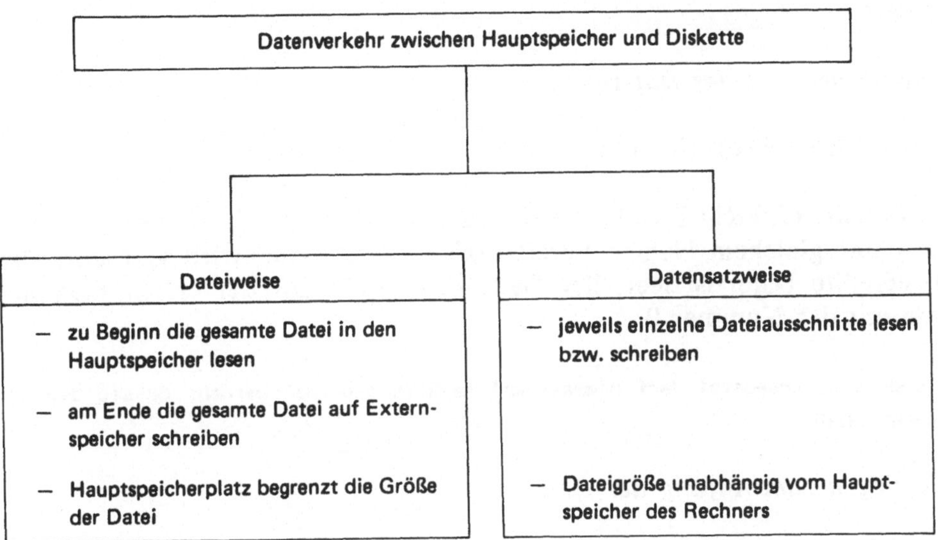

Bild 4-6 Dateiweiser und datensatzweiser Verkehr zwischen Hauptspeicher und Diskette

4.4.2 Anweisungen zur Arbeit mit Dateien

Zum Erstellen und Bearbeiten von Dateien werden in Turbo Pascal folgende Befehle benötigt:

a) Im Vereinbarungsteil

Bei der Festlegung der Variablen steht beispielsweise:

```
Kunden : FILE OF INTEGER;
```

Durch die Kennzeichnung der Variablen "Kunden" als FILE wird bei Ablauf des Programms eine Datei namens "Kunden" vereinbart, die Datensätze vom Typ INTEGER enthält.

b) Im Programmteil

Folgende Schritte sind erforderlich:

1. Zuweisung eines Namens

```
ASSIGN (Kunden,'Kundendatei');
```

Der als "Kunden" vereinbarten Datei wird der Name "Kundendatei" zugewiesen. Überträgt man die Datei jetzt auf einen externen Speicher, so ist sie dort unter dem Namen, der ihr mit ASSIGN gegeben wurde, abgelegt.

2. Neu Einrichten der Datei

REWRITE (Kunden);

Der Befehl REWRITE richtet eine Datei namens "Kunden" neu ein, d.h. eine unter gleichem Namen bereits existierende Datei wird gelöscht. Die neu erstellte Datei ist leer, der Dateizeiger steht auf der ersten Komponente mit der Nummer 0.

Achtung! Eine Lesedatei darf niemals mit REWRITE geöffnet werden, da sie dadurch gelöscht wird!

3. Springen zum Anfang der Datei

RESET (Kunden);

Die Datei mit Namen "Kundendatei" wird im angewählten externen Speicher gesucht, der Dateizeiger wird auf die Komponente 0 gesetzt.

4. Schließen der Datei

CLOSE (Kunden);

Mit der Anweisung CLOSE wird eine Datei nach Abschluß der gewünschten Arbeiten geschlossen.

5. Feststellen der Anzahl der Elemente der Datei

N := FILESIZE (Kunden);

Die Anweisung FILESIZE ermöglicht es, die Anzahl der Elemente einer Datei genau zu ermitteln. "N" wird in dem oben angegebenen Beispiel die Anzahl der Einträge, die in die Datei "Kunden" vorgenommen wurden, zugeordnet. Diese Anweisung wird bevorzugt beim Einlesen von Dateien in den Arbeitsspeicher angewendet, da sich mit FILESIZE die Eingabeschleife exakt dimensionieren läßt.

4.4.3 Aufstellen einer Datei mit dateiweisem Datenverkehr

Um eine sequentielle Datei einzugeben, zu laden und zu speichern sind nun keine weiteren Kenntnisse mehr notwendig. Deshalb erläutern wir an dieser Stelle das Programm "DATEI1.PAS".

Der schon aus dem Programm "RECORD1.PAS" bekannte RECORD "Datensatz" wird wiederum als eigenständiger Datentyp vereinbart. Durch den ARRAY "Speicher" wird ein Vektor mit 100 einzelnen Feldern definiert, der den Inhalt der Datei "Kunden" aufnimmt, sobald diese in den Rechner geladen wird. Jedes Feld des Vektors wird dabei mit dem Inhalt eines RECORDs "Datensatz" belegt. Dieser ARRAY beschränkt die Größe der Datei "Kunden" auf 100 Datensätze.

Mit dem Befehl:

```
Kunden  :  FILE OF Datensatz;
```

wird die extern abzulegende Datei "Kunden" definiert, die als einzelnes Element den Inhalt eines RECORDs "Datensatz" enthält.

Alle mit der Datei im Zusammenhang stehenden Tätigkeiten werden durch die Unterprogramme "Menue, Eingabe, Speichern, Laden und Zugriff" in Turbo Pascal formuliert. Die Prozedur "Begruessung" dient dem Benutzer als allgemeiner Einstieg in den Programmablauf.

Mit Hilfe des Unterprogramms "Eingabe" werden die einzelnen Datensätze, bestehend aus "Kundennummer, Name, Strasse, Ort und Telefonnummmer" in den RECORD "Datensatz" eingegeben. Jeder RECORD wird seinerseits dann im ARRAY "Speicher" abgelegt. Dieser Eingabevorgang dauert solange an, bis entweder 100 Datensätze eingelesen wurden oder die "0" für "Kundennummer" eingetippt worden ist.

Nach Ablauf dieses Unterprogramms wird der Benutzer aufgefordert, die Prozedur "Speichern" aufzurufen, denn seine eingegebenen Daten sind noch nicht in der Datei "Kunden" abgelegt worden. Bei Abbruch des Programms wären die Daten sonst verloren.

Das Unterprogramm "Speichern" eröffnet die Datei "Kunden" durch den Befehl "REWRITE", d.h. die Datei "Kunden" wird völlig neu vereinbart. Eine bisher bereits bestehende Datei gleichen Namens wird dabei gelöscht.

Durch die Anweisung:

...WRITE (Kunden,Speicher[i]);

wird der Inhalt des ARRAY "Speicher" in die Datei "Kunden" geschrieben.

Das Aufrufen des Unterprogramms "Laden" ist nur sinnvoll, wenn sich bereits eine Datei auf einem externen Speicher befindet; denn dieses Unterprogramm lädt die Datei "Kunden" in den Arbeitsspeicher des Rechners. Dabei darf, wie bereits erwähnt, der Befehl "REWRITE" nicht angewandt werden (da die Datei gelöscht wird), sondern man muß mit "RESET" arbeiten.

Das Unterprogramm "Zugriff" ermöglicht die Ausgabe eines bestimmten Datensatzes, der über die Eingabe eines Vergleichnamens angesprochen wird. Gibt man als Vergleichsnamen z.B. "Maier" ein, dann wird der Datensatz mit Speicher[i].Name = Maier ausgegeben.

Das Hauptprogramm besteht wieder "nur" aus dem Aufrufen der oben genannten Unterprogramme in definierter Reihenfolge.

Programm DATEI1.PAS

```
USES
  Crt;

TYPE

    Datensatz = RECORD

                        Nummer  :  INTEGER;
                        Name    :  STRING [25];
                        Strasse :  STRING [25];
                        Ort     :  STRING [25];
                        Telefon :  STRING [20];

                END;

VAR
    Kunden        : FILE OF Datensatz;
    Speicher      : ARRAY [1..100] OF Datensatz;
    Auswahl,n,i : BYTE;

PROCEDURE Begruessung;
```

```
BEGIN
     CLRSCR;
     GOTOXY (23, 7); WRITELN ('VERWALTUNG EINER KUNDENDATEI');
     GOTOXY ( 3,15); WRITELN ('Beim erstmaligen Programmstart ist im nachfolgenden
                              Auswahlmenü die "1"');
     GOTOXY ( 3,16); WRITELN ('für "Eingabe" einzugeben.');
     GOTOXY ( 3,18); WRITELN ('Zur Fortsetzung des Programmablaufs bitte beliebige
                              Taste drücken!');
     GOTOXY (70,18);

     REPEAT UNTIL KEYPRESSED;

END;

PROCEDURE Menue;

BEGIN
     CLRSCR;
     GOTOXY (30, 3); WRITELN ('█████████████████');
     GOTOXY (30, 4); WRITELN ('                 ');
     GOTOXY (30, 5); WRITELN ('   BEFEHLSMENÜ   ');
     GOTOXY (30, 6); WRITELN ('                 ');
     GOTOXY (30, 7); WRITELN ('█████████████████');
     GOTOXY (16,11); WRITELN ('Bitte wählen Sie unter folgenden Möglichkeiten :');
     GOTOXY (20,14); WRITELN ('Datensätze eingeben              : 1');
     GOTOXY (20,15); WRITELN ('Datei speichern                  : 2');
     GOTOXY (20,16); WRITELN ('Datei von Externspeichern laden : 3');
     GOTOXY (20,17); WRITELN ('Zugriff auf die Datensätze       : 4');
     GOTOXY (20,18); WRITELN ('Programmende                     : 9');
     GOTOXY (20,20); WRITE ('Nummer der gewünschten Tätigkeit : ');
                     READLN  (Auswahl);

END;

PROCEDURE Eingabe;

VAR
     Ende  :  BOOLEAN;

BEGIN
     CLRSCR;
     Ende := FALSE;
     GOTOXY (20,3); WRITELN ('Eingabe der Datensätze:');
     GOTOXY ( 2,6); WRITELN ('Die Datensatzeingabe kann durch Eingabe von "0"
                             unter ');
     GOTOXY ( 2,7); WRITELN ('"Kundennummer" unterbrochen werden.');
     WRITELN;
```

```
      REPEAT
            n := n+1;
            WRITE ('  Kundennummer : '); READLN (Speicher [n].Nummer);

            IF Speicher [n].Nummer = 0  THEN
                 BEGIN
                      n := n-1;
                     Ende := TRUE;
                 END

            ELSE
                BEGIN
                  WRITE ('  Name          : '); READLN (Speicher [n].Name);
                  WRITE ('  Strasse       : '); READLN (Speicher [n].Strasse);
                  WRITE ('  Ort           : '); READLN (Speicher [n].Ort);
                  WRITE ('  Telefonnr.    : '); READLN (Speicher [n].Telefon);
                  WRITELN;
                END;
      UNTIL Ende;

      WRITELN;WRITELN;
      WRITELN ('  Nach der Eingabe der Datensätze bitte speichern!');
      WRITELN;
      WRITE ('  Zurück zum Menü durch Drücken einer beliebigen Taste. ');

      REPEAT UNTIL KEYPRESSED;

END;

PROCEDURE Speichern;

BEGIN
     CLRSCR;
     ASSIGN  (Kunden,'Kundendatei');
     REWRITE (Kunden);

     FOR i := 1 TO n DO WRITE (Kunden,Speicher[i]);
     WRITELN; WRITELN;
     WRITELN ('       ',n,' Einträge vom Arbeitsspeicher in die Kundendatei
             vorgenommen.');
     WRITELN;
     WRITE ('       Zurück zum Menü durch Drücken einer beliebigen Taste.  ');
     CLOSE (Kunden);

     REPEAT UNTIL KEYPRESSED;

END;
```

```
PROCEDURE Laden;

BEGIN
      CLRSCR;
      ASSIGN (Kunden,'Kundendatei');
      RESET  (Kunden);
      n := FILESIZE (Kunden);

      FOR i := 1 TO n DO
                          READ (Kunden,Speicher[i]);
      WRITELN; WRITELN;
      WRITELN ('    ',n,' Einträge von der Kundendatei in den Arbeitsspeicher.');
      WRITELN;
      WRITE ('    Zurück zum Menü durch Drücken einer beliebigen Taste.  ');
      CLOSE (Kunden);

      REPEAT UNTIL KEYPRESSED;

END;

PROCEDURE Zugriff;

VAR

    Vergleichsname : STRING [25];

BEGIN
      CLRSCR;
      GOTOXY (15,3); WRITELN ('Zugriff auf die Datensätze:');
      GOTOXY ( 2,6); WRITE  ('Eingabe des Vergleichnamens : ');
                     READLN (Vergleichsname);

      FOR i := 1 TO n DO
                                 BEGIN

          IF Speicher [i].Name = Vergleichsname THEN
                                             BEGIN
              WRITELN; WRITELN;
              WRITELN ('   Ausgabe Datensatz ',Vergleichsname);
              WRITELN;
              WRITELN ('   Kundennr.  : ',Speicher [i].Nummer);
              WRITELN ('   Wohnort    : ',Speicher [i].Ort);
              WRITELN ('   Strasse    : ',Speicher [i].Strasse);
              WRITELN ('   Telefonnr. : ',Speicher [i].Telefon:10);
                                             END;

                                 END;
```

```
        WRITELN; WRITELN;
        WRITE (' Zurück zum Menü durch Drücken einer beliebigen Taste.  ');

        REPEAT UNTIL KEYPRESSED;

END;

BEGIN
     n := 0;
     Begruessung;

     REPEAT
          Menue;

          CASE Auswahl OF
               1 : Eingabe;
               2 : Speichern;
               3 : Laden;
               4 : Zugriff;
          END;

     UNTIL Auswahl = 9;

     CLRSCR; WRITELN; WRITELN;
     WRITELN (' Programmende')

END.
```

4.4.4 Aufstellen einer Direktzugriff-Datei

Um aus einer sequentiellen Datei eine Datei mit datensatzweisem Datenverkehr zu machen, ist nur die Kenntnis eines weiteren Befehls erforderlich:

SEEK

Mit dieser Anweisung läßt sich der Dateizeiger, der bisher durch den Benutzer nicht beeinflußt werden konnte, manipulieren. Der Dateizeiger kann also eine vom Benutzer selbst festgelegte Position einnehmen und den jeweils gewünschten Datensatz direkt ansprechen. Der Vorteil einer Direktzugriff-Datei liegt, um es noch einmal zu betonen, darin, daß durch den datensatzweisen Zugriff auf die externe Datei die Größe der Datei unabhängig vom Arbeitsspeicher des Rechners ist.

Im Programm DATEI2 verarbeiten die Unterprogramme also nicht wie im Programm DATEI1 Datenelemente eines internen ARRAYs, sondern Datensätze einer externen Datei. Hierzu sind, außer der Verwendung der Anweisung "SEEK", noch einige Änderungen im Hauptprogramm und in den Unterprogrammen notwendig:

Im Hauptprogramm wird zu Beginn des Programmablaufs die Verbindung zwischen der Kundendatei auf dem externen Speicher und dem Arbeitsspeicher (Dateivariable "Kunden") hergestellt:

ASSIGN (Kunden,'Kundendatei');

Da in jeder Prozedur jetzt auf die externe Datei zugegriffen werden soll, muß die Kundendatei in jedem Unterprogramm des Programms "Datei2" durch RESET bzw. REWRITE geöffnet werden. Der dann jeweils anzusprechende Datensatz muß durch SEEK festgelegt, mit READ eingelesen, bearbeitet und mit WRITE wieder zurückgeschrieben werden.

Mit der Prozedur "Loeschen" kann die externe Datei "Kunden" komplett gelöscht werden. Man sollte daher mit dem Aufruf dieses Unterprogramms sehr vorsichtig sein; die Datei "Kunden" ist im Arbeitsspeicher ja nicht vorhanden und somit nach Ablauf von "Loeschen" verloren.

Durch Einsatz der Direktzugriff-Datei verkürzt sich das Programm "DATEI2.PAS" bei gleichbleibendem Leistungsangebot gegenüber dem Programm "Datei1" erheblich. Die Unterprogramme "Laden und Speichern" aus "Datei1" werden durch die Prozedur "Eingabe" in "Datei2" ersetzt.

Der Nachteil von Direktzugriff-Dateien gegenüber sequentiellen Dateien liegt in der längeren Zeit, die beim Ablauf von Sortierroutinen benötigt wird. Normalerweise wird verlangt, daß die Datensätze eines Dateiprogramms in alphabetischer Reihenfolge vorliegen müssen. Der Programmierer muß also Sortierroutinen in seinem Programm vorsehen, die z.B. vorgenommene Änderungen an der richtigen Stelle einfügen. Solche Sortierroutinen sind mit den Programmen "BUBBLE.PAS" (s. Abschn. 2.3.4.2.2) und "SHELL.PAS" (s. Anhang A 4.4) bereits vorgestellt worden. Da bei Direktzugriff-Dateien die Datensätze im dauernden Dialog mit dem Externspeicher abgerufen, verglichen und zurückgeschrieben werden müssen, ist für das Sortieren natürlich mehr Zeit nötig, als wenn die Datensätze komplett im Arbeitsspeicher vorliegen.

Programm DATEI2.PAS

```
USES
 Crt;

TYPE

   Datensatz = RECORD

                     Nummer  :  INTEGER;
                     Name    :  STRING [25];
                     Strasse :  STRING [25];
                     Ort     :  STRING [25];
                     Telefon :  STRING [20];

                END;

VAR
     Kunden          : FILE OF Datensatz;
     Auswahl,n,i     : BYTE;
     Satz            : Datensatz;

PROCEDURE Begruessung;

BEGIN
     CLRSCR;
     GOTOXY (23, 7); WRITELN ('VERWALTUNG EINER KUNDENDATEI');
     GOTOXY ( 3,15); WRITELN ('Beim erstmaligen Programmstart ist im nachfolgenden
                              Auswahlmenü die "1"');
     GOTOXY ( 3,16); WRITELN ('für "Eingabe" einzugeben.');
     GOTOXY ( 3,18); WRITELN ('Zur Fortsetzung des Programmablaufs bitte beliebige
                              Taste drücken!');
     GOTOXY (70,18);

     REPEAT UNTIL KEYPRESSED;

END;
```

```
PROCEDURE Menue;

BEGIN
     CLRSCR;
     GOTOXY (30, 3); WRITELN ('████████████████');
     GOTOXY (30, 4); WRITELN ('                ');
     GOTOXY (30, 5); WRITELN ('   BEFEHLSMENÜ   ');
     GOTOXY (30, 6); WRITELN ('                ');
     GOTOXY (30, 7); WRITELN ('████████████████');
     GOTOXY (16,11); WRITELN ('Bitte wählen Sie unter folgenden Möglichkeiten :');
     GOTOXY (20,14); WRITELN ('Alte Datei löschen                : 1');
     GOTOXY (20,15); WRITELN ('Datensätze eingeben               : 2');
     GOTOXY (20,16); WRITELN ('Zugriff auf die Datensätze        : 3');
     GOTOXY (20,17); WRITELN ('Programmende                      : 9');
     GOTOXY (20,20); WRITE ('Nummer der gewünschten Tätigkeit : ');
                     READLN  (Auswahl);

END;

PROCEDURE Loeschen;

BEGIN
     REWRITE (Kunden);
     CLRSCR; WRITELN; WRITELN; WRITELN;
     WRITE ('  Alte Datei gelöscht!  ');
     DELAY (2000);
END;

PROCEDURE Eingabe;

VAR
     Ende  :  BOOLEAN;

BEGIN
      CLRSCR;
      Ende := FALSE;
      GOTOXY (25,3); WRITELN ('Eingabe der Datensätze:');
      GOTOXY (10,6); WRITELN ('Die Datensatzeingabe kann durch Eingabe von "0"
                              unter ');
      GOTOXY (10,7); WRITELN ('"Kundennummer" unterbrochen werden.');
      WRITELN;
      RESET (Kunden);
      SEEK (Kunden,FILESIZE(Kunden));

      WITH Satz DO
```

```
        REPEAT
               WRITE ('  Kundennummer : '); READLN (Nummer);

               IF Nummer = 0  THEN Ende := TRUE

                              ELSE BEGIN

               WRITE ('  Name         : '); READLN (Name);
               WRITE ('  Strasse      : '); READLN (Strasse);
               WRITE ('  Ort          : '); READLN (Ort);
               WRITE ('  Telefonnr.   : '); READLN (Telefon);
               WRITELN;
               WRITE (Kunden,Satz);

                                   END;

        UNTIL Ende;

        CLOSE (Kunden);

        WRITELN;WRITELN;
        WRITE ('  Zurück zum Menü durch Drücken einer beliebigen Taste. ');

        REPEAT UNTIL KEYPRESSED;

END;

PROCEDURE Zugriff;

LABEL 10;

VAR

    Vergleichsname : STRING [25];

BEGIN
      CLRSCR;
      GOTOXY (15,3); WRITELN ('Zugriff auf die Datensätze:');
      GOTOXY ( 2,6); WRITE  ('Eingabe des Vergleichnamens : ');
                     READLN (Vergleichsname);

      RESET (Kunden);
```

```
    FOR i := 0 TO FILESIZE(Kunden) DO
      BEGIN
        SEEK (Kunden,i);
        READ (Kunden,Satz);

        WITH Satz DO

        IF Name = Vergleichsname THEN
            BEGIN
                 WRITELN; WRITELN;
                 WRITELN ('   Ausgabe Datensatz ',Vergleichsname);
                 WRITELN;
                 WRITELN ('   Kundennr.   : ',Nummer);
                 WRITELN ('   Wohnort     : ',Ort);
                 WRITELN ('   Strasse     : ',Strasse);
                 WRITELN ('   Telefonnr. : ',Telefon:10);

                CLOSE (Kunden);
             GOTO 10;
            END;

      END;

10:  WRITELN; WRITELN;
     WRITE (' Zurück zum Menü durch Drücken einer beliebigen Taste.  ');

     REPEAT UNTIL KEYPRESSED;

END;

BEGIN
    ASSIGN (Kunden,'Kundendatei');
    n := 0;
    Begruessung;

    REPEAT
          Menue;

          CASE Auswahl OF
               1 : Loeschen;
               2 : Eingabe;
               3 : Zugriff;
          END;

    UNTIL Auswahl = 9;

    CLRSCR; WRITELN; WRITELN;
    WRITELN (' Programmende')

END.
```

5 Anwendungsprogramme

Nachdem alle Daten- und Programmstrukturen bekannt und besprochen sind, sollen im Anschluß noch einige Programme aus naturwissenschaftlichen und technischen Bereichen die Anwendung des Besprochenen vertiefen. Die in diesem Kapitel vorgestellten Programme sind auch Beispiele für die verschiedenen Möglichkeiten der Bildschirmgestaltung, der Datenverwaltung und der Absicherung der Programme gegen unerlaubte Eingaben. Diese Beispielprogramme stammen aus der Chemie, der Mathematik, der Physik und der Statistik. Sie sind alle in der Praxis voll einsatzfähig.

5.1 Chemie

Mit folgenden drei Beispielen werden chemische Anwendungen programmiert:

- Radioaktiver Zerfall (RADIOZER.PAS)

- WasserstoffSpektrum (SPEKTRUM.PAS)

- Titrationsauswertung (TITRATIO.PAS).

5.1.1 Radioaktiver Zerfall (RADIOZER.PAS)

Das erste Programm behandelt den radioaktiven Zerfall chemischer Elemente. Nach dem Start des Programms werden wie üblich zunächst die zum reibungslosen Ablauf nötigen Informationen auf dem Bildschirm ausgegeben. Bei der Ausführung dieses Programms wird die Anzahl der nach jedem Tag noch nicht zerfallenen Atomkerne ausgegeben. Es empfiehlt sich daher, keine Elemente mit langen Zerfallszeiten einzugeben, da sonst eine wahre Zahlenflut in Form der Ausgabetabelle vorbeirauscht.

Ansonsten handelt es sich hierbei um ein Standardprogramm ohne größere Raffinessen.

Programm RADIOZER.PAS

```
USES
  Crt;

LABEL 1;

VAR
      i,j,l,Ende : INTEGER;
               a : ARRAY[1..20] OF REAL;
               k : ARRAY[1..20] OF REAL;
               z : ARRAY[1..20,1..146] OF REAL;
         Abfrage : CHAR;

BEGIN
     CLRSCR; WRITELN; WRITELN;
     WRITELN ('   Dieses Programm behandelt den radioaktiven Zerfall bestimmter
              Elemente');
     WRITELN; WRITELN;
     WRITELN (' Bitte geben Sie nacheinander folgende Werte ein :');
     WRITELN; WRITELN ('    1. Anzahl der Kerne');
     WRITELN ('    2. (wenn bekannt) Zerfallskonstante (zum Beispiel 0.0002)');
     WRITELN ('       (wenn Zerfallskonstante unbekannt) Halbwertszeit');
     WRITELN;
     WRITELN (' Die genannten Werte können für max.20 Elemente eingegeben
              werden.');
     WRITELN;
     WRITELN (' Das Programm berechnet die Anzahl der Kerne, die nach einer vom
              Benutzer');
     WRITELN (' festzulegenden Anzahl von Tagen noch nicht zerfallen sind.');
     WRITELN; WRITELN; WRITE (' Fortsetzen des Programmablaufs mit < RETURN > ');
     READLN;

     CLRSCR; WRITELN; WRITELN;
     WRITE (' Bitte geben Sie die Zerfallsdauer in Tagen ein : ');
     READLN (Ende);

     WRITELN;
     WRITELN (' Die folgende Eingabeschleife kann durch "999" abgebrochen werden
              !');

     FOR i:=1 TO 20 DO
                   BEGIN
          WRITELN; WRITELN;
          WRITE (' Bitte geben Sie die Anfangszahl der Kerne des ',i,'.
                Systems ein : ');
          READLN (a[i]);
```

```
            IF a[i] = 999 THEN GOTO 1;
            WRITE (' Ist die Zerfallskonstante bekannt (j/n) ? ');
            READLN (Abfrage);

            IF (Abfrage='J') OR (Abfrage='j') THEN BEGIN
                 WRITE (' Bitte geben Sie die Zerfallskonstante des ',i,'.
                        Systems ein : ');
                 READLN (k[i]);
                                                   END

                                              ELSE BEGIN
                 WRITE (' Bitte geben Sie die Halbwertszeit des ',i,'. Systems
                        in Tagen ein : ');
                 READLN (k[i]);
                 k[i] := ln(2)/k[i];
                                                   END;

                   END;

1:   FOR l:=1 TO i-1 DO
                   BEGIN

       FOR j:=1 TO Ende DO   z[l,j] := a[l]*EXP(-k[l]*j);
                   END;

     FOR l:=1 TO i-1 DO
                   BEGIN
           CLRSCR; WRITELN; WRITELN;
           WRITELN (' System Nr.',l:2); WRITELN; WRITELN;
           WRITELN (' Anfangszahl der Kerne : ',a[l]:8:2); WRITELN;
           WRITELN (' Zerfallskonstante : ',k[l]:8:10); WRITELN;
           WRITELN ('        Tage           Anzahl vorhandener Kerne');
           WRITELN ('                                                ');
           FOR j:=1 TO Ende DO  WRITELN ( j:12,'      ',z[l,j]:12:2);
           WRITELN; WRITE (' Ergebnis notiert ? Weiter mit beliebiger Taste
                         ');
           REPEAT UNTIL KEYPRESSED;

                   END;

WRITELN; WRITELN; WRITELN (' Programmende.');

END.
```

5.1.2. Wasserstoffspektrum (SPEKTRUM.PAS)

Beim Programm "Spektrum" sind Erläuterungen zu den einzelnen Definitionen und Abläufen eingefügt. Turbo Pascal ignoriert ja bekanntlich alle mit "{" oder "(*" eingerahmten Zeichen.

Dieses Programm simuliert den Sprung von Elektronen des Wasserstoffatoms von einzelnen Schalen auf andere und errechnet die dabei frei werdende Energie sowie die Wellenlänge des ausgesandten Lichts. Die entsprechenden Serien sind nach ihren Entdeckern (Lyman, Balmer, Paschen, Brackett und Pfund) benannt.

Programm SPEKTRUM.PAS

```
USES
  Crt;

CONST

    c = 2.997925e8;           { Lichtgeschwindigkeit }
    h = 6.6e-34;              { Plancksches Wirkungsquantum }
    R = 1.0967758e7;          { Rydberg-Konstante }

VAR
    a,                        { Laufvariable }
    m,                        { Serie }
    n,                        { Schalen-Nr. }
    z          : BYTE;        { Sprung-Zähler }
    e,                        { Energie }
    lambda,                   { Wellenlänge }
    v          : ARRAY [1..5] OF REAL;      { Wellenzahl }

BEGIN                         { Bildschirmeinweisung }
  CLRSCR; WRITELN; WRITELN;
  WRITELN ('                        Wasserstoffspektrum');
  WRITELN; WRITELN;
  WRITELN (' Mit diesem Programm können Sie Sich die verschiedenen Serien des');
  WRITELN (' Wasserstoffspektrums in Form der Wellenzahl und Wellenlänge der
          einzelnen');
  WRITELN (' Übergangsmöglichkeiten errechnen lassen. Zusätzlich erfolgt die
           Ausgabe ');
  WRITELN (' des entsprechenden Energiebetrages.');
  WRITELN; WRITELN (' Geben Sie je nach gewünschter Serie die angegebene Ziffer
                  ein:');
```

```
WRITELN;
WRITELN ('   1: LYMAN-Serie');
WRITELN ('   2: BALMER-Serie');
WRITELN ('   3: PASCHEN-Serie');
WRITELN ('   4: BRACKETT-Serie');
WRITELN ('   5: PFUND-Serie');
WRITELN;

REPEAT                    { Eingabeteil }
                    WRITE (' Eingabe: ');READLN (m);
UNTIL m IN [1..5];

WRITELN;
WRITELN (' Geben Sie an, von welcher Schale n Sie die Wellenzahlen der ');
WRITELN (' möglichen Sprünge haben möchten (n darf nicht größer als 6 gewählt
        werden).');
WRITELN;

REPEAT
                    WRITE (' Eingabe: ');READLN (n);
UNTIL n IN [1..6];

IF n>m THEN BEGIN         { Verarbeitungsteil }
              WRITELN;
              a:=m;
              z:=0;

              WHILE a<n DO BEGIN
                             a:=a+1;
                             z:=z+1;
                             v[z]:=(1/SQR(m)-1/SQR(a)) * R;
                             lambda[z]:=(1/v[z])*1e8;
                             e[z]:=h*c*v[z]*1e4;
                        END;

         END

     ELSE BEGIN
              WRITELN;
              WRITELN (' Der Sprung ist in dieser Serie nicht möglich !');
              WRITELN;
              WRITELN (' Starten Sie erneut.');
         END;
```

```
  a:=m;
  z:=0;
  CLRSCR; WRITELN; WRITELN;

  WHILE a<n DO BEGIN      { Ausgabeteil }
                    a:=a+1;
                    z:=z+1;
      WRITELN (' Die Wellenzahl des ',z,'. Sprunges beträgt     : ',v[z]:8:2);
      WRITELN;
      WRITELN (' Wellenlänge des ausgesandten Lichts          : ',lambda[z]:5:2,'
             nm');
      WRITELN;
      WRITELN (' Diesem Sprung entspricht eine Energie von  : ',e[z],' J');
      WRITELN; WRITELN;
             END;

END.
```

5.1.3 Auswertung von Titrationen (TITRATIO.PAS)

Mit Hilfe dieses Programms können Titrationsergebnisse schnell bearbeitet werden. Es erspart die bei der Auswertung normalerweise anfallenden Berechnungen und kann als Beispiel für rechnerunterstützten Laborbetrieb herangezogen werden. Programme dieser Art werten beispielsweise die Ergebnisse einer Versuchsreihe im Titriprozessor grafisch aus.

Programm TITRATIO.PAS

```
USES
  Crt;

VAR
     Molmasse,c,f,t,S,W,m : REAL;
                        i : INTEGER;
                        V : ARRAY [1..20] OF REAL;
                  Stoff,X : STRING [20];
                        n : BYTE;

BEGIN
   CLRSCR;
   WRITELN; WRITELN;
   WRITELN ('          Programm zur Auswertung von Titrationsergebnissen');
   WRITELN; WRITELN;
   WRITELN (' Welcher Stoff (z.B. Eisen) wurde durch die Titrationen bestimmt ?');
   WRITELN; WRITE (' Bitte um Eingabe des Stoffnamens : ');
   READLN (Stoff);
```

```
WRITELN; WRITE (' Eingabe der Molmasse von ',Stoff,' in g : ');
READLN (Molmasse);
WRITELN; WRITE (' Eingabe der Konzentration der Maßlsg. in mol/l : ');
READLN  (c);
WRITELN; WRITE (' Anzahl der durchgeführten Titrationen : ');
READLN  (n);
WRITELN; WRITELN;

FOR i:=1 TO n DO
                  BEGIN
        WRITE ('   Verbrauch der ',i,'. Titration in ml : ');
        READLN (V[i]);
                  END;

WRITELN; WRITE (' Eingabe des aliquoten Faktors : ');
READLN (f);
WRITELN; WRITE (' Titer der Maßlösung t=1.00 (j/n) : ');
READLN (X);

 IF (X='J') OR (X='j') THEN t:=1

                           ELSE
                                BEGIN
    WRITELN; WRITELN (' Titer eingeben : '); READLN (t);
                                END;

S:=0;

FOR i:=1 TO n DO
                    S:=S+V[i];
                    W:=S/n;
                    m:=c*Molmasse*t*W*f;

CLRSCR;
GOTOXY(10,5); WRITELN ('Maßanalytische Bestimmung von ',Stoff);
GOTOXY(10,8); WRITELN ('Verbrauch an Maßlsg.');

FOR i:= 1 TO n DO
                    BEGIN
                           GOTOXY(10,10+i);
                           WRITELN ('Verbrauch (',i,') = ',V[i]:4:2 ,' ml');
                    END;

GOTOXY(10,12+n); WRITELN ('mittl. Verbrauch = ',W:4:2,' ml');
GOTOXY(10,14+n); WRITELN ('In der Probe befinden sich ',m:5:2,' mg ',Stoff)

END.
```

5.2 Mathematik

Die Anwendungsprogramme zur Mathematik sollen an dieser Stelle nicht ausführlicher erläutert werden - die notwendige Theorie kann jeder in der Fachliteratur nachlesen. Folgende Programme stehen zur Verfügung:

- Lösung quadratischer Gleichungen (QUADRAT.PAS)

- Addition zweier Matrizen (MATTRADD.PAS)

- Multiplikation zweier Matrizen (MATRMULT.PAS)

- Lösung linearer Gleichungssysteme nach Gauss-Jordan (GAUSSJOR.PAS).

5.2.1 Lösung quadratischer Gleichungen (QUADRAT.PAS)

Programm QUADRAT.PAS

```
USES
  Crt;

LABEL 1;

VAR
      a,b,c,D,X1,X2 : REAL;

BEGIN
      CLRSCR;
      WRITELN; WRITELN;
      WRITELN (' Programm zur Lösung quadratischer Gleichungen der Form :');
      WRITELN; WRITELN ('                    y = ax +bx+c');

      WRITELN; WRITE (' Bitte den Wert von a eingeben : '); READLN (a);
      WRITELN; WRITE (' Bitte den Wert von b eingeben : '); READLN (b);
      WRITELN; WRITE (' Bitte den Wert von c eingeben : '); READLN (c);
      WRITELN; WRITELN;

      IF a = 0 THEN BEGIN
       WRITELN (' Für die eingegebenen Werte ergibt sich eine Gerade');
       WRITELN (' mit der Steigung ',b:5:2,' und dem X-Achsenabstand ',c:5:2);
       WRITELN;
       WRITELN (' Sie schneidet die X-Achse im Punkt (',-c/b:5:2,' 0)');
       WRITELN;
       GOTO 1;
                  END;
```

```
D := SQR(b) - 4*a*c;

IF D = 0 THEN BEGIN
 WRITELN (' Für die eingegebenen Werte ergibt sich eine Parabel,');
 WRITELN (' die die X-Achse im Punkt (',-b/(2*a):5:2,' 0) berührt');
 WRITELN;
              END;

IF D > 0 THEN BEGIN
 X1 := -b + SQRT(SQR(b) - 4*a*c)/(2*a);
 X2 := -b - SQRT(SQR(b) - 4*a*c)/(2*a);
 WRITELN (' Für die eingegebenen Werte ergibt sich eine Parabel,');
 WRITELN (' die die X-Achse in den Punkten');
 WRITELN (' P1 (',X1:5:2,' 0) und P2 (',X2:5:2,' 0) schneidet');
              END;

IF D < 0 THEN BEGIN
 WRITELN (' Mit den eingegebenen Werten gibt es für die oben aufgeführte');
 WRITELN (' Gleichung nur komplexe Lösungen');
              END;

1: END.
```

5.2.2 Addition zweier Matrizen (MATRADD.PAS)

Programm MATRADD.PAS

```
USES
  Crt;

VAR

   A,B,C   : ARRAY [1..20,1..20] OF REAL;
   X,Y,S,Z : BYTE;

BEGIN
     CLRSCR;
     WRITELN; WRITELN;
     WRITELN ('        Programm zum Addieren zweier Matrizen'); WRITELN;
     WRITELN; WRITELN;
     WRITELN (' Um zwei Matrizen zu addieren, muß sowohl ihre Spaltenanzahl');
     WRITELN (' als auch ihre Zeilenanzahl übereinstimmen.');
     WRITELN;
     WRITE (' Eingabe der Zeilenanzahl : '); READLN (Z);
     WRITE (' Eingabe der Spaltenanzahl: '); READLN (S);
     WRITELN; WRITELN (' Eingabe der ersten Matrix :'); WRITELN;
```

```
    FOR X:=1 TO Z DO
                    BEGIN
    FOR Y:=1 TO S DO
                    BEGIN
    WRITE (' A[',X,',',Y,'] = '); READLN (A[X,Y]);
                    END;
                    END;

    WRITELN; WRITELN (' Eingabe der zweiten Matrix :'); WRITELN;

    FOR X:=1 TO Z DO
                    BEGIN
    FOR Y:=1 TO S DO
                    BEGIN
    WRITE (' B[',X,',',Y,'] = '); READLN (B[X,Y]);
                    END;
                    END;

    FOR X:=1 TO Z DO
                    BEGIN
    FOR Y:=1 TO S DO C[X,Y]:= A[X,Y] + B[X,Y];
                    END;

    WRITELN; WRITELN (' Ergebnis der Matrizenaddition :'); WRITELN;

    FOR X:=1 TO Z DO
                    BEGIN
    FOR Y:=1 TO S DO
                    BEGIN
    WRITELN (' C [',X,',',Y,'] = ', C[X,Y]:6:2 );
                    END;
                    END;
END.
```

5.2.3 Multiplikation zweier Matrizen (MATRMULT.PAS)

Programm MATRMULT.PAS

```
USES
  Crt;

VAR

   Z1,Z2,S1,S2 : BYTE;
         A,B,C : ARRAY [1..20,1..20] OF BYTE;
       i,j,k,S : INTEGER;
```

```
BEGIN
   CLRSCR;
   WRITELN; WRITELN;
   WRITELN ('         Multiplikation zweier Matrizen');
   WRITELN; WRITELN;

WRITELN (' Um zwei Matrizen miteinander zu multiplizieren, müssen die');
WRITELN (' Zeilenanzahl der ersten Matrix und die Spaltenanzahl');
WRITELN (' der zweiten oder umgekehrt übereinstimmen !'); WRITELN;
WRITE (' Zeilenanzahl  der ersten  Matrix: '); READLN (Z1);
WRITE (' Spaltenanzahl der ersten  Matrix: '); READLN (S1);
WRITE (' Zeilenanzahl  der zweiten Matrix: '); READLN (Z2);
WRITE (' Spaltenanzahl der zweiten Matrix: '); READLN (S2);
WRITELN; WRITELN;

IF (Z1<>S2) AND (S1<>Z2)  THEN  WRITELN
(' Die beiden Matrizen A und B lassen sich nicht miteinander multiplizieren. ')

          ELSE  BEGIN
  WRITELN (' Geben Sie die Matrix Nr.1 ein :'); WRITELN;

  FOR i:=1 TO Z1 DO
                   BEGIN
  FOR k:=1 TO S1 DO
                   BEGIN
  WRITE ('    A[',i,',',k,'] = '); READLN (A[i,k]);
                   END;
                   END;

  WRITELN; WRITELN (' Geben Sie die Matrix Nr.2 ein :'); WRITELN;

  FOR k:=1 TO Z2 DO
                   BEGIN
  FOR j:=1 TO S2 DO
                   BEGIN
  WRITE ('    B[',k,',',j,'] = '); READLN (B[k,j]);
                   END;
                   END;

  IF S1=Z2 THEN BEGIN

     FOR i:=1 TO S2 DO
                      BEGIN
     FOR j:=1 TO Z1 DO
                      BEGIN
     S:=0;
```

```
    FOR k:=1 TO Z2 DO
                    BEGIN
                          S:=S+A[j,k]*B[k,i];
                    END;
    C[i,j]:=S;

                    END;
                    END;

    WRITELN; WRITELN (' Ergebnis der Matrizenmultiplikation :'); WRITELN;

    FOR i:=1 TO S2 DO
                    BEGIN
    FOR j:=1 TO Z1 DO
                    BEGIN
    WRITELN (' C[',i,j,'] = ',C[i,j]);
                    END;
                    END;

             END;

IF Z1=S2 THEN BEGIN

    FOR i:=1 TO Z2 DO
                    BEGIN
    FOR j:=1 TO S1 DO
                    BEGIN
    S:=0;

    FOR k:=1 TO Z1 DO
                    BEGIN
                          S:=S+B[j,k]*A[k,i];
                    END;

    C[i,j]:=S;

                    END;
                    END;

    WRITELN; WRITELN (' Ergebnis der Matrizenmultiplikation :'); WRITELN;

    FOR i:=1 TO S1 DO
                    BEGIN
    FOR j:=1 TO Z2 DO
```

```
                    BEGIN
      WRITELN (' C[',i,j,'] = ',C[i,j]);
                    END;
                    END;

               END;

               END;

   WRITELN; WRITELN (' Programmende.');

END.
```

5.2.4 Lösung linearer Gleichungssysteme nach Gauss-Jordan (GAUSSJOR.PAS)

Programm GAUSSJOR.PAS

```
USES
  Crt;

LABEL  3,4;

VAR

   i,j,k,n  :BYTE ;
   p,t,c,d  :REAL ;
   z,w      :CHAR ;
   a        :ARRAY[1..20,1..20] OF REAL ;
   b,x      :ARRAY[1..20]       OF REAL ;


BEGIN
     CLRSCR; WRITELN; WRITELN; WRITELN;
     WRITELN ('   Lösung linearer Gleichungssysteme nach dem Verfahren von Gauss-
     Jordan');


     (* EINGABE *)

4:   n:=0;
     WRITELN; WRITELN; WRITELN;
     WRITE (' Bitte geben sie die Anzahl der Unbekannten ein : ');
     READLN (n) ;
     WRITELN;WRITELN;
```

```
(* NULLSETZEN VON KOEFFIZIENTEN *)

FOR i:=1 to n DO
                BEGIN

FOR j:=1 to n DO
                BEGIN

        a[i,j]:=0 ;
        b[i]  :=0 ;

                END;
                END;


(* EINLESEN  *)

FOR i:=1 TO n DO
                BEGIN

FOR j:=1 TO n DO
                BEGIN

                WRITE (' a[',i,j,']= ');
                READ (a[i,j]);

                END;

                WRITE   ('     b[' ,i,']= ' );
                READ    (b[i]);
                WRITELN;

                END;

WRITELN; WRITELN;



(* KORREKTURSCHLEIFE *)

WRITE (' Wollen Sie noch Korrekturen vornehmen (j/n) ?  ');
READLN (w);

IF (w='j') OR (w='J')  THEN
```

```
3:              BEGIN

    WRITELN;WRITELN;
    WRITELN (' Geben Sie die Koeffizienten i und j der zu ändernden Zahl ein !
    (a[i,j]) ');
    WRITELN (' Drücken Sie nach jeder Eingabe die "Return"-Taste !');
    WRITELN; WRITELN; WRITE (' a[')                        ;
    READ (i); WRITE (','); READ (j); WRITE (']');
    WRITE ('        Korrektur  :    a[',i,',',j,'] =  ');
    READLN (a[i,j]);
    WRITELN; WRITELN;
    WRITELN (' Geben Sie den Koeffizienten i des zu ändernden Bildvektors ein !
    (b[i]) ');
    WRITELN; WRITELN; WRITE (' b[')                        ;
    READ (i); WRITE (']') ;
    WRITE ('          Korrektur  :    b[',i,'] =  ');
    READLN (b[i]);

    WRITELN; WRITELN;
    WRITE (' Wollen Sie noch weitere Korrekturen (j/n) ?  ');
    READLN (w);
    IF (w='j') OR (w='J') THEN GOTO 3

                END;


    (* KONTROLLAUSGABE *)

    WRITELN; WRITELN;
    WRITELN (' Achtung !  Kontrollausgabe !'); WRITELN;

    FOR i:=1 TO n DO
                    BEGIN

                        WRITELN;
    FOR j:=1 to n DO
                    BEGIN

                        WRITE ('    ');
                        WRITE (a[i,j]:5:2);

                    END;

                        WRITE ('    ',b[i]:5:2);

                    END;
```

```
WRITELN; WRITELN;
WRITE (' Soll nun mit der Rechnung begonnen werden (j/n) ?  ');
READLN (w);

IF (w='n') OR (w='N') THEN GOTO 3;
WRITELN; WRITELN;


(* ELIMINATIONSSCHSCHLEIFE *)

FOR k:=1 TO n DO
                BEGIN

IF a[k,k]=0 THEN
                BEGIN

      i:=k+1;

      WHILE a[i,k]=0 DO
                       BEGIN
                             i:=i+1;
                       END;

      FOR j:=k TO n DO
                       BEGIN

           c:=a[k,j];
           a[k,j]:=a[i,j];
           a[i,j]:=c;

                       END;

      d:=b[k];
      b[k]:=b[i];
      b[i]:=d   ;

                END;

      P:=0 ;
      P:=1.0/a[k,k];

      FOR j:=k+1 TO n DO
      a[k,j]:=P*a[k,j];
      b[k]  :=P*b[k]  ;

      FOR i:=k+1 TO n DO
                        BEGIN
```

```
        FOR j:=k+1 TO n DO

              a[i,j]:=a[i,j]-a[i,k]*a[k,j];
              b[i]  :=b[i]  -a[i,k]*b[k];
                       END
                 END;


    (* RÜCKSUBSTITUTIONSSCHLEIFE *)

    k:=n ;

    REPEAT
          t:=b[k];

          FOR j:=k+1 to n DO

              t:=t-a[k,j]*x[j];
              x[k]:=t;
              k:=k-1;

    UNTIL  k=0;


    (* AUSGABESCHLEIFE *)

    FOR k:=1 TO n  DO
                  BEGIN

                      WRITE ('   X[' ,k,']= ' );
                      WRITE (X[k]:5:2);

                  END;


    (* WIEDERHOLUNGS-ABFRAGE *)

    WRITELN; WRITELN;
    WRITE (' Soll noch ein Durchgang gestartet werden (j/n) ?  ' );
    READLN (z);

        IF (z='j') OR (z='J') THEN GOTO 4;

    WRITELN; WRITELN; WRITELN (' Programmende.');

END.
```

5.3 Physik

Aus der Physik werden zwei Programme vorgestellt, die aus der Optik und der Wärmelehre stammen. Es sind dies:

- Abbildungsgleichung der Optik (LINSENGL.PAS)

- Allgemeine Gasgleichung (GASGLEI.PAS).

5.3.1 Abbildungsgleichung der geometrischen Optik (LINSENGL.PAS)

Gegenstände können durch Linsen vergrößert oder verkleinert werden. Entscheidend dafür ist die Brennweite f der Linse, die Gegenstandsweite g (Abstand des Gegenstandes von der Hauptachse der Linse) und die Bildweite b (Entfernung des Bildes von der Hauptachse der Linse). Die Abbildungsgleichung lautet:

$$1/f = 1/g + 1/b.$$

Je nach Eingabe zweier Größen kann die dritte errechnet werden.

Programm LINSENGL.PAS

```
USES
  Crt;

LABEL 4;

VAR

      W: BYTE;
  g,b,f: REAL;

BEGIN
4:    CLRSCR; WRITELN; WRITELN;
      WRITELN ('                BERECHNUNGEN MIT DER LINSENGLEICHUNG');
      WRITELN; WRITELN;
      WRITELN (' Zu beachten ist folgendes :');
      WRITELN;
      WRITELN ('  Bildweiten, die auf der Gegenstandsseite der Linse liegen, sind
              negativ.');
      WRITELN ('  Es handelt sich um virtuelle Bilder.');
      WRITELN; WRITELN ('  Bei Konkavlinsen sind Brennweite und Bildweite
                        negativ.'); WRITELN;
      WRITELN ('  Bei Eingabe von gleichen Brenn-, Bild- bzw. Gegenstandsweiten
              erfolgt');
```

```
WRITELN ('  Berechnungsabbruch !'); WRITELN;
WRITELN ('  Die einzugebenden Werte müssen ungleich Null sein !');
WRITELN;  WRITELN (' Fall 1: Berechnung der Brennweite');
WRITELN (' Fall 2: Berechnung der Bildweite');
WRITELN (' Fall 3: Berechnung der Gegenstandsweite');
WRITELN;
WRITE (' Geben Sie die Nummer des gewünschten Falles ein : ');
READLN (W);
CLRSCR; WRITELN; WRITELN;

CASE W OF
         1: BEGIN
                WRITE (' Geben Sie die Gegenstandsweite in mm ein : ');
                READLN (g);
                WRITE (' Geben Sie die Bildweite in mm ein        : ');
                READLN (b);
                WRITELN;
                WRITELN;
                IF g=0 THEN GOTO 4;
                IF b=0 THEN GOTO 4;
                IF g=b THEN GOTO 4;
                f:=1/(1/g+1/b);
                WRITELN;
                WRITELN (' Ergebnis :    Brennweite = ',f:8:2,' mm');

            END;
         2: BEGIN
                WRITE (' Geben Sie die Brennweite in mm ein       : ');
                READLN (f);
                WRITE (' Geben Sie die Gegenstandsweite in mm ein : ');
                READLN (g);
                WRITELN;
                WRITELN;
                IF f=0 THEN GOTO 4;
                IF g=0 THEN GOTO 4;
                IF f=g THEN GOTO 4;
                b:=1/(1/f-1/g);
                WRITELN;
                WRITELN (' Ergebnis :     Bildweite = ',b:8:2,' mm');
            END;
```

```
            3:  BEGIN
                    WRITE (' Geben Sie die Brennweite in mm ein       : ');
                    READLN (f);
                    WRITE (' Geben Sie die Bildweite in mm ein        : ');
                    READLN (b);
                    WRITELN;
                    WRITELN;
                    IF f=0 THEN GOTO 4;
                    IF b=0 THEN GOTO 4;
                    IF f=b THEN GOTO 4;
                    g:=1/(1/f-1/b);
                    WRITELN;
                    WRITELN (' Ergebnis :     Gegenstandsweite = ',g:8:2,'
                           mm');
                END;

    ELSE
                BEGIN
                     CLRSCR; WRITELN; WRITELN;
                     WRITE (' Bitte 1, 2 oder 3 eingeben ! ');
                     DELAY (2489);
                END;

                GOTO 4;
    END;

    WRITELN; WRITE (' Programmende.'); WRITELN;

END.
```

5.3.2 Allgemeine Gasgleichung (GASGLEI.PAS)

Drei Größen bestimmen den Zustand der idealen Gase: Der Druck p, das Volumen V und die Temperatur T gemäß folgender Formel:

$$p*V = m*R*T$$

Dabei ist m die Anzahl der Mole und R die allgemeine Gaskonstante. Aus zwei bekannten Werten für den Zustand (und der Molzahl) läßt sich die fehlende dritte Größe errechnen.

Programm GASGLEI.PAS

```
USES
  Crt;

LABEL 4,5,6;

VAR
     V,P,T : REAL;
   Zeichen : CHAR;
      Wahl : BYTE;

CONST    R = 8314;

PROCEDURE Eingabe;
         BEGIN
              WRITELN;
              WRITELN (' Falsche Eingabe! Bitte korrigieren Sie!');
              WRITELN;
         END;

BEGIN
  6: CLRSCR;
     WRITELN; WRITELN;
     WRITELN ('                 Allgemeine Gasgleichnung');
     WRITELN; WRITELN;
     WRITELN (' Nach den Bedingungen der Zustandsgleichung der Gase ist das
                Produkt');
     WRITELN (' aus Druck und Volumen dividiert durch die absolute Temperatur
               bei');
     WRITELN (' einer bestimmten Masse eines Gases konstant.');
     WRITELN (' Dadurch kann man bei Vorgabe zweier Parameter auf den dritten
                schließen :');
     WRITELN; WRITELN; WRITELN;

  4: WRITELN ('   Druckberechnung       ( 1 wählen )');
     WRITELN ('   Volumenberechnung     ( 2 wählen )');
     WRITELN ('   Temperaturberechnung  ( 3 wählen )');
     WRITELN; WRITE ('   Bitte ausgewählte Nummer eingeben : ');
     READLN (Wahl);
     WRITELN; WRITELN;
```

```
CASE WAHL OF

          1: BEGIN
                 WRITE (' Geben sie die Temperatur in Kelvin ein : ' );
                 READLN (T);
               5: WRITE (' Geben sie das Volumen in Litern ein     : ' );
                 READLN (V);
                 IF V=0 THEN BEGIN
                            Eingabe;
                            GOTO 5
                          END
                      ELSE
                 P:=T*R/V;
                 WRITELN;
                 WRITELN (' Der Druck beträgt : ',P:4:3,' Pascal.');
                 WRITELN;
             END;

          2: BEGIN
                 WRITE (' Geben sie den Druck in Pascal ein       : ' );
                 READLN (P);
                 WRITE (' Geben sie die Temperatur in Kelvin ein : ' );
                 READLN (T);
                 V:=T*R/P;
                 WRITELN;
                 WRITELN (' Das Volumen beträgt : ',V:4:3,' Liter.');
                 WRITELN;
             END;

          3: BEGIN
                 WRITE (' Geben Sie den Druck in Pascal ein    : ');
                 READLN (P);
                 WRITE (' Geben Sie das Volumen in Litern ein : ');
                 READLN (V);
                 T:=P*V/R;
                 WRITELN;
                 WRITELN (' Die Temperatur beträgt : ',T:8:2,' Kelvin oder
                        ',T-273.15:8:2,' °C');
                 WRITELN;
             END

 ELSE
    BEGIN
        Eingabe;
        GOTO 4;
    END;

 END;
```

```
    WRITE (' Sollen noch weitere Rechnungen ausgeführt werden (j/n) ? ');
    READLN (Zeichen);
    WRITELN; WRITELN;

    IF Zeichen = 'j' THEN GOTO 6

                              ELSE IF Zeichen = 'J' THEN GOTO 6
                                     ELSE WRITELN (' Programmende');

END.
```

5.4 Statistik

Bei vielen Experimenten läßt sich aus den Meßergebissen auf einen entsprechenden Kurvenverlauf schließen. Die bestmögliche Anpassung, d. h. Regression an eine Gerade, eine exponentielle oder eine logarithmische Funktion läßt sich durch ein Rechenprogramm ohne Schwierigkeiten ermitteln. Bei einer multilinearen Regression können die für die Meßergebnisse wesentlichen Bestimmungsgrößen (idealisiert als Geraden angenommen) ermittelt werden. Dazu dienen folgende Programme:

- Lineare, exponentielle und logarithmische Regression (REGRESS.PAS)

- Multilineare Regression (MULTI.PAS)

5.4.1 Lineare, exponentielle und logarithmische Regression (REGRESS.PAS)

Programm REGRESS.PAS

```
(* Vereinbarungsteil *)

USES
  Crt;

LABEL 4,5,6,7;

VAR
          f1,f2,am,i,k,fm       :BYTE;
          s1,s2,s3,s4,a,b       :REAL;
          x,y,rx,ry             :ARRAY [1..100] OF REAL;
          t                     :CHAR;

(* Anweisungsteil *)
```

```
BEGIN
        (* Einleitung *)
4:      CLRSCR; WRITELN; WRITELN;
        WRITELN ('         Programm zur Erstellung von Regressionsgleichungen');
        WRITELN; WRITELN; WRITELN;
        WRITELN (' Auswahl :          1 ... Lineare Regression');
        WRITELN ('                    2 ... Exponentielle Regression');
        WRITELN ('                    3 ... Logarithmische Regression');

        (* Abfrageschleife des Menues *)

        REPEAT
               WRITELN; WRITELN;
               WRITE (' Berechnung nach Nr.: ');
               READ (f1);

               IF (f1<>1) AND (f1<>2) AND (f1<>3) THEN
                                                     BEGIN
                 WRITELN; WRITELN;
                 WRITELN ('  Falsche Eingabe !  Bitte korrigieren Sie !');
                                                     END;
        UNTIL (f1=1) OR (f1=2) OR (f1=3);

        WRITELN; WRITELN;
        WRITE (' Anzahl der Meßwerte ( bitte nur ganze Zahlen größer 1 ) : ');
        READLN (am);

        (* Eingabeschleife der Messwerte *)

        i:=1;

        FOR i:=1 TO am DO
                         BEGIN
6:          WRITELN;
            WRITE ('    ',i,'. X-Wert : '); READLN (x[i]);

            IF (f1=3) AND (x[i]<=0) THEN BEGIN
                      WRITELN; WRITELN (' Achtung !');
                      WRITELN (' Logarithmische Regression kann nur für X-Werte
                              > 0 durchgeführt werden.');
                      WRITELN;
                      GOTO 6;
                                         END
```

```
                                        ELSE BEGIN
7:          WRITE ('    ',i,'. Y-Wert : '); READLN (y[i]);

            IF (f1=2) AND (y[i]<=0) THEN BEGIN
                    WRITELN; WRITELN (' Achtung !');
                    WRITELN (' Exponentielle Regression kann nur für Y-Werte >
                            0 durchgeführt werden.');
                    WRITELN;
                    GOTO 7;
                                        END;

                                        END;
                        END;

        WRITELN; WRITELN;

        (* Rückführung auf lineare Regression *)

5:      i:=1;

        FOR i:=1 TO am DO
                        BEGIN
        CASE f1 OF

        1: BEGIN
                rx[i]:=x[i];
                ry[i]:=y[i];
           END;

        2: BEGIN
                rx[i]:=x[i];
                ry[i]:=ln(y[i]);
           END;

        3: BEGIN
                rx[i]:=ln(x[i]);
                ry[i]:=y[i];
           END;

END;    (* von CASE *)

                END;   (* Schleife *)

(* Rücksprung nach Werte < 0 bei der Rückführung *)
```

```
IF f2=1 THEN BEGIN
                WRITELN; WRITELN;
                WRITELN (' Falsche Eingabe !  Bitte korrigieren Sie
                        !');
                WRITELN; WRITELN (' Fortsetzung des Programmablaufs
                                 durch beliebige Taste');

                REPEAT UNTIL KEYPRESSED;
                GOTO 4;
            END;

(* Berechnung der einzelnen Summen *)

i:=1; s1:=0; s2:=0; s3:=0; s4:=0;

FOR i:=1 TO am DO
                BEGIN
    s1:=s1+rx[i]*ry[i];
    s2:=s2+rx[i];
    s3:=s3+ry[i];
    s4:=s4+sqr(rx[i]);
                END;

(* Berechnung der Werte für a und b *)

b:=(am*s1-s2*s3)/(am*s4-s2*s2);
a:=(s3-b*s2)/am;

(* Ausgabeteil mit Tabelle *)

CLRSCR; WRITELN; WRITELN;
WRITELN ('            Messung       x-Wert       y-Wert');
WRITELN ('            --------------------------------');
i:=1;

FOR i:= 1 TO am DO
                BEGIN
       WRITELN ('              ',i,'              ',x[i]:5:2,'
              ',y[i]:5:2);
                END;

WRITELN; WRITELN;

(* Fehlerabfrage *)

WRITE (' Sind alle Eingaben korrekt (j/n) ? ');
READLN (t);
```

```
IF (t='n') OR (t='N') THEN
                         BEGIN
   WRITELN;
   WRITE (' Wieviele Messwerte sind falsch ? ');
   READLN (fm);

   FOR I:=1 TO fm DO
                     BEGIN
      WRITELN;
      WRITE (' Welcher Meßwert ist falsch ? ');
      READLN (k); WRITELN;
      WRITE ('   Neueingabe ',k,'. X-Wert: ');
      READLN (x[k]);
      WRITE ('   Neueingabe ',k,'. Y-Wert: ');
      READLN (y[k]);
                     END;

 GOTO 5;
                         END;

      WRITELN; WRITELN;

      CASE f1 OF

              1: BEGIN
           WRITELN (' Die Geradengleichung der linearen Regression lautet
                 :');
           WRITELN;
           WRITE (' y = ',b:5:2,' * x + (',a:5:2,')');
           WRITELN;
                END;

              2: BEGIN
           a:=exp(a);
           WRITELN (' Die Gleichung der exponentiellen Regression lautet :');
           WRITELN;
           WRITE (' y = ',a:5:2,' * exp(',b:5:2,'x)');
           WRITELN;
                END;

              3: BEGIN
           WRITELN (' Die Gleichung der logarithmischen Regression lautet
                 :');
           WRITELN;
           WRITE (' y = ',b:5:2,' * ln(x) + (',a:5:2,')');
           WRITELN;
                END;
```

```
        END;   (* von CASE *)

        (* Verabschiedung *)

        WRITELN; WRITELN;
        WRITE (' Noch ein Durchgang  (j/n) ? ');
        READLN (t);
        WRITELN; WRITELN;

        IF (t='j') OR (t='J') THEN GOTO 4;

        WRITELN (' Programmende.');

END.
```

5.4.2 Multilineare Regression (MULTI.PAS)

Programm MULTI.PAS

```
(*Programm für multilinare Regression*)

uses
  Crt;

var
x,b,c:array [1..100,1..5] of real;
y,a,z:array [1..100] of real;
D,e,f,g,h,k,l,o,p:real;
i,j,n,m: byte;
t: char;

label
5,12,6;

(*Benutzerhinweise*)
   begin
  12:begin
      clrscr;
      writeln('
*******************************************************************');
  writeln(' *   Dieses Programm liefert Ihnen eine multilineare Regression   * ');
  writeln(' *   Ich empfehle Ihnen, sich zuerst mathematisch fit zu        *');
  writeln(' *   machen!                                                     *');
  writeln(' *                                                               *');
  writeln(' *   Die Eingabe läuft wie folgt ab.                             *');
  writeln(' *   Als erstes frage ich Sie die Anzahl der Einflußgrößen ab    * ');
```

```
  writeln(' *   (2 od.3 ). Dann die Anzahl der Messungen, die Sie durch-     *');
  writeln(' *   geführt haben.                                               * ');
  writeln(' *                                                                *');
  writeln(' *   Bitte geben Sie genau das ein, was ich Sie frage. Ansonsten  * ');
  writeln(' *   übernehme ich keine Gewähr für die Richtigkeit des Ergeb-    *');
  writeln(' *   nisses!! Gell?!                                              *');
  writeln(' ******************************************************************');
     end;

(* Einlesen der Werte *)

   writeln;
   writeln;
   write('  Bitte geben Sie die Anzahl der Einflußgrößen ein: ');
   readln(m);

case m of

 1:begin
     writeln;
     writeln('                                                               ');
     writeln('   Benutzen Sie bitte ein Programm für die lineare Regression. ');
     writeln('                                                               ');
     readln;
     goto 12;
   end;

 2:begin
     writeln('    Ihre Eingabe war richtig.');
   end;

 3:begin
     writeln('    Ihre Eingabe war richtig.');
   end;

 else
   begin
     writeln;
writeln('                                                            ');
writeln('    Das ist mir zu kompliziert. Bitte geben Sie 2 oder 3 ein!  ');
writeln('                                                            ');
readln;
goto 12
end;
end;
```

```
5:begin
    writeln;
    writeln;
    write('  Bitte Anzahl der Messungen eingeben: ');
    readln(n);
   end;

 if n < m then
        begin
          writeln;
          writeln('                              ');
          writeln('    Zu wenig Meßreihen        ');
          writeln('                              ');
          goto 5
        end

 else
     clrscr;
       for i:=1 to n do
       begin
         for j:=1 to m+1 do
         begin
           x[i,j]:=0;  y[i]:=0;
         end;
       end;

 for i:=1 to n do
 begin
   for j:=1 to m do
     begin
       write('  x[',i,',',j,']= ');
       read(x[i,j]);
       end;
       write('  y[',i,']= ');
       read(y[i]);
       writeln;
     end;

 clrscr;
 writeln;writeln;
      writeln('      y- Wert  x1- Wert  x2- Wert   x3-Wert');
 for i:=1 to n do
    begin
           writeln('       ',y[i]:5:2,'          ',x[i,1]:5:2,'        ',x[i,2]:5:2,'
',x[i,3]:9:2);
    end;
```

```
readln;
writeln;
writeln('Wollen sie noch Korrekturen vornehmen ? j/n : ');
readln(t);
if t='j'then

6: begin
     writeln('Geben Sie gewünschten x-Wert ein !  x[i,j] ');
     write('x[');read(i);write(',');read(j);write(']');
     writeln('  Korrektur von x[',i,',',j,']= ');
     read(x[i,j]);
     writeln;
     writeln('Korrektur eines y-Wertes ! y[i] ');
     write('y[');read(i);write(']');
     writeln('  Korrektur von y[',i,']= ');
     read(y[i]);
     writeln;writeln;
     write('Wollen Sie weitere Korrekturen vornehmen ? j/n : ');
     readln(t);
     if t='j'then goto 6
  end;
 clrscr;
 writeln;writeln;
      writeln('     y- Wert  x1- Wert  x2- Wert   x3-Wert');
 for i:=1 to n do
    begin
          writeln('       ',y[i]:5:2,'          ',x[i,1]:5:2,'         ',x[i,2]:5:2,'
',x[i,3]:9:2);
    end;

readln;
for i:=1 to n+1 do
begin
  for j:=1 to m+1 do
     begin
       b[i,j]:=0;  z[i]:=0; a[i]:=0; c[i,j]:=0;
     end;
end;
  if m = 3 then
    begin
          for i:=1 to n do
          begin
            b[1,1]:=b[1,1] + x[i,1]*x[i,1];
            b[1,2]:=b[1,2] + x[i,2]*x[i,1];
            b[1,3]:=b[1,3] + x[i,3]*x[i,1];
            b[2,1]:=b[2,1] + x[i,1]*x[i,2];
            b[2,2]:=b[2,2] + x[i,2]*x[i,2];
            b[2,3]:=b[2,3] + x[i,3]*x[i,2];
```

```
            b[3,1]:=b[3,1] + x[i,1]*x[i,3];
            b[3,2]:=b[3,2] + x[i,2]*x[i,3];
            b[3,3]:=b[3,3] + x[i,3]*x[i,3];

            z[1]:=z[1] + y[i]*x[i,1];
            z[2]:=z[2] + y[i]*x[i,2];
            z[3]:=z[3] + y[i]*x[i,3];
          end;
(*Berechnung der Determinante D*)
      D:=0;g:=0;h:=0;
      g:= b[1,1]*b[2,2]*b[3,3];
      h:= b[1,2]*b[2,3]*b[3,1];
      k:= b[1,3]*b[2,1]*b[3,2];
      l:= b[1,2]*b[2,1]*b[3,3];
      o:= b[1,1]*b[2,3]*b[3,2];
      p:= b[1,3]*b[2,2]*b[3,1];
      D:= g+h+k-l-o-p;
    end
else
     begin
        for i:=1 to n do
        begin
          b[1,1]:=b[1,1] + x[i,1]*x[i,1];
          b[1,2]:=b[1,2] + x[i,2]*x[i,1];
          b[2,1]:=b[2,1] + x[i,1]*x[i,2];
          b[2,2]:=b[2,2] + x[i,2]*x[i,2];

          z[1]:=z[1] + y[i]*x[i,1];
          z[2]:=z[2] + y[i]*x[i,2];
        end;
        begin
(*Berechnung der Determinante D*)
            D:=0;e:=0;f:=0;
            e:= b[1,1]*b[2,2];
            f:= b[2,1]*b[1,2];
            D:=e - f;
        end;
end;
      clrscr;
      writeln;writeln;
        for i:=1 to n do
         begin
            for j:=1 to m do
            begin
               writeln('      b ',i,',',j,' = ',b[i,j]:9:2);
            end;
         end;
         readln;
```

```
if D=0 then
begin
   writeln;
   writeln('                                                                   ');
   writeln('   Die Determinante ist gleich Null. Versuchen Sie es nochmal,    ');
   writeln('   indem Sie eine neue Messung aufnehmen oder eine Meßreihe       ');
   writeln('   weglassen.                                                     ');
   writeln('                                                                   ');
   goto 5
end
else
   begin
(*Berechnung der inversen Matrix*)
      if m=3 then
      begin
        c[1,1]:=  (b[1,1]*b[3,3])/D- (b[2,3]*b[3,2])/D;
        c[1,2]:= -((b[2,1]*b[3,3])/D-(b[2,3]*b[3,1])/D);
        c[1,3]:=  (b[2,1]*b[3,2])/D- (b[2,2]*b[3,1])/D;
        c[2,1]:= -((b[1,2]*b[3,3])/D-(b[1,3]*b[3,2])/D);
        c[2,2]:=  (b[1,1]*b[3,3])/D- (b[1,3]*b[3,1])/D;
        c[2,3]:= -((b[1,1]*b[3,2])/D-(b[1,2]*b[3,1])/D);
        c[3,1]:=  (b[1,2]*b[2,3])/D- (b[1,3]*b[2,2])/D;
        c[3,2]:= -((b[1,1]*b[2,3])/D-(b[1,3]*b[2,1])/D);
        c[3,3]:=  (b[1,1]*b[2,2])/D- (b[1,2]*b[2,1])/D;
      end
      else
       begin
         c[1,1]:= b[2,2]/D;
         c[1,2]:=-b[1,2]/D;
         c[2,1]:=-b[2,1]/D;
         c[2,2]:= b[1,1]/D;
       end;
      a[1]:= z[1]*c[1,1]+z[2]*c[1,2]+z[3]*c[1,3];
      a[2]:= z[1]*c[2,1]+z[2]*c[2,2]+z[3]*c[2,3];
      a[3]:= z[1]*c[3,1]+z[2]*c[3,2]+z[3]*c[3,3];
  end;
```

```
(*Ausgabeteil*)
 clrscr;
 writeln;
 writeln;
 writeln;
 writeln('                                                                      ');
 writeln('      Determinante D = ',D:10:3,'                                     ');
 writeln('                                                                      ');
 writeln('                                                                      ');
 writeln('   Als Gleichung für die multilineare Regression ergibt sich:        ');
 writeln('                                                                      ');
 writeln('   y = ',a[1]:12:4,' *x1 + ',a[2]:12:4,' *x2 + ',a[3]:12:4,' *x3     ');
 writeln('   ============================================================      ');
 writeln('                                                                      ');
 writeln;
   writeln;
   write(' Noch ein Durchgang ? J/N  : ');
   readln(t);
   if t = 'n' then
      begin
        writeln;
        writeln('Ich danke Ihnen für Ihre Aufmerksamkeit und verabschiede mich.');
      end
   else
      goto 12;
end.
```

Anhang

A 1 Operatoren

A 1.1 Vergleichsoperatoren

Operator	Bedeutung
>	größer
> =	größer gleich
<	kleiner
< =	kleiner gleich
< >	ungleich
=	gleich

A 1.2 Arithmetische Operationen

Operator	Wirkung	Beispiel	Typ
+	Addition	6 + 3 = 9	Integer/Real
–	Subtraktion	6 – 3 = 3	Integer/Real
*	Multiplikation	6 * 3 = 18	Integer/Real
/	Division	6/3 = 2	Real
div	ganzzahlige Division	6 div 4 = 1	Integer
mod	Rest der ganzzahligen Division	6 mod 4 = 2	Integer

A 1.3 Logische Operatoren

Operator	Wirkung
and	sowohl als auch
not	Verneinung
or	inklusives ODER
xor	exklusiver ODER
* in	Prüfung auf Mengenzugehörigkeit

*A 1.4 Adreß-Operatoren

Operator	Wirkung
@	Rückgabe der Adresse des Bezeichners
∧	Rückgabe des Inhalts der Speicherzelle

* Ab Turbo Pascal 4.0

A 1.5 Mathematische Funktionen

Funktion	Bedeutung	Beispiel	Ergebnis
Trigonometrische Funktionen			
arctan	Winkel des Tangens im Bogenmaß	arctan (π)	9 (Real)
cos	Cosinus des Winkels im Bogenmaß	cos (π)	– 1 (Real)
sin	Sinus des Winkels im Bogenmaß	sin (π)/2)	1 (Real)
Arithmetische Funktionen			
exp	e hoch	exp (3)	20.085537
ln	Natürlicher Logarithmus	ln (3)	1.098612
odd	ungerade Zahl	odd (3)	wahr
pi	Zahl pi		3.14159 ..
pred	Vorgänger des Ausdrucks		
sqr	Quadrat	sqr (3.5)	12.25
sqrt	Quadratwurzel	sqrt (9)	3
succ	Nachfolger des Ausdrucks		
Umwandlungsfunktionen			
abs	Absolutwert	abs (– 3)	3
chr	Zeichen der ASCII-Code-Nummer	chr (64)	@
frac	Nachkommateil	frac (2.443)	0.443
int	ganzzahliger Teil als Real-Zahl	int (2.443)	2.000
round	kaufmännisches Runden	round (3.56)	4.00
ord	Codenummer eines ASCII-Zeichens	ord ('A')	65
trunc	Ganzzahliger Teil	truc (3.56)	3.00
Bit-Verschiebungs-Funktionen			
SHL	Anzahl Bits nach links verschieben		
SHR	Anzahl Bits nach rechts verschieben		

Beispiel für SHR und SHL

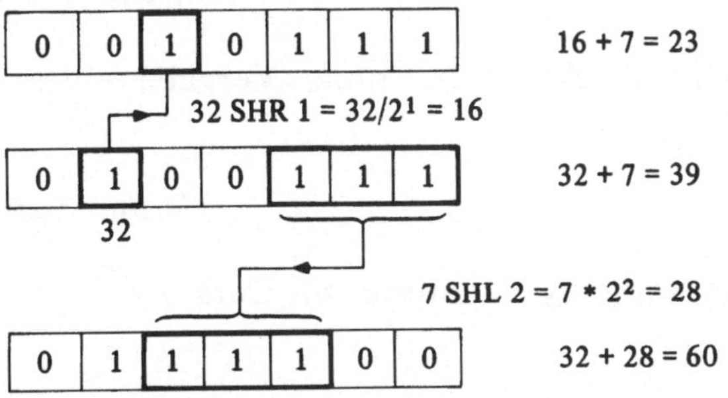

0	0	1	0	1	1	1	$16 + 7 = 23$

$32 \text{ SHR } 1 = 32/2^1 = 16$

0	1	0	0	1	1	1	$32 + 7 = 39$

32

$7 \text{ SHL } 2 = 7 * 2^2 = 28$

0	1	1	1	1	0	0	$32 + 28 = 60$

A 2 Alphabetische Reihenfolge der Befehle

Abs(<Ausdruck>) *mathematische Funktion*
Version 3, 4, 5
Absolutwert (Betrag) eines Ausdrucks.

ABSOLUTE *Datentyp*
Version 3, 4, 5
Absolute Speicheradresse einer Variablen.

Addr(<Ausdruck>) *Speicher-Operation*
Version 3, 4, 5
Liefert die absolute Adresse eines Ausdrucks.

<Ausdruck> **AND** <Ausdruck> *logischer Operator*
Version 3, 4, 5
Logische Verknüpfung UND (sowohl als auch).

Append *Datei-Funktion*
Version 3, 4, 5
Anhängen weiterer Datensätze in einer Datei.

ArcTan *mathematische Funktion*
Version 3, 4, 5
Bogenmaß für den Tangens eines Winkels.

ARRAY[<Index>**] OF** <Datentyp> *Datentyp*
Version 3, 4, 5
Variablen vom Datentyp ARRAY (Feld mit gleichen Datentypen).

Assign(<Dateivariable>**)** *Datei-Funktion*
Version 3, 4, 5
Zuordnen des Dateinamens (Namen der extern physikalisch gespeicherten Datei) einer Dateivariablen (logischer Name der Datei im Programm).

AssignCrt(<Text-Dateivariable>**)** *Bildschirm-Funktion*
Version 4, 5
Die Text-Dateivariable wird direkt, d. h. ohne Vergabe eines Dateinamens, mit dem Bildschirm verbunden.

Aux *Geräte-Zuordnung*
Version 3, 4, 5
Übergabe an einen seriellen Ausgang (identisch mit Com1).

Bdos,BdosHL(<Anweisungsnummer>,<Parameter>) *Speicher-Operation*
Version 3
Aufrufen der Funktionen im CP/M-80 bzw. CP/M-86 Disk-Operating-System. Bei BdosHL werden die Register H und L als Ergebnis gemeldet.

BEGIN <Anweisungen> **END** *Anweisung*
Version 3, 4, 5
Block von Anweisungen markieren.

Bios,BiosHL(<Anweisungsnummer>,<Parameter>) *Speicher-Operation*
Version 3
Aufrufen der Funktionen im CP/M-80 bzw. CP/M-86 BASIC-Input-Output-System. Bei BiosHL werden die Register H und L als Ergebnis gemeldet.

BlockRead(<Dateivariable>,<Datenvariable>,<Datensatzanzahl>, <Rückmeldung>) *Datei-Funktion*
Version 3, 4, 5
Datensatz wird aus der Datei gelesen.

BlockWrite(<Dateivariable>,<Datenvariable>,<Datensatzanzahl>, <Rückmeldung>) *Datei-Funktion*
Version 3, 4, 5
Datensatz wird in die Datei geschrieben.

BOOLEAN *Datentyp*
Version 3, 4, 5
Variable vom Datentyp BOOLEAN (wahr oder falsch).

BufLen *Variablen-Festlegung*
Version 3, 4, 5
Maximalzahl der zu übergebenden Zeichen beim Lesen.

BYTE *Datentyp*
Version 3, 4, 5
Variable vom Datentyp BYTE (ganze Zahl von 0 bis 255).

CASE..OF..ELSE..END *Anweisung*
Version 3, 4, 5
Auswahl einer Alternative aus mehreren mit Fehlerausgang.

CBreak *Bildschirm-Funktion*
Version 3
Prüfung, ob bei <Ctrl> <Break> abgebrochen wird. (Standardeinstellung: CBreak = wahr, d. h. Abbruch).

Chain(<Dateivariable>) *Datei-Funktion*
Version 3
Ausführen von Programmen, die als .CHN-Datei abgelegt wurden.

CHAR *Datentyp*
Version 3, 4, 5
Variable vom Datentyp CHAR (ein Zeichen).

ChDir(<Pfadname>) *Datei-Funktion*
Version 3, 4, 5
Wechseln in das genannte Unterverzeichnis (wie MS-DOS-Befehl change directory: cd).

Chr(<ASCII-Codenummer>) *Umwandlungs-Funktion*
Version 3, 4, 5
Der ASCII-Codenummer wird das entsprechende Zeichen zugeordnet.

CheckBreak *Bildschirm-Funktion*
Version 4, 5
Entspricht CBreak in Turbo Pascal 3. Prüfung, ob bei <Ctrl> <Break> abgebrochen wird. (Standardeinstellung: CheckBreak = wahr, d. h. Abbruch).

CheckEoF *Bildschirm-Funktion*
Version 4, 5
Durch Eingabe von <Ctrl> <Z> wird keine Markierung des Dateiendes (EOF) gesetzt.

CheckSnow *Bildschirm-Funktion*
Version 4, 5
Überwachen der Prüfroutine beim Schreiben in den Bildschirmspeicher (DirectVideo:=false ist Voraussetzung).

Close(<Dateivariable>) *Datei-Funktion*
Version 3, 4, 5
Schließen einer externen Datei.

ClrEol *Bildschirm-Funktion*
Version 3, 4, 5
Bis Zeilenende löschen.

ClrScr *Bildschirm-Funktion*
Version 3, 4, 5
Bildschirm löschen.

COMP *Datentyp*
Version 4, 5
Dezimalzahl mit 8 Byte und 18 bis 19 Stellen.

Compile *Hauptmenü-Funktion*
Version 3, 4, 5
Compilieren (Übersetzen in den Objektcode) eines Programms.

Con *Geräte-Zuordnung*
Version 3, 4, 5
Textdatei wird der Konsole zugeordnet.

Concat(<String1,String2,...>far *Zeichenketten-Funktion*
Version 3, 4, 5
Verketten von Zeichenketten (Strings).

CONST *Vereinbarungs-Funktion*
Version 3, 4, 5
Vereinbarung einer Variable als Konstante.

Copy(<Zielstring>,<Position>,<Zeichenzahl>) *Zeichenketten-Funktion*
Version 3, 4, 5
Kopieren von Zeichenketten.

Cos(<Ausdruck>) *mathematische Funktion*
Version 3, 4, 5
Kosinus eines Winkelausdrucks im Bogenmaß.

Crt *Standard-Programmbibliothek (UNIT)*
Version 4, 5
Diese Standard-Programmbibliothek stellt alle Bildschirm-Funktionen zur Ein- und Ausgabe zur Verfügung. Wird mit USES in das Hauptprogramm eingebunden.

CrtExit *Bildschirm-Funktion*
Version 3
Rücksetzen des Bildschirms.

CrtInit *Bildschirm-Funktion*
Version 3
Initialisieren des Bildschirms.

CSeg,DSeg,SSeg *Speicher-Operation*
Version 3
Adresse des Code- (c), Daten- (d) und Stacksegments (s). Ergebnis ist vom Datentyp INTEGER (ganze Zahl von 2 Byte mit Vorzeichen).

CSeg,DSeg,SSeg *Speicher-Operation*
Version 4, 5
Adresse des Code- (c), Daten- (d) und Stacksegments (s). Ergebnis ist vom Datentyp WORD (ganze Zahl von 2 Byte ohne Vorzeichen).

Dec(<x>,<n>) *mathematische Funktion*
Version 4, 5
Die Variable x wird um n vermindert.

Delay(<Millisekunden>) *Anzeige-Funktion*
Version 3, 4, 5
Verzögern von Anzeigen (oder Tönen) um eine Anzahl Millisekunden.

Delete(<String>,<Position>,Zeichenanzahl>) *Zeichenketten-Funktion*
Version 3, 4, 5
Löschen einer Anzahl Zeichen aus einer Zeichenkette ab einer Position.

DelLine *Bildschirm-Funktion*
Version 3, 4, 5
Zeile beim aktuellen Cursorstand löschen.

DirectVideo *Bildschirm-Funktion*
Version 4, 5
Direktes Schreiben in den Bildschirm (mit Write oder Writeln).

DiskFree(<Laufwerknummer>) *DOS-Funktion*
Version 4, 5
Angabe des freien Speicherplatzes auf einem Laufwerk überprüfen.

DiskSize(<Laufwerknummer>) *DOS-Funktion*
Version 4, 5
Angabe des gesamten Speicherplatzes auf einem Laufwerk.

Dispose(<Zeigervariable>) *Heap-Funktion*
Version 3, 4, 5
Freigabe des Speicherplatzes einer Zeigervariablen.

DIV *mathematische Funktion*
Version 3, 4, 5
Division zweier ganzer Zahlen. Ergebnis ist ganzzahlig.

Dos *Standard-Programmbibliothek (UNIT)*
Version 4, 5
Diese Standard-Programmbibliothek stellt die Schnittstelle zum Betriebssystem DOS her. Sie wird mit USES in das Hauptprogramm eingebunden.

DosError *DOS-Funktion*
Version 4, 5
Übergabe von Fehlercodes an die Standard-Unit Dos.

DosExitCode *DOS-Funktion*
Version 4, 5
Ende eines Unterprogramms.

DosVersion *DOS-Funktion*
Version 5
Ausgabe der DOS-Versionsnummer als ganze Zahl (Datentyp: WORD).

DOUBLE *Datentyp*
Version 4, 5
Dezimalzahl mit 8 Byte und 15 bis 16 Stellen.

Edit *Hauptmenü-Funktion*
Version 3, 4, 5
Aufrufen des Editors zum Erfassen der Programme.

EnvCount *DOS-Funktion*
Version 5
Ausgabe der Anzahl der Einträge in der Tabelle *Environment*, die jedem DOS-Programm automatisch vorangestellt ist (Datentyp: INTEGER).

EnvStr(<Index>) *DOS-Funktion*
Version 5
Ausgabe der Einträge in der Tabelle *Environment* (Datentyp: STRING).

EOF(<Dateivariable>) *Datei-Funktion*
Version 3, 4, 5
Ermitteln des Dateiendes (end of file).

EoLn(<Dateivariable>) *Datei-Funktion*
Version 3, 4, 5
Ermitteln des Zeilenendes (end of line).

Erase(<Dateivariable>) *Datei-Funktion*
Version 3, 4, 5
Löschen einer Datei.

Exec(<Pfad>,<Parameter>) *Anweisung*
Version 4, 5
Starten und Ausführen eines Programms innerhalb eines anderen.

Execute(<Dateivariable>) *Datei-Funktion*
Version 3
Ausführen einer .COM-Datei.

EXIT *Anweisung*
Version 3, 4, 5
Abbrechen einer Anweisung (z. B. Verlassen einer Schleife).

ExitProc *Datei-Funktion*
Version 4, 5
Aufrufen einer globalen Zeigervariablen beim Programmende.

Exp(<Ausdruck>) *mathematische Funktion*
Version 3, 4, 5
Berechnen des Wertes "e hoch".

EXTENDED *Datentyp*
Version 4, 5
Dezimalzahl mit 10 Byte und 19 bis 20 Stellen.

External *Datei-Funktion*
Version 3, 4, 5
Einfügen eines in Maschinensprache geschriebenes Unterprogramms.

False *Konstante*
Version 3, 4, 5
Der Wert eines Booleschen Ausdrucks ist falsch.

FExpand(<Path>) *DOS-Funktion*
Version 5
Gibt zusätzlich den aktuellen Suchweg (*path*) an (Datentyp: string[79]).

File *Hauptmenü*
Version 4, 5
Abrollmenü zur Dateiverwaltung.

FILE OF *Datenstruktur*
Version 3, 4, 5
Festlegen einer Datei aus gleichen Datensätzen (auch RECORDS).

FileMode *Datei-Funktion*
Version 4, 5
Festlegen von Zugriffsberechtigungen zum Öffnen von Dateien.

FilePos(<Dateivariable>) *Datei-Funktion*
Version 3, 4, 5
Feststellen der Position des Dateizeigers in der Datei.

FileSize(<Dateivariable>) *Datei-Funktion*
Version 3, 4, 5
Ermitteln der Dateigröße als Anzahl der gespeicherten Datensätze.

FillChar(<Zielvariable>,<Zeichenanzahl>,<Zeichen>) *Speicher-Funktion*

Version 3, 4, 5
Auffüllen einer Variable mit einer Anzahl Zeichen.

FindFirst(<Dateiname>,<Attribut>,<Ergebnis>) *DOS-Funktion*
Version 4, 5
Im Inhaltsverzeichnis nach dem ersten Eintrag des Dateinamens suchen und die Datei in Ergebnis bereitstellen.

FindNext(<Ergebnis>) *DOS-Funktion*
Version 4, 5
Fortsetzung der mit FindFirst begonnene Suche nach einem Dateinamen.

Flush(<Dateivariable>) *Datei-Funktion*
Version 3, 4, 5
Inhalt des internen Dateipuffers (RAM) auf externen Speicher ablegen.

FOR..TO (DOWNTO)..DO *Anweisung*
Version 3, 4, 5
Zählschleife ausführen.

FORWARD *Anweisung*
Version 3, 4, 5
Vereinbarung des Kopfteiles eines Unterprogramms.

Frac(<Ausdruck>) *mathematische Funktion*
Version 3, 4, 5
Angeben des Nachkommateils einer Dezimalzahl.

FreeMem(<Zeigervariable>,Bytesanzahl>) *Heap-Funktion*
Version 3, 4, 5
Freigabe des Heap-Speichers.

FreeMin *Heap-Funktion*
Version 4, 5
Einstellen des minimalen freien Speicherbereichs zwischen dem obersten Heap-Zeiger (HeapPtr) und FreeList (mindestens 500 Einträge).

FreePtr *Heap-Funktion*
Version 4, 5
Anzeige der Obergrenze des freien Speicherplatzes auf dem Heap.

FSearch(<Path>;<DirList>) *DOS-Funktion*
Version 5
Suchen des Dateieintrags im angegebenen Suchweg (Path) und in den unter DirList angegebenen Namen der Inhaltsverzeichnisse (Directory-Namen).

FSplit(<Path>,<Variable>) *DOS-Funktion*
Version 5
Ausgabe der drei Komponenten eines vollständigen Dateinamens: *Suchweg* (Laufwerksbezeichner und Suchweg mit den entsprechenden Sonderzeichen; Datentyp: STRING[67]), *Name* (Dateinamen; Datentyp: STRING[8]) und *Zusatz* (Dateizusatz mit führendem Punkt; Datentyp: STRING[4]).

FUNCTION *Anweisung*
Version 3, 4, 5
Vereinbarung eines Unterprogramms als Funktion.

GetCBreak(<Variable>) *DOS-Funktion*
Version 5
Prüft die Funktion <CTRL> <BREAK>. Nur bei Ein- und Ausgaben ist die mit Break übergebene Variable wahr (true), bei jedem Aufruf falsch (false). (Datentyp: BOOLEAN).

GetDate(<Jahr>,<Monat>,<Tag>,<Wochentag>) *DOS-Funktion*
Version 4, 5
Angabe des aktuellen Datums.

GetDir(<Laufwerk>,<Pfadvariable>) *Datei-Anweisung*
Version 3, 4, 5
Ermitteln des aktuellen Verzeichnisses im gewählten Pfad.

GetEnv(<Variable>) *DOS-Funktion*
Version 5
Lesen eines Eintrages in der DOS-Tabelle *Environment* (Datentyp: STRING)

GetFAttr(<Dateivariable>,<Attribut>) *DOS-Funktion*
Version 4, 5
Angabe der Attribute einer Datei.

GetFTime(<Dateivariable>,<Zeit>) *DOS-Funktion*
Version 4, 5
Zeitintervall zur letzten Dateiänderung angeben.

GetIntVec(<Vektornummer>,<Vektor>) *DOS-Funktion*
Version 4, 5
Ermitteln des Inhalts eines Interrupt-Vektors.

GetMem(<Zeigervariable>,Byteanzahl>) *Heap-Funktion*
Version 3, 4, 5
Reservieren von Speicherplätzen auf dem Heap.

GetVerify(<Variable>) *DOS-Funktion*
Version 5
Der Wert des gesetzten DOS-Schalters *verify* (d. h. Überprüfen der geschriebenen Diskettensektoren) wird in die angegebene Variable kopiert (Datentyp: BOOLEAN; Wahr: überprüfen; falsch: nicht überprüfen).

GOTO <LABEL> *Anweisung*
Version 3, 4, 5
Unbedingter Sprung zu einer Markierung (LABEL).

GotoXY *Bildschirm-Funktion*
Version 3, 4, 5
Cursor zu Spaltenposition (X) und Zeilenposition (Y) bewegen.

Graph *Standard-Programmbibliothek (UNIT)*
Version 4, 5
Umfaßt die Grafik-Funktionen von Turbo Pascal 4. Wird mit USES in das Hauptprogramm eingebunden.

Graph3 *Standard-Programmbibliothek (UNIT)*
Version 4, 5
Alle Grafik-Funktionen von Turbo Pascal 3. Einbinden ins Hauptprogramm durch die Anweisung: USES Crt, Graph3.

HALT(<Fehlercode>) *Anweisung*
Version 3, 4, 5
Beenden des Programms.

HeapError *Datei-Funktion*
Version 4, 5
Variable, die auf die Standard-Fehlerbehandlung zeigt, oder einen Fehleraufruf über HeapError aufruft.

HeapOrg *Heap-Funktion*
Version 4, 5
Startadresse des Heaps (Heap-Ursprung:Heap Origin).

HeapPtr *Heap-Funktion*
Version 3, 4, 5
Position des Heap-Zeigers.

Hi(<Ausdruck>) *mathematische Funktion*
Version 3, 4, 5
Bereitstellen des höherwertigen Bytes.

HighVideo *Bildschirm-Funktion*
Version 3
Einschalten der doppelten Helligkeit.

IF <Bedingung> THEN <Anweisung> ELSE <Anweisung> *Anweisung*
Version 3, 4, 5
Eine Auswahl aus 2 Möglichkeiten. Bedingte Auswahl.

IMPLEMENTATION *Anweisung*
Version 4, 5
Dritter Bestandteil (zwischen INTERFACE (Schnittstelle) und INITIALISIERUNG (Hauptprogramm)) einer Programmbibliothek (unit). Es bezeichnet den Programmcode.

<Ausdruck> IN <Set> *mathematische Funktion*
Version 3, 4, 5
Prüfung, ob der Wert des Ausdrucks in der durch Set festgelegten Menge enthalten ist.

Inc(<x>,<n>) *arithmetische Funktion*
Version 4, 5
Zur Variablen x wird der Wert n addiert.

InLine(<Assemblercode>) *Anweisung*
Version 3, 4, 5
Einfügen eines Assemblerprogramms in den Quelltext.

Insert(<Quellstring>,<Zielstring>,<Position>)
Zeichenkettenfunktion
Version 3, 4, 5
Einfügen des Quellstrings in den Zielstring ab einer Position.

InsLine *Bildschirm-Funktion*
Version 3, 4, 5
Einfügen einer Zeile vor der Cursorposition.

Int(<Ausdruck>) *mathematische Funktion*
Version 3, 4, 5
Ganzzahliger Teil eines Ausdrucks als Real-Zahl.

INTEGER *Datentyp*
Version 3, 4, 5
Variable vom Datentyp INTEGER (ganze Zahl von -32768 bis +32767).

INTERFACE *Anweisung*
Version 4, 5
Erster Bestandteil einer Programmbibliothek (unit). Definition einer Schnittstelle zu anderen Programmen.

INTERRUPT *Anweisung*
Version 4, 5
Interrupt-Prozeduren dürfen nur über Interrupt-Vektoren, nicht über einen Prozedurnamen aufgerufen werden.

Intr(<BIOS-Funktion>,<Register>) *Speicher-Operation*
Version 3
Ausführen von BIOS-Funktionen und Übergabe eines Parameters.

Intr(<Interruptnummer>,<Register>) *DOS-Funktion*
Version 4, 5
Ausführen eines Software-Interrupts.

IOResult *Datei-Funktion*
Version 3
Ausgabe eines Dateifehlers (bei 0 fehlerfrei).

IOResult *Datei-Funktion*
Version 4, 5
Ausgabe eines Dateifehlers (bei 0 fehlerfrei) nicht als Turbo-Nummern, sondern als Fehlercodes.

Kbd *Geräte-Zuordnung*
Version 3
Zuordnung der Eingabetastatur (Keyboard).

Keep *Bildschirm-Funktion*
Version 4, 5
Beenden des Programms und Rückkehr in die MS-DOS-Ebene.

KeyPressed *Bildschirm-Funktion*
Version 3, 4, 5
Prüfen, ob sich ein Zeichen im Tastaturpuffer befindet.

LABEL *Anweisung*
Version 3, 4, 5
Festlegen einer Sprungmarke im Vereinbarungsteil.

Length(<String>) *Zeichenketten-Funktion*
Version 3, 4, 5
Feststellen der Länge der Zeichenkette (Anzahl Zeichen).

Ln(<Ausdruck>) *mathematische Funktion*
Version 3, 4, 5
Natürlicher Logarithmus eines Ausdrucks.

Lo(<Ausdruck>) *Speicher-Funktion*
Version 3, 4, 5
Niederwertiges Byte (LowByte) ausgeben.

LongFilePos(<Dateivariable>) *Datei-Funktion*
Version 4, 5
Nummer des Datensatzes, an dem der Dateizeiger steht.

LongFileSize(<Dateivariable>) *Datei-Funktion*
Version 4, 5
Angeben der Anzahl der Datensätze einer geöffneten Datei.

LONGINT *Datentyp*
Version 3, 4, 5
Ganze Zahl mit 4 Byte und Vorzeichen (von - 2 147 483 648 bis + 2 147 483 647).

LongSeek(<Dateivariable>,<Datensatznummer> *Datei-Funktion*
Version 3, 4, 5
Setzen des Dateizeigers auf die angegebene Datensatznummer.

LowVideo *Bildschirm-Funktion*
Version 3, 4, 5
Normale Helligkeit des Bildschirms einstellen.

Lst *Geräte-Zuordnung*
Version 3, 4, 5
Zuordnung des Druckers als Ausgabeeinheit.

Mark(<Zeigervariable>) *Heap-Funktion*
Version 3, 4, 5
Heapzeiger wird einer Zeigervariablen zugeordnet.

MaxAvail *Heap-Funktion*
Version 3
Angabe des größten verfügbaren Speicherplatzes auf dem Heap (in 16-Bit-Einheiten).

MaxAvail *Heap-Funktion*
Version 4, 5
Angabe des größten verfügbaren Speicherplatzes auf dem Heap in Bytes.

MaxInt *mathematische Funktion*
Version 3, 4, 5
Größter ganzzahliger Wert von Typ INTEGER (32767).

MaxLongInt *mathematische Funktion*
Version 4, 5
Größter ganzzahliger Wert vom Typ LONGINT (2147483647).

Mem[<Segmentadresse>:<Offsetadresse] *Speicher-Funktion*
Version 3, 4, 5
Lesen eines Wertes in eine Speicherzelle.

MemAvail *Heap-Funktion*
Version 3
Angabe der Anzahl der freien Speicherplätze auf dem Heap (in 16-Bit-Einheiten).

MemAvail *Heap-Funktion*
Version 4, 5
Angabe der Anzahl freier Bytes auf dem Heap (von der Spitze des Heapzeigers bis einschließlich der definierten Lücken).

MemL[<Segmentadresse>:<Offsetadresse>]:= <Wert>
Speicher-Funktion
Version 4, 5
Schreiben eines Wertes vom Datentyp LONGINT in die Speicherzelle.

MemW[<Segmentadresse>:<Offsetadresse>]:= <Wert>
Speicher-Funktion
Version 3, 4, 5
Schreiben eines Wertes vom Datentyp INTEGER in die Speicherzelle.

MkDir(<Pfadname>) *Datei-Funktion*
Version 3, 4, 5
Anlegen eines Verzeichnisses (entspricht MS-DOS-Funktion make directory: **md**).

<Ausdruck1> **MOD** <Ausdruck2> *mathematische Funktion*
Version 3, 4, 5
Ganzzahliger Rest der Division des Ausdrucks1 und Ausdrucks2.

Move(<Ausgangsvariablenname>,<Zielvariablenname>,<Bytes>) *Speicher-Funktion*
Version 3, 4, 5
Verschieben der Zeichen der Ausgangsvariablen in die Zielvariable unter Angabe der zu verschiebenden Bytes.

MsDos(<Register>) *Speicher-Funktion*
Version 3, 4, 5
Aufruf von MS-DOS-Funktionen.

New(<Zeigervariable>) *Heap-Funktion*
Version 3, 4, 5
Reservieren eines Platzes für die Zeigervariable auf dem Heap.

NIL *Speicher-Funktion*
Version 3, 4, 5
Eine Zeigervariable, die auf nichts zeigt.

NormVideo *Bildschirm-Funktion*
Version 3
Umschalten auf normale Bildschirmdarstellung (Text- und Hintergrundfarbe entsprechen den Standardwerten).

NoSound *Bildschirm-Funktion*
Version 3, 4, 5
Tonausgabe ausschalten.

NOT *Logischer Operator*
Version 3, 4, 5
Logisch NEIN (Verneinung).

Nul *Datei-Funktion*
Version 4, 5
Leere Datei. Weder Schreiben noch Lesen erlaubt (liefert bei Leseversuchen das Zeichen EOF für Ende der Datei).

Odd(<Ausdruck>) *mathematische Funktion*
Version 3, 4, 5
Wahr (true) für ungeraden INTEGER-Ausdruck; falsch (false) für geraden INTEGER-Ausdruck.

Ofs(<Ausdruck>) *Speicher-Funktion*
Version 3, 4, 5
Ermittlung des Wertes des Offsets einer Variablen, einer Prozedur oder einer Funktion.

Options *Hauptmenü-Funktion*
Version 3, 4, 5
Wahl von Optionen (Compiler, Environment, Directories, Parameters, Load options und Save options) im Hauptmenü.

OR *logischer Operator*
Version 3, 4, 5
Inklusives ODER.

Ord(<Ausdruck>) *Datei-Funktion*
Version 3, 4, 5
Ermittelt den **Ord**inalwert eines ASCII-Zeichens oder eines SET-Inhaltes.

OVERLAY *Datei-Funktion*
Version 3
Erzeugen von Overlays.

OvrClearBuf *Overlay-Funktion*
Version 5
Löschen aller im Augenblick geladenen Overlay-Units.

OvrDrive(<Laufwerk>) *Datei-Funktion*
Version 3
Wahl des Laufwerks, in dem sich die Overlays befinden.

OvrGetBuf *Overlay-Funktion*
Version 5
Angabe der aktuellen Größe des Overlay-Puffers in Byte.

OvrInit(<Variable>) *Overlay-Funktion*
Version 5
Initialisierung der Overlay-Verwaltung und eröffnen der .OVR-Datei des Programms. (Datentyp: STRING).

OvrInitEMS *Overlay-Funktion*
Version 5
Prüfen, ob eine Speichererweiterung (EMS-Karte) vorhanden ist und genügend Platz für eine Overlay-Datei vorhanden ist. Wenn ja, wird die Overlay-Datei in die EMS-Karte geladen und weitere Disketten-Zugriffe entfallen. Sonst wird das normale Overlay-Konzept durchgeführt.

OvrPath(<Pfadname>) *Datei-Funktion*
Version 3
Wahl des Unterverzeichnisses, auf dem sich die Overlays befinden.

OvrSetBuf(<Variable>) *Overlay-Funktion*
Version 5
Festlegen der Größe eines Overlay-Puffers. Die Variable gibt die Anzahl Bytes an. Die minimale Größe wird durch die größte Overlay-Datei bestimmt; die maximale Größe durch die augenblickliche Puffergröße plus dem freien Heap-Platz.

PackTime *Datei-Funktion*
Version 4, 5
Umwandlung eines Records des Datentyps DateTime in einen "gepackten" Datentyp LONGINT für die Verwendung bei SetFTime.

ParamCount *Speicher-Funktion*
Version 3, 4, 5
Eingabe der Anzahl der Parameter, die nach einem MS-DOS-Befehl eingegeben werden.

ParamStr(<Parameternummer>) *Speicher-Funktion*
Version 3, 4, 5
Eingeben der Nummer des Parameters, der als String verarbeitet werden soll.

Pi *Mathematische Funktion*
Version 3, 4, 5
Pi hat den Wert 3.141592653589793285.

Port[<Adresse>] *Geräte-Funktion*
Version 3, 4, 5
Einlesen eines Wertes in einen Port.

PortW[<Adresse>]:=<Wert> *Geräte-Funktion*
Version 3, 4, 5
Schreiben eines Wertes (Byte) in einen Port.

Pos(<Suchstring>,<Ausgangsstring>) *Zeichenketten-Funktion*
Version 3, 4, 5
Suchen einer eingegebenen Zeichenfolge in einem Ausgangsstring. Die Position wird ausgegeben.

Pred(<Ausdruck>) *mathematische Funktion*
Version 3, 4, 5
Ermitteln des Vorgängers (predecessor) eines Ausdrucks.

PrefixSeg *Datei-Funktion*
Version 4, 5
Variable, die die Segmentadresse des Programmsegment-Präfix (PSP) speichert. Dies ist für Pascal-Programme wichtig, die als .EXE-Dateien gespeichert wurden und in MS-DOS geladen werden.

Printer *Standard-Programmbibliothek (UNIT)*
Version 4, 5
Diese Programmbibliothek (unit) unterstützt die Druckausgabe (Vereinbarung einer Textdateivariablen Lst und Zuordnen zum Rechnerausgang Lpt1). Die Einheit (unit) printer ist mit dem Befehl USES aufzurufen.

PROCEDURE *Anweisung*
Version 3, 4, 5
Definition eines Unterprogramms.

Ptr(<Segment>,<Offset>) *Speicher-Funktion*
Version 3, 4, 5
Umwandeln der Angabe für Segment und Offset in einen Zeiger.

Random(<Ausdruck>) *mathematische Funktion*
Version 3, 4, 5
Ermitteln einer Zufallszahl zwischen 0 und Ausdruck.

Randomize *Speicher-Funktion*
Version 3, 4, 5
Starten des Zufallszahlengenerators mit Systemdatum und -zeit.

READ(<Variable>) *Anweisung*
Version 3, 4, 5
Einlesen von Variablen oder Datensätzen.

ReadKey *Anweisung*
Version 4, 5
Anweisung zur direkten Abfrage der Tastatur.

READLN(<Variable>) *Anweisung*
Version 3, 4, 5
Einlesen von Variablen oder Datensätzen und Zeilenvorschub.

REAL *Datentyp*
Version 3, 4, 5
Variable vom Datentyp REAL (Dezimalzahl).

RECORD *Datentyp*
Version 3, 4, 5
Definition eines Datensatzes (RECORD).

Release(<Zeigervariable>) *Heap-Funktion*
Version 3, 4, 5
Freigeben des Speicherplatzes für die Zeigervariable im Heap.

Rename(<alte Dateivariable>,<neue Dateivariable>) *Datei-Funktion*
Version 3, 4, 5
Änderung des Namens von Dateivariablen.

REPEAT <Anweisung> UNTIL <Bedingung> *Anweisung*
Version 3, 4, 5
Nicht abweisende Schleife.

Reset(<Dateivariable>) *Datei-Funktion*
Version 3, 4, 5
Öffnen einer Datei zum Lesen. Der Dateizeiger zeigt auf den ersten Datensatz.

RestoreCrt *Bildschirm-Funktion*
Version 4, 5
Einstellen des aktiven Video-Modus beim Programmstart.

Rewrite(<Dateivariable>) *Datei-Funktion*
Version 3, 4, 5
Anlegen einer neuen Datei zum Schreiben. Eine bereits existierende Datei mit dem Namen der Dateivariablen wird gelöscht.

RmDir(<Pfadname>) *Datei-Funktion*
Version 3, 4, 5
Löschen des angegebenen Unterverzeichnisses (muß leer sein).

Round(<Ausdruck>) *mathematische Funktion*
Version 3, 4, 5
Kaufmännisches Runden einer Dezimalzahl.

Run *Hauptmenü*
Version 3, 4, 5
Starten eines Programmes.

RunError[<Fehlercode>] *Anweisung*
Version 5
Ausgabe eines Laufzeitfehlers, der das Programm definiert abbricht. Ist der INTEGER-Ausdruck *Fehlercode* angegeben, dann wird die entsprechende Fehlernummer ausgegeben.

Seek(<Dateivariable>, <Satznummer>) *Datei-Funktion*
Version 3, 4, 5
Dateizeiger wird auf die Satznummer positioniert (erster Datensatz besitzt die Satznummer 0).

SeekEOF(<Dateivariable>) *Datei-Funktion*
Version 3, 4, 5
Suchen (**seek**) des Dateiendes (**E**nd **O**f **F**ile). Wenn es gefunden ist, wird true (wahr) ausgegeben. Beim Suchvorgang werden Leerzeichen, Tabulatoren und die Zeilenendemarkierung übersprungen.

SeekEOL(<Dateivariable>) *Datei-Funktion*
Version 3, 4, 5
Suchen (**seek**) des Zeilenendes (**E**nd **O**f **L**ine). Wenn es gefunden ist, wird true (wahr) ausgegeben. Beim Suchvorgang werden Leerzeichen und Tabulatoren übersprungen.

Seg(<Ausdruck>) *Speicher-Funktion*
Version 3, 4, 5
Ermitteln des Segments eines Ausdrucks.

SET OF *Datentyp*
Version 3, 4, 5
Bezeichnet eine Untermenge (set) einer Variablen.

SetCBreak(<Ausdruck>) *DOS-Funktion*
Version 5
Festlegen, bei welchen Operationen DOS prüft, ob <CTRL> <BREAK> gedrückt wurde. (Datentyp: BOOLEAN).
Wahr (true): Jeder Funktionsaufruf.
Falsch (false): Nur bei Ein- und Ausgabefunktionen.

SetDate(<Jahr>,<Monat>,<Tag>,<Wochentag>) *Datei-Funktion*
Version 4, 5
Das Datum des Betriebssystems MS-DOS setzen.

SetFAttr(<Dateivariabel>,<Attribut>) *Datei-Funktion*
Version 4, 5
Setzen der Attribute einer Dateivariablen.

SetFTime(<Dateivariable>,<Zeit>) *Datei-Funktion*
Version 4, 5
Setzen des Datums und der Uhrzeit der letzten Dateiänderung (s. GetFTime).

SetIntVec(<Vektornummer>,<Vektor>) *DOS-Funktion*
Version 4, 5
Der Interrupt-Vektor wird auf eine bestimmte Adresse gesetzt (s. GetIntVec). Dieser Vektor kann erzeugt werden durch den Adreß-Operator @, über Addr oder über Ptr.

SetTextBuf(<Textdateivariable>,<Puffer>,<Block>) *Datei-Funktion*
Version 4, 5
Einen Puffer für eine Textdatei anlegen (Standard: 128 Byte). Bei Angabe des Blocks wird nur der entsprechende Teil des Puffers angelegt.

SetTime *DOS-Funktion*
Version 4, 5
Setzen der Systemzeit.

SetVerify(<Ausdruck>) *DOS-Funktion*
Version 5
Festlegen der Prüfung der geschriebenen Diskettenektoren durch den DOS-Schlater *verify*. (Datentyp: BOOLEAN).
Wahr (true): Überprüfung findet statt.
Falsch (false): Überprüfung findet nicht statt.

SHL *Logischer Operator*
Version 3, 4, 5
Verschieben (shift) der angegebenen Bits um eine bestimmte Bitzahl nach links.

Version 4, 5
SHORTINT *Datentyp*
Ganze Zahl von 1 Byte mit Vorzeichen (-128 bis +127).

SHR *Logischer Operator*
Version 3, 4, 5
Verschieben (shift) der angegebenen Bits um eine bestimmte Bitzahl nach rechts.

Sin(<Ausdruck>) *mathematische Funktion*
Version 3, 4, 5
Sinus eines Winkels im Bogenmaß.

SINGLE *Datemtyp*
Version 4, 5
Dezimalzahl mit 4 Byte und 7 bis 8 Stellen.

SizeOf(<Variable>) *Speicher-Funktion*
Version 3, 4, 5
Angabe des Speicherplatzes (in Bytes) der Variablen.

Sound(<Frequenz>) *Geräte-Funktion*
Version 3, 4, 5
Ausgabe eines Tones definierter Frequenz.

SPtr *Datei-Funktion*
Version 4, 5
Angabe des aktuellen Wertes des Stackzeigers (SP-Register) als Offset der Stackspitze.

Sqr(<Ausdruck>) *mathematische Funktion*
Version 3, 4, 5
Berechnen des Quadrates (sqare) einer Zahl.

Sqrt(<Ausdruck>) *mathematische Funktion*
Version 3, 4, 5
Berechnen der Quadratwurzel (sqare root) einer Zahl.

SSeg *Speicher-Funktion*
Version 3, 4, 5
Ermitteln der Adresse des Stack-Segments.

Str(<Ausdruck>:<Format>,<Stringvariable>)
Zeichenkettenfunktion
Version 3, 4, 5
Umwandlung eines numerischen Ausdrucks in eine Strinbgvariable.

STRING *Datentyp*
Version 3, 4, 5
Variable vom Datentyp STRING (Zeichenkette).

Succ(<Ausdruck>) *mathematische Funktion*
Version 3, 4, 5
Angeben des Nachfolgers (Successor) des Ausdrucks.

Swap(<Variable>) *Speicher-Funktion*
Version 3, 4, 5
Austauschen des nieder- mit dem höherwertigen Bytes des Ausdrucks vom Typ INTEGER,

SwapVectors *DOS-Funktion*
Version 5
Vertauschen der Interrupt-Vektoren des Systems mit den entsprechenden Variablen des Bausteins (unit) *System*.

System *Standard-Programmbibliothek (UNIT)*
Version 4, 5
Diese Standard-Programmbibliothek (unit) enthält alle Vereinbarungen über Standardprozeduren und -funktionen. Sie wird in jedes Programm automatisch als erster Block aufgenommen und darf deshalb nicht mit USES aktiviert werden.

Text *Datei-Funktion*
Version 3, 4, 5
Eine Datei wird als Text-Datei definiert (zeilenweise angeordnete Zeichenketten).

TextAttr *Bildschirm-Funktion*
Version 4, 5
Die Attribute für die Textzeichen (Farbe, Hintergrund) bereitstellen. Die Attribute werden durch TextColor und TextBackground festgelegt.

TextBackground(<Farbe>) *Bildschirm-Funktion*
Version 3, 4, 5
Festlegen der Hintergrundfarbe für den Text.

TextColor(<Farbe>) *Bildschirm-Funktion*
Version 3, 4, 5
Festlegen der Farben für den Text.

TextMode(<Modus>) *Bildschirm-Funktion*
Version 3, 4, 5
Festlegen des Text-Modus (z.B. schwarz/weiß oder farbig; Anzahl der Zeichen pro Zeile).

Trm *Geräte-Funktion*
Version 3
Festlegen des Bildschirms (Terminal) als Ausgabeeinheit.

Trunc(<Ausdruck>) *mathematische Funktion*
Version 3, 4, 5
Ausgabe des ganzzahligen Teils eines Ausdrucks (abschneiden der Dezimalstellen). Ergebnis ist eine INTEGER-Zahl.

Truncate(<Dateivariable>) *Datei-Funktion*
Version 3, 4, 5
Abschneiden einer Datei an der aktuellen Zeigerposition.

Turbo3 *Standard-Programmeinheit (UNIT)*
Version 4, 5
Programm zur Konvertierung von Turbo Pascal 4 nach Turbo Pascal 3.

TYPE *Datentyp*
Version 3, 4, 5
Benutzerdefinierter Datentyp.

UNIT *Anweisung*
Version 4, 5
Eigene Programmeinheit als Programmbibliothek. Es gibt Standard-Programmbibliotheken (Crt, Dos, Graph3, Graph, Printer, Turbo3), die in der Datei TURBO.TPL zur Verfügung stehen. Der Benutzer kann auch eigene Programmbibliotheken (units) programmieren. Der Aufbau jeder Programmbibliothek ist gleich und besteht aus folgenden drei Teilen: INTERFACE, IMPLEMENTATION und Initialisierung (Anweisungen zwischen BEGIN und END). Die Programmbibliothek (unit) wird durch USES in das Programm geladen.

UnPackTime(<Zeit>,<Datum (als Record) > *DOS-Funktion*
Version 4, 5
Umwandlung von Datum und Uhrzeit von einem "gepackten" Format (GetFTime, PackTime, FindFirst, FindNext) in einen RECORD des Typs DateTime.

UpCase(<Zeichen>) *Zeichenketten-Funktion*
Version 3, 4, 5
Umwandeln von Klein- in Großbuchstaben.

USES *Anweisung*
Version 4, 5
Benutzen einer oder mehrerer Programmbibliotheken (units) im Hauptprogramm (außer der unit System).

Val(<Stringvariable>,<numerische Variable>,<Fehler>)
Umwandlungs-Funktion
Version 3, 4, 5
Umwandeln einer Zeichenkette in einen numerischen Wert.

VAR *Anweisung*
Version 3, 4, 5
Vereinbarung der Variablen.

WhereX *Bildschirm-Funktion*
Version 3, 4, 5
Ermitteln der Spalte der Cursorposition.

WhereY *Bildschirm-Funktion*
Version 3, 4, 5
Ermitteln der Zeile der Cursorposition.

WHILE <Bedingung> **DO** <Anweisung> *Anweisung*
Version 3, 4, 5
Festlegung einer abweisenden Schleife.

WindMax *Bildschirm-Funktion*
Version 4, 5
Speichern der Koordinaten der rechten unteren Ecke des aktiven Fensters.

WindMin *Bildschirm-Funktion*
Version 4, 5
Speichern der Koordinaten der linken oberen Ecke des aktiven Fensters.

Window(<x1>,<y1>,<x2>,<y2>**)** *Bildschirm-Funktion*
Version 4, 5
Das Textfenster wird eingestellt (x1,y1:linke obere Ecke; x2,y2:rechte untere Ecke). Der Cursor steht in der Position <HOME>.

WITH <Recordvariable> **DO** <Anweisung> *Anweisung*
Version 3, 4, 5
Die Elemente eines Records werden über die Recordvariable angesprochen. Alle Anweisungen mit dieser Recordvariablen können zusammengefaßt werden.

WORD *Datentyp*
Version 4, 5
Ganze Zahl mit 2 Byte und ohne Vorzeichen (0 bis 65535).

Write(<Variable>**)** *Anweisung*
Version 3, 4, 5
Schreiben des Wertes einer Variablen.

WriteLn(<Variable>**)** *Anweisung*
Version 3, 4, 5
Schreiben des Wertes einer Variablen. Anschließend erfolgt ein Zeilenvorschub.

XOR *logischer Operator*

Version 3, 4, 5

Exklusives ODER.

@ *Adreß-Operator*

Version 4, 5

Bestimmen der Adresse einer Variablen, einer Prozedur oder einer Funktion und Zuweisung an einen Zeiger.

A 3 Fehlermeldungen

Es werden prinzipiell zwei Arten von Fehlern gemeldet: Die Fehler während der *Kompilierung* und die Fehler während des Programmablaufs (*Laufzeitfehler*). Die Fehler, die der Compiler meldet, sind meist *Syntax-Fehler*, z. B. falsche Bezeichnungen. Während des Programmablaufs treten dann Fehler auf, wenn beispielsweise eine Variable ihren Wertebereich übersteigt oder durch Null dividiert wird.

A 3.1 Compiler-Fehlermeldungen

Da die Stelle des Fehlers in der integrierten Entwicklungsumgebung direkt durch die Cursorpositionierung angezeigt und zudem noch die Nummer und eine Erläuterung ausgegeben wird, sollen sie hier nicht noch einmal aufgeführt werden.

A 3.2 Laufzeit-Fehlermeldungen

Wir geben beispielsweise im Programm MITTELWE.PAS als erste Zahl den Buchstaben a ein. Dann erscheint folgende Laufzeit-Fehlermeldung:

```
Eingabe der ersten  Zahl : a
Runtime error 106 at 1D98:00ED.
Berechnung des Mittelwertes zweier Zahlen
```

Bild A1 Meldung bei Laufzeitfehlern

Die erste Zahl gibt in hexadezimaler Schreibweise die Fehlernummer an (in diesem Fall hexadezimal 106) und die zweite Zahl die Nummer der Adresse des Befehls, der für den Fehler verantwortlich ist. Tabelle A1 zeigt die vier Fehlerklassen (ab Nummer 200 befinden sich die kritischen Fehler, bei denen ein sofortiger Programmabbruch stattfindet).

Tabelle A1 Laufzeitfehler

Fehlercode (hexadezimal)	Fehler
	DOS (1 bis 99)
2	Datei nicht gefunden
3	Pfad nicht gefunden
4	Zuviele Dateien offen
5	Dateizugriff verringert
6	Handle ungültig
12	Ungültiger Dateimodus
15	Ungültige Laufwerksnummer
16	Verzeichnis kann nicht gelöscht werden
17	Umbenennung auf 2 verschiedenen Laufwerken nicht möglich
	Dateibearbeitung (100 bis 149)
100	Lesefehler bei Diskette
101	Schreibfehler bei Diskette
102	Dateivariable keiner Datei zugeordnet
103	Datei nicht geöffnet
104	Datei zum Lesen nicht geöffnet
105	Datei zum Schreiben nicht geöffnet
106	Ungültiges numerisches Format
	Kritische Fehler (150 bis 199)
150	Diskette ist schreibgeschützt
151	Peripheriegerät nicht bekannt
152	Laufwerk nicht betriebsbereit
153	Ungültige DOS-Funktion
154	Prüfsummenfehler beim Lesen von Diskette
155	Ungültiger Disketten-Parameterblock
156	Kopf-Positionierfehler
157	Unbekanntes Sektorformat
158	Sektor nicht gefunden
159	Kein Papier im Drucker
160	Schreibfehler beim Zugriff auf Peripheriegerät
161	Lesefehler beim Zugriff auf Peripheriegerät
162	Hardware-Fehler
	Fehler mit sofortigem Abbruch (200 bis 249)
200	Division durch Null
201	Fehler bei Bereichsüberprüfung
202	Stack-Überlauf
203	Kein Platz im Heap
204	Ungültige Zeigeroperation
205	Fließkomma-Überlauf
206	Fließkomma-Unterlauf
207	Fließkomma-Fehler
208	Overlay-Manager nicht vorhanden
209	Fehler beim Lesen einer Overlay-Datei

A 4 Arbeiten mit dem Debugger und der Break/watch-Funktion

A 4.1 Aufgabe des Debuggers

Neu geschriebene Programme enthalten in fast allen Fällen Fehler, die es zu verbessern gilt. Dabei unterscheidet man, wie bereits in Abschnitt A 3 beschrieben, im allgemeinen zwei Fehlerarten:

- formale Fehler (lösen eine Compilermeldung aus) und
- Laufzeitfehler (führen zum Programmabbruch).

Formale Fehler werden in der Regel vom Compiler oder vom Linker entdeckt. Solche Fehler werden normalerweise genau lokalisiert und eine Meldung über die Fehlerart ausgegeben. Deshalb bereitet diese Fehlerart dem Programmierer meistens keine Probleme.

Laufzeitfehler sind wesentlich tückischer, da sie sich erst bei der Ausführung des Programms bemerkbar machen. Sie haben ihren Ursprung in logischen Denkfehlern des Programmierers oder in Mißverständnissen zwischen Compiler und Programmierer. Weil sich die Suche nach Laufzeitfehlern in den meisten Fällen als mühselig und zeitaufwendig erweist, setzen die Programmierer sehr gerne ein spezielles Programm ein, das diese Arbeit erleichtert: einen sogenannten *Debuggger*.

In Turbo Pascal der Version 5 ist ein solcher Debugger integriert (Im Hauptmenü die Option **D**ebug). Dabei handelt es sich um einen sogenannten *Quelltext-Debugger*, der, wie die mit Turbo Pascal-Anweisungen geschriebene Programme auf Fehler absucht.

Wird mit den Standardvorgaben des Compilers gearbeitet (d.h. keine der vorgegebenen Schalterstellungen verändert), so sind zum Start des Debuggers keine besonderen Maßnahmen notwendig. Der Debugger wird bei Auswahl (vom Hauptmenü aus) von **R**un/**R**un bzw. mit dem Tastenbefehl <CTRL> <F9> automatisch aktiviert. Mit seiner Hilfe läßt sich das zu untersuchende Programm Stück für Stück ausführen und an festgelegten Abbruchstellen (*breakpoints*) unterbrechen. Der Programmierer kann sich dann in aller Ruhe die Veränderungen der Werte für die Variablen ansehen (im sogenannten *Watch-Fenster*) und feststellen, ob sie sich erwartungsgemäß verhalten. Auf diese Art und Weise können auch Laufzeitfehler lokalisiert werden.

Der folgende Abschnitt zeigt hauptsächlich diese Anwendung des Debuggers. Das Programm wird in einzelne Abschnitte unterteilt, in denen dann die Werte der entsprechenden Variablen überprüft werden (für spezielle Anwendungsfälle siehe Kapitel 4 im Addendum).

A 4.2 Verfolgen der Werte einzelner Variablen

Ärgerliche Fehler in Programmen können in Schleifen auftreten, wenn die Abbruchbedingungen einer Schleife nicht korrekt beschrieben worden sind. Dies führt im schlimmsten Fall zu einer "Endlos-Schleife", d.h. die Abbruchbedingung wird nie erreicht, und das Programm wird endlos fortgesetzt. Genausogut kann es aber auch vorkommen, daß eine für das Endergebnis wichtige Schleife überhaupt nicht durchlaufen wird. In beiden Fällen ist die Ursache für den mangelhaften Programmablauf nicht ohne weiteres erkennbar.

Abhilfe kann nur die Überprüfung der Abbruchbedingung schaffen. Diese Abbruchbedingung ist in den allermeisten Fällen als veränderliche Variable definiert, deren Wert es während des Programmablaufs zu überwachen gilt. Wie der Debugger hier helfen kann, soll am Beispiel des aus Abschnitt 2.3.2.1 bekannten Programms STROEMEN.PAS gezeigt werden. In diesem Programm tritt die Variable Re (für Reynoldszahl) auf, deren Werte wir verfolgen möchten.

Die Abbruchbedingung der abweisenden Schleife lautet:

```
WHILE  Re < 1160  DO
```

Das bedeutet, daß alle in der Schleife stehenden Anweisungen durchlaufen werden, solange die Reynoldszahl Re kleiner als 1160 ist. Die im ursprünglichen Programm STROEMEN.PAS verwendeten Formeln garantieren eine zügige Berechnung. Doch schon ein simpler Eingabefehler, bei dem wir die Division durch k vergessen, schickt unser Programm in eine beinahe endlose Schleife. Im Programm STROEMEN.PAS wurde statt der Anweisung Re := (r*V)/k versehentlich

```
Re := (r*V)
```

eingegeben.

Hierdurch wächst der Wert für Re etwa 1 Milliarde mal langsamer als vorgesehen; ein potentieller Anwender dieses Programms wäre rasch der Verzweiflung nahe.

Zur Ermittlung dieses Fehlers wird im folgenden der Debugger eingesetzt werden.

Als erstes muß sich der Programmierer klar darüber werden, *welche Variable* (am besten zunächst nur eine einzige) er überwachen will und *an welcher Stelle* im Programm dies geschehen soll. In unserem Fall wird die Variable Re kontrolliert und zwar jeweils sofort nachdem ihr Wert verändert worden ist (also nach der Programmzeile Re := r*V). Wir gehen in folgenden Schritten vor:

a) Ändern des Programms

Als ersten Schritt lädt man das Programm STROEMEN.PAS von der Begleitdiskettte in den Rechner oder ändert die entsprechende Zeile des in Abschnitt 2.3.2.1.2 abgedruckten Programms von Hand.

b) Setzen eines Abbruchpunktes (breakpoint)

Den Cursor setzt man dabei ans Ende der Zeile, in der die Berechnung der Reynoldszahl steht (Re:= r*V). Mit der Taste <F10> springt man zurück ins Hauptmenü und wählt die Option Break/watch, indem man b eingibt. Aus dem Befehlsfenster wird die Funktion Toggle breakpoint ausgewählt und mit <RETURN> bestätigt (s. Bild A 2).

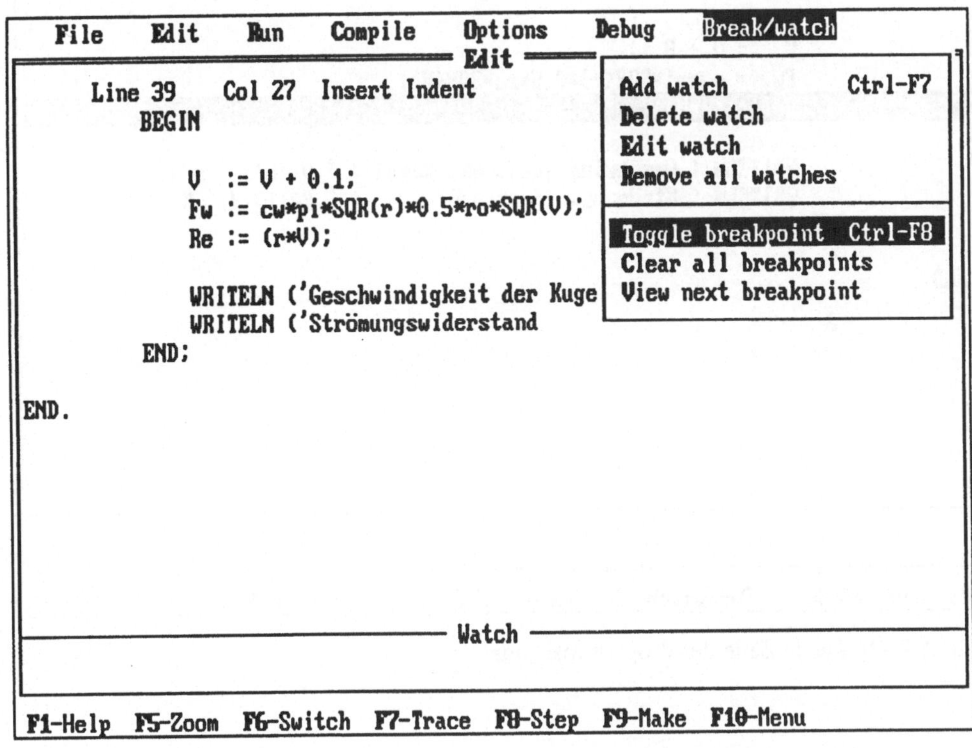

Bild A2 Setzen eines Abbruchpunktes mit der Option Break/watch und der Funktion Toggle breakpoint

Mit dieser Befehlskombination ist jetzt eine Abbruchstelle (breakpoint) im Programm markiert, und zwar dort, wo der Cursor stand, als wir das Programm verlassen haben. An dieser Stelle wird der Programmablauf in Zukunft bei jedem Durchgang gestoppt und die Kontrolle an den Benutzer zurückgegeben.

c) Starten des Programms

Wie üblich wird das Programm vom Hauptmenü aus (Rückkehr durch <F10>) mit der Tastenfolge <CTRL> <F9> oder der Befehlsfolge Run Run (**r r**) gestartet. Die Zeile, in der der Abbruch erfolgt, wird hervorgehoben (s. Bild A 3).

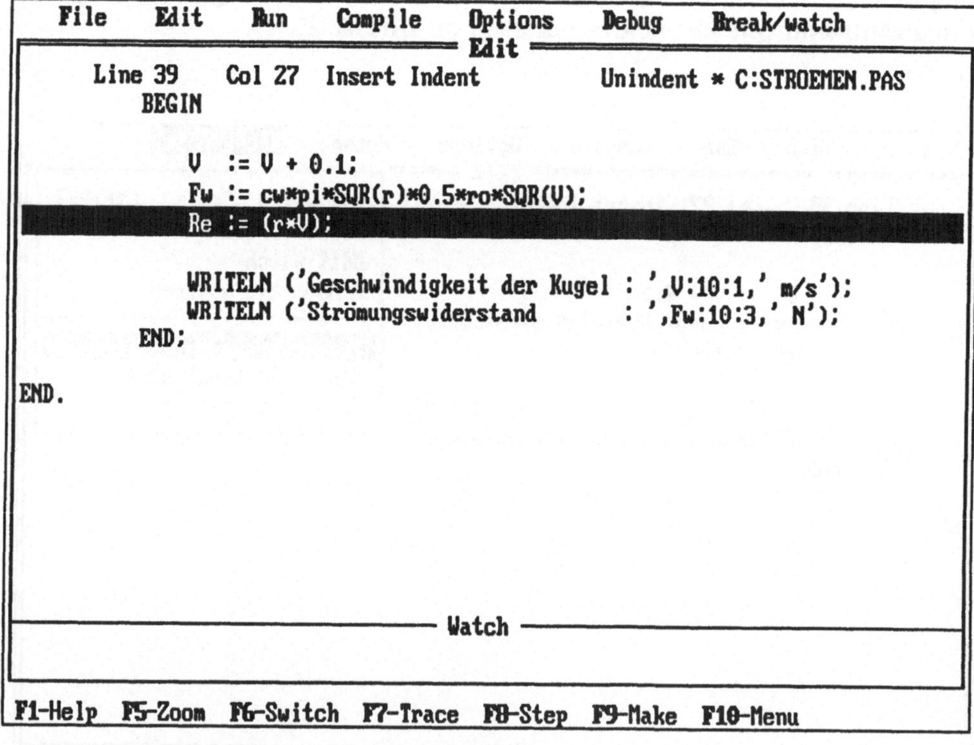

Bild A3 Markierte Zeile des Programmstopps

d) Einschalten des Debuggers

Durch Drücken der Taste <F10> kehrt man ins Hauptbefehlsmenü zurück und wählt die Option Debug durch Eingabe von **d**. Wird die Funktion Evaluate (errechnen) ausgewählt, dann erscheint Bild A 4:

```
   File    Edit    Run    Compile    Options    Debug    Break/watch
                               Edit
      Line 39   Col 27  Insert Indent         Unindent * C:STROEMEN.PAS
         BEGIN
                                        Evaluate

            V  := V +
            Fw := cw*
            Re := (r*                    Result

            WRITELN (
            WRITELN (                   New value
         END;

END.




                              Watch

 F1-Help  F7-Trace  F8-Step  F10-Menu  TAB-Cycle  <┘-Evaluate  →-More text
```

Bild A4 Auswahl eines Errechnungsfehlers

In das Feld "Evaluate" wird in unserem Fall die Variable "Re" eingegeben und die <RETURN>-Taste gedrückt. Im Feld "Result" erscheint daraufhin der augenblickliche Wert von Re (0.0 beim 1.Durchlauf).

Das Programm kann dann durch Drücken der Tasten <CTRL> <F9> fortgesetzt werden und wird beim nächsten Durchlauf wieder an der gleichen Stelle unterbrochen. Erneut kann man dann durch Auswahl des Debuggers und Eingabe des zu errechneten Wertes (evaluate) (Eingabe von <F10> **d e**) den Wert von Re ermitteln (0.1 beim 2. Durchlauf; wie in Bild A 5 zu ersehen ist).

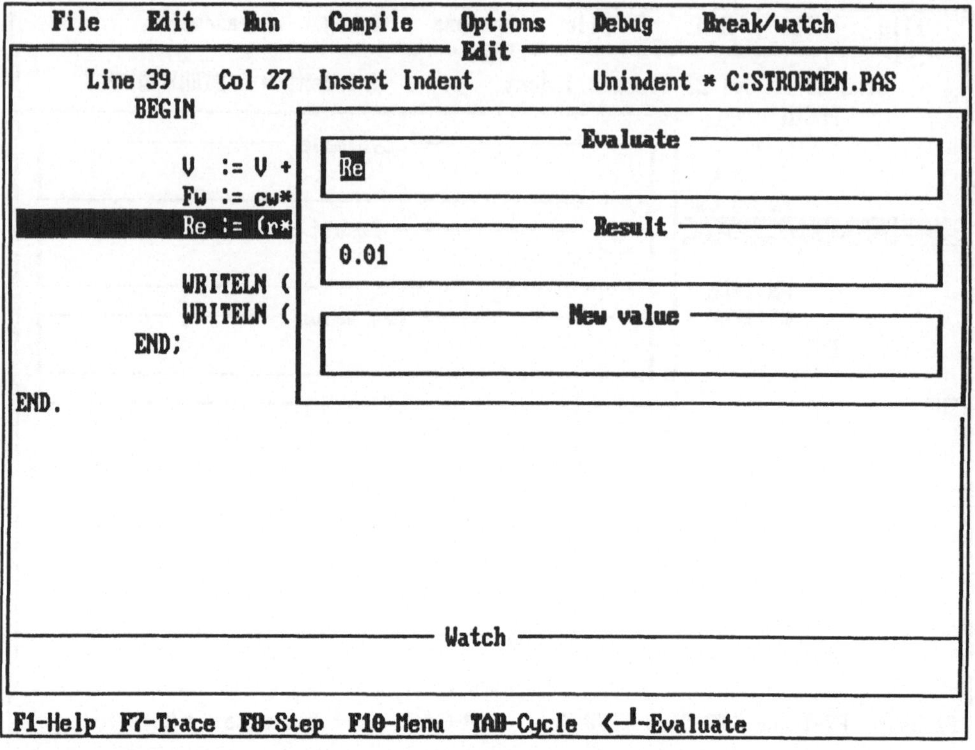

Bild A5 Ermittelter Wert für Re nach dem 2. Durchlauf

Wie diese Kontrolle automatisiert werden kann und gleichzeitig mehrere Variable verfolgt werden können, wird im folgenden beschrieben.

A 4.3 Gleichzeitiges Überwachen mehrerer Variablen

Das oben geschilderte Vorgehen ist sehr umständlich, wenn die gleiche Variable in vielen Durchgängen überwacht werden soll, oder wenn diese Überwachung bei mehreren Variablen gleichzeitig geschehen soll. Das Vorgehen in diesem Fall wird wieder am Beispiel des Programms STROEMEN.PAS gezeigt. Zunächst wird, wie im letzten Abschnitt besprochen, vorgegangen und ein Abbruchpunkt (breakpoint) gesetzt (z. B. an der gleichen Stelle).

Vor dem Starten des Programms wird im Hauptmenü (Drücken der Taste <F10>) in der Option Break/watch die Funktion Add watch ausgewählt. Es erscheint Bild A 6.

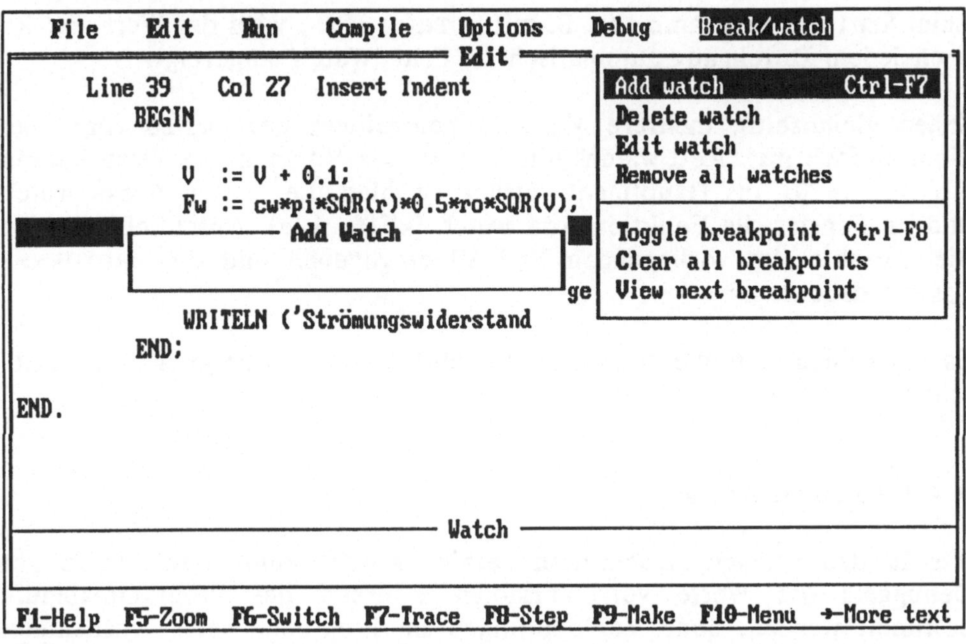

Bild A6 Fenster nach Auswahl der Funktion Add watch

In das Feld "Add watch" geben wir unsere Variable **Re** ein und drücken die <RETURN>-Taste. Daraufhin erscheint Re im "Watch"-Fenster (unterer Teil des Bildschirms; s. Bild A 7).

```
  File    Edit    Run    Compile    Options    Debug    Break/watch
                             Edit
      Line 39    Col 27   Insert Indent          Unindent * C:STROEMEN.PAS
        BEGIN

          V  := V + 0.1;
          Fw := cw*pi*SQR(r)*0.5*ro*SQR(V);
          Re := (r*V);

          WRITELN ('Geschwindigkeit der Kugel : ',V:10:1,' m/s');
          WRITELN ('Strömungswiderstand       : ',Fw:10:3,' N');
        END;

END.

                             Watch
•Re: 0.01

F1-Help  F5-Zoom  F6-Switch  F7-Trace  F8-Step  F9-Make  F10-Menu
```

Bild A7 Zu untersuchende Variable im Watch-Fenster

Beim Start des Programms (z. B. mit <CTRL> <F9>) wird der Wert von Re nach jedem Durchgang automatisch im Feld "Watch" angezeigt.

Sollen gleichzeitig mehrere Variable kontrolliert werden, so fügt man diese einfach mit "Add watch" hinzu (z. B. das Volumen V). Dazu kehren wir mit <F10> ins Hauptmenü zurück, wählen die Option **B**reak/watch und im Fenster die Funktion **A**dd watch (<F10> **b a**). Anschließend wird die Variable (im vorliegenden Fall V) eingegeben und die <RETURN>-Taste gedrückt.

Es erscheinen nun die Variablen Re und V im "Watch"-Feld des Bildschirms.

A 4.4 Zusammenfassung

Wie in den vorigen Abschnitten gezeigt wurde, können mit Hilfe des Debuggers die Werte von Variablen während des Programmablaufs bestimmt werden, ohne Veränderungen im Programm selbst vornehmen zu müssen. Ein möglicher Laufzeitfehler kann auf diese Weise lokalisiert und verbessert werden. Im Falle unseres Beispiels könnte man durch bloßes Nachrechnen sehr schnell herausfinden, daß sich die Variable Re nicht wie erwartet entwickelt. Eine Überprüfung der verwendeten Formel würde dann sehr schnell den Fehler erkennen lassen.

Die eingefügten "Watches" (Beobachtungsfelder) und "Breakpoints" (Abbruchpunkte) können mit den im Befehlsmenü **B**reak/watch enthaltenen Funktionen **R**emove all watches und **C**lear all Breakpoints aus dem Programm entfernt werden. Darauf sind keine Anzeigen im Watch-Fenster mehr vorhanden und das Programm ist jetzt lauffähig.

A 5 Lösungen der Übungsaufgaben

A 5.1 WURF1.PAS

Struktogramm

EINGABE DER ANFANGSGESCHWINDIGKEIT
EINGABE DES ABWURFWINKELS
EINGABE DER FLUGZEIT
$X = v \cdot t \cdot \cos\alpha$ $Y = v \cdot t \cdot \sin\alpha - \frac{1}{2} g \cdot t^2$
AUSGABE: ERREICHTE WEITE MOMENTANE FLUGHÖHE

Programm

```
USES
  Crt;

VAR
      X,Y,v,a,t  :  REAL;

CONST
            g = 9.81;

BEGIN
      CLRSCR;
      WRITELN;WRITELN;
      WRITELN ('Bestimmung der Ortskoordinaten eines Gegenstandes');
      WRITELN ('( schiefer Wurf )');
      WRITELN;WRITELN;
      WRITE ('Eingabe der Anfangsgeschwindigkeit in m/s : ');
      READLN (v);
      WRITE ('Eingabe des Abwurfwinkels   in Grad       : ');
      READLN (a);
      WRITE ('Eingabe der Flugzeit  in s                : ');
      READLN (t);

      a := a/360*2*3.1415926;
      X := v*t*cos(a);
      Y := v*t*sin(a) - SQR(t)*g*0.5;

      WRITELN;WRITELN;
      WRITELN ('  die erreichte Weite beträgt : ',X:10:3,' m');
      WRITELN; WRITELN ('  momentane Flughöhe          : ',Y:10:3,' m');

END.
```

A 5.2 WURF2.PAS

Struktogramm

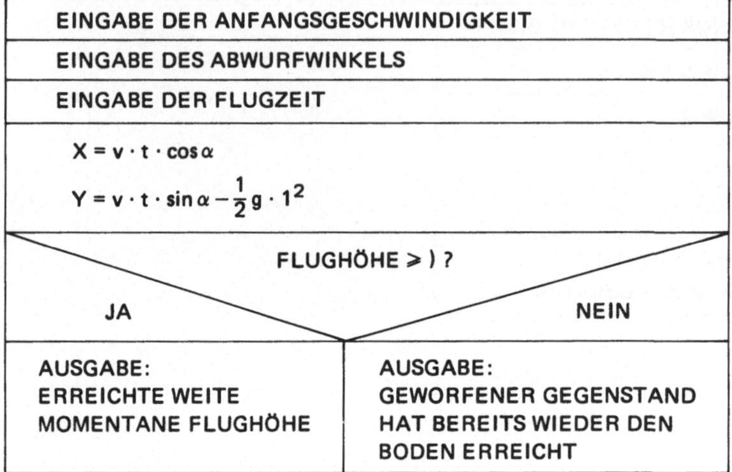

Programm

```
USES
  Crt;

VAR
      X,Y,v,a,t  :  REAL;

CONST
            g = 9.81;

BEGIN
      CLRSCR;
      WRITELN;WRITELN;
      WRITELN ('Bestimmung der Ortskoordinaten eines Gegenstandes');
      WRITELN ('( schiefer Wurf )');
      WRITELN;WRITELN;
      WRITE ('Eingabe der Anfangsgeschwindigkeit in m/s : ');
      READLN (v);
      WRITE ('Eingabe des Abwurfwinkels   in Grad        : ');
      READLN (a);
      WRITE ('Eingabe der Flugzeit  in s                 : ');
      READLN (t);
      WRITELN;
```

```
a := a/360*2*3.1415926;
X := v*t*cos(a);
Y := v*t*sin(a) - SQR(t)*g*0.5;

IF Y>=0 THEN

            BEGIN
                WRITELN;
                WRITELN ('  die erreichte Weite beträgt : ',X:10:3,' m');
                WRITELN; WRITELN ('  momentane Flughöhe : ',Y:10:3,' m')
            END

         ELSE

            WRITELN ('Der geworfene Gegenstand hat bereits wieder den Boden
                         erreicht !');

END.
```

A 5.3 KUGEL.PAS

Struktogramm

EINGABE: AUSWAHL 1,2 ODER 3		
AUSWAHL = ?		
1	2	3
VOLUMENBERECHNUNG EINER KUGEL	VOLUMENBERECHNUNG EINES SENKRECHTEN KREISKEGELS	VOLUMENBERECHNUN EINES SENKRECHTEN KREISZYLINDERS
$V = \frac{4}{3} \cdot \pi \cdot r^3$	$V = \frac{\pi}{3} \cdot r^2 \cdot h$	$V = \pi \cdot r^2 \cdot h$
AUSGABE DES VOLUMENS		

Programm

```
USES
  Crt;

VAR

    Auswahl : BYTE;
    h,r,V   : REAL;

BEGIN
     CLRSCR;
     WRITELN; WRITELN;
     WRITELN ('Programm zur wahlweisen Berechnung des Volumens von');
     WRITELN ('Kugeln, senkrechten Kreiskegeln und senkrechten Kreiszylindern');
     WRITELN; WRITELN;

     WRITELN ('An welchem Körper soll die Berechnung durchgeführt werden ?');
     WRITELN;
     WRITELN ('  Kugel          = 1');
     WRITELN ('  Kreiskegel     = 2');
     WRITELN ('  Kreiszylinder = 3'); WRITELN;
     WRITE ('Bitte gewünschte Zahl eingeben: '); READLN (Auswahl);
     WRITELN; WRITELN;
     r := 0; h:=0;

     CASE Auswahl OF
          1: BEGIN
                  WRITELN ('Volumenberechnung an einer Kugel');
                  WRITELN;
                  WRITE ('Eingabe des Radius in cm: ');
                  READLN (r);
                  V := 4/3*pi*r*r*r;
                  WRITELN;
                  WRITELN ('Das errechnete Volumen beträgt ',V:10:3,' cm3');
             END;

          2: BEGIN
                  WRITELN ('Volumenberechnung am senkrechten Kreiskegel');
                  WRITELN;
                  WRITE ('Eingabe des Radius in cm: ');
                  READLN (r);
                  WRITE ('Eingabe der Höhe in cm: ');
                  READLN (h);
                  V := pi/3*SQR(r)*h;
                  WRITELN;
                  WRITELN ('Das errechnete Volumen beträgt ',V:10:3,' cm3');
             END;
```

```
        3: BEGIN
              WRITELN ('Volumenberechnung am senkrechten Kreiszylinder');
              WRITELN;
              WRITE ('Eingabe des Radius in cm: ');
              READLN (r);
              WRITE ('Eingabe der Höhe in cm: ');
              READLN (h);
              V := pi*SQR(r)*h;
              WRITELN;
              WRITELN ('Das errechnete Volumen beträgt ',V:10:3,' cm3');
          END;

    END;

END.
```

A 5.4 SHELL.PAS

Struktogramm

```
Bildschirm löschen; Cursor links oben
Eingabe von N (Anzahl der Zahlen)
I = 1
    Eingabe der Zahlen                A (I)
Wiederhole bis I = N
N halbieren          D = N / 2
D ganzzahlig machen
Start bei D          K = D
    M = 1            Dummy
    Wiederhole solange  M ≠ 0
        M = 0 Merker für Austausch
        I = 1
            A (I) > A (I + D)
            Ja                        Nein
            Austausch der Zahlen      ./.
            M = 1 Merker
        Wiederhole bis I = N – D
    Halbieren von D         D = D / 2
    D ganzzahlig machen
Wiederhole bis K = 1
I = 1
    Ausgabe der sortierten Zahlen    A (I)
Wiederhole bis I = N
```

Programm

```
USES
  Crt;

VAR

   B,N,I,D,L,m : INTEGER;
             A : ARRAY [1..20] OF INTEGER;

BEGIN
     CLRSCR; WRITELN; WRITELN;
     WRITE ('Anzahl der zu sortierenden Zahlen : '); READLN (N);
     WRITELN; WRITELN;

     FOR I:=1 TO N DO
                  BEGIN
                       WRITE (' Bitte Zahl Nr.',I,' eingeben : ');
                       READLN (A[I]);
                  END;

     BEGIN
          D:= N div 2; M:=5;
     END;

     FOR L:= D DOWNTO 1 DO
                       BEGIN
                            REPEAT

                       BEGIN
                            m:=0;

     FOR I:=1 TO N-D DO
                       BEGIN
                            IF A[I]<A[I+D] THEN m:=m

                            ELSE
                       BEGIN
                            B:= A[I+D];
                            A[I+D]:=A[I];
                            A[I]:=B;
                            m:=m+1;
                       END;
                       END;
                       END;

                            UNTIL M=0;
```

```
              BEGIN
               D:=D div 2; m:=5;
              END;

          END;

     WRITELN; WRITELN;
     WRITELN ('Reihenfolge der Zahlen :');
     WRITELN; WRITELN;

     FOR I:=1 TO N DO

                     WRITELN (' A(',I,')=', A[I]);

END.
```

A 6 Unterschiede zwischen den Versionen

A 6.1 Unterschiede in den Compiler-Befehlen und UNITs

In Tabelle A 2 sind die Compiler-Befehle der Versionen vergleichend gegenübergestellt.

Tabelle A2 Compiler-Befehle

Befehl	Version	Voreinstellung	Bemerkung
$B+/–	4, 5	–	Auswertung boolescher Ausdrücke (insgesamt)
$B+/–	3, 4, 5	+	(–: Kurzschluß; +: gesamt)
$C+/–	3	+	Unterbrechung durch <Ctrl> <C>
$D+/–	4, 5	+	Debugger-Zusatzinformation (+: ja; –: nein)
$E+/–	5	+	Emulator; Steuerung des Koprozessors
$F+/–	4, 5	–	far-Aufrufe (–: nur wenn notwendig; +: immer)
$I+/–	3, 4, 5	+	Eingabe-Ausgabe-Prüfung (+: an; –: aus)
$I <Name>	3, 4, 5		Include-Datei aufnehmen
$L+/–	4	+	Link-Puffer (+: Hauptspeicher; –: Diskette)
$L+/–	5	+	Informationen über lokale Symbole
$L <Name>	4, 5		Objekt-Datei aufnehmen
$Ms,e,h	4, 5		Speicherbelegung/Stack, Min Heap, Max Heap). Vorgabe: 16384, 0,655360
$N+/–	4, 5	–	arithmetischer Koprozessor (–: Emulation; +: Voraussetzung)
$O+/–	5	–	Overlays sind möglich (+: ja; –: nein)
$R+/–	4, 5	+	Bereichsüberprüfung (+: na; –: aus)
$R+/–	3	–	
$S+/–	4, 5	+	Stack-Prüfung (+: an; –: aus)
$T+/–	4	–	.TPM-Datei erzeugen (–: nein; +: ja)
$U <Name>	4		Unit-Dateiname
$U+/–	3	–	Programmunterbrechung durch den Benutzer (–: nein; +: ja)
$V+/–	3, 4, 5	+	VAR-Stringprüfung (+: an; –: aus)

Tabelle A 3 zeigt die UNITs der Versionen 4 und 5 sowie die Bezeichner der Version 3.

Tabelle A3 Units (Version 4 und 5) und Bezeichner (Version 3)

Unit	Version; Bemerkung	Bezeichner 3.0
Crt	4, 5	ClrEol, ClrScr, Delay, DelLine, GotoXY, InsLine, KeyPresed, Low Video, NormVideo, NoSound, Sound, TextBackground, TextColor, Text Mode, WhereY, WhereY, Window, ferner alle Farbkonstanten
Dos	4, 5	Exec, Intr, MsDos
Overlay	5;Overlay-Dateien; OvrResult, OvrInit, OvrInitEMS,OvrSetBuf, OvrGetBuf	–
Printer	4, 5	Lst
Systems	4, 5 5; zusätzlich: globale Variablen Overlays; 8087-Emulator	Standard-Sprachumfang und Laufzeitbibliothek
Turbo3	4, 5 5; gemeinsam im Pfad \TURBO 3	CBreak, Kbd, LongFilePos, LongSeek, LongFileSize
Graph3		Routinen für Grafik und Turtle-Grafik

A 6.2 Unterschiede zwischen Version 3 und Version 4

A 6.2.1 Allgemeine Unterschiede

a) Anpassungen

- Unterstützung der Coprozessoren 8087, 80287 und 80387
- kompatibel zum ANSI-Standard
- IEEE-Fließkommaformate: *Single, Double, Extended, Comp*

b) Verbesserungen beim Compilieren

- zwei Compilerversionen: Kommandozeilenorientiert und als integrierte Entwicklungsumgebung
- Compiler zwei- bis dreimal so schnell
- optimierter Code, deshalb schnellere Ausführung
- modulare Kompilierung über die Programmbibliotheken (UNITs)
- bedingte Kompilierung

c) Verbesserungen beim Programmieren

- modulare Programmierung mit Programmbibliotheken (units)
- Standard-Programmbibliotheken: *System, Crt, Dos, Graph*
- Verwaltung großer Software-Projekte durch die MAKE-Funktion. Programmteile werden nur dann neu übersetzt, wenn dies notwendig ist
- intelligenter Linker, der nicht benötigte Teilen von Modulen ausschließt
- Möglichkeit zur Einbeziehung von Maschinenprogrammen über .OBJ-Dateien
- erweiterte Schnittstelle zu Maschinenbefehlen
- **inline**-Prozeduren und -Funktionen
- Festlegen von Prozeduren als **interrupt**
- neue arithmetische Funktionen, wie *Dec* und *Inc*
- Kurzschlußverfahren bei booleschen Ausdrücken
- hohe Kompatibilität zur Version 3

d) Verbesserungen in der Dateiverwaltung

- keine Beschränkung der Dateigröße auf 64kByte durch die Einführung von .EXE-Dateien
- Include-Dateien in bis zu 8 Ebenen
- neue Datentypen für ganze Zahlen: *SHORTINT, WORD* und *LONGINT*.
- IEEE-Datentypen für Dezimalzahlen: *SINGLE, DOUBLE, COMP* und *EXTENDED*

A 6.2.2 Spezielle Unterschiede

a) Deklarationen

Der Programmname muß einzigartig sein (in Version 3 beliebig).

b) Programmiertechniken

* *Adressen*

Statt der Funktion **Addr** in Version 3 sollte der Adreßoperator @ verwendet werden.

* *Strings*

Die Stringlänge von 1 muß in der Version 4 ausdrücklich angegeben werden (häufig bei der **CASE..OF**-Anweisung der Fall).

* *Close*

Close darf in Version 4 bei einer bereits geschlossenen Datei nicht mehr verwendet werden.

* *Schleifenvariable FOR*

Die Laufvariable der Zählschleife FOR (s. Abschn. 2.3.1) muß in der Version 4 entweder *lokal* oder *global* definiert sein.

* *Identische Datentypen*

Identische Datentypen müssen in Version 4 *gemeinsam* oder über einen *gemeinsamen Typ* vereinbart sein.

* *Typisierte Konstanten*

Die typisierten Konstanten werden in der Version 4 im Daten-Segment (und nicht wie in Version 3 im Code-Segment) gespeichert.

* *Label*

Nicht verwendete Labels erzeugen in der Version 4 eine Fehlermeldung.

* *Typumwandlung*

In der Version 4 können alle Datentypen umgewandelt werden, vorausgesetzt, Quelle und Ziel besitzen dieselbe Größe.

* *Strings*

Strings können in der Version 4 ohne Angabe der Längen festgelegt werden.

* *Boolesche Ausdrücke*

Während in Version 3 die booleschen Ausdrücke immer vollständig ausgewertet werden, verwendet die Version 4 das *Kurzschlußverfahren*. Das bedeutet, sobald die Auswertung feststeht, wird das Bewertungsverfahren abgebrochen.

Als Beispiel: **if** (A=0) **or** (C/A=0) **then** ...

Version 3: Fehlermeldung, da in C/A durch 0 dividiert wird.

Version 4: Keine Fehlermeldung, da A=0 bereits wahr ("true") ist.

* *Interrupts*

In Version 3 sind Interrupts nur in Maschinensprache oder über **inline** möglich. Version 4 gestattet dagegen eine explizite Deklaration über **interrupt**.

Die anderen, sehr speziellen Unterschiede, entnehmen Sie bitte dem Turbo Pascal Handbuch.

A 6.3 Unterschiede zwischen Version 4 und Version 5

A 6.3.1 Allgemeine Unterschiede

* *Debugger*

Der Debugger in der integrierten Entwicklungsumgebung führt eine Fehlersuche des Turbo Pascal-Quelltextes durch. Es ist eine schrittweise Programmausführung möglich, ferner die Veränderung von Variablenwerten und die Ausgabe der neu berechneten Werte (in einem *Watch*-Fenster) sowie das Setzen, Suchen und Löschen von Abbruchpunkten (*Breakpoints*: Punkte, bis zu dem die Fehlersuche geht). Näheres hierzu im Anhang A 4.

* *Overlays*

Programmteile werden nach Bedarf in den Hauptspeicher geholt. Sie können in einer Speichererweiterungskarte (EMS-Karte) zwischengespeichert werden.

* *Linker*

Entfernt automatisch nicht benutzte Anweisungs- und Datenbereiche.

* *Unterstützung von Speichererweiterungen (EMS-Karten)*

Eine vorhandene EMS-Karte wird als Puffer für den Editor verwendet (64 k). Die Overlays können von Der Diskette in die EMS-Karte geladen und von dort aus problemlos in den Hauptspeicher abgerufen werden. Die Speichermöglichkeiten einer EMS-Karte können auch im Programm ausgenutzt werden. (Voraussetzung ist die mindestens die Version 3.2 des EMS-Treibers).

* *Deutsche Hilfetexte*

* *IEEE-Fließkomma-Zahlen und Koprozessor*

Die IEEE-Fließkomma-Zahlen (SINGLE bis EXTENDED) benötigen keinen Koprozessor mehr (dieser wird emuliert).

A 6.3.2 Spezielle Unterschiede

* *Umschalten des Bildschirms nach Programmende*

Am Ende eines Programmlaufs wird direkt auf das Hauptmenü zurückgeschaltet. Mit <ALT> <F5> ist der DOS-Bildschirm sichtbar. Durch Drücken einer beliebigen Taste kann wieder zum Turbo Pascal Hauptmenü geschaltet werden.

* *Spaltenweises Verschieben eines Blockes*

Ein Block kann spaltenweise nach *rechts* (mit <CTRL> *K I*) und spaltenweise nach *links* (mit <CTRL> *K U*) versetzt werden (s. Bild 1-18).

* *Fehlermeldungen*

Zu den geänderten Fehlermeldungen siehe Tabelle A 1.

* *Ausrufen eines UNITs innerhalb eines UNITs*

Im Implementationsteil eines UNITs können über USES andere UNITs aufgerufen werden. Diese UNITs haben lokalen Charakter.

* *Konstanten-Vereinbarung CONST*

Vereinbarte Konstanten werden als Ausdrücke berechnet.

* *prozedurale Parameter*

Routinen lassen sich direkt (nicht über einen Trick) über Zeigervariable aufrufen.

* *Optimierung der STRING-Bearbeitung*

Vergleiche und Zuordnungen von Null-Strings sind möglich.

* *Komprimieren von Leerzeichen und Tabulatoren*

Mit der Füll-Funktion des Editors werden aufeinanderfolgende Leerzeichen in eine den Speicherplatz optimierende Kombination von Leerzeichen und Tabulatorstops umgewandelt.

* *Vergrößerungsfaktor für Zeichen (SetUserCharSize)*

Beim Aufruf des Befehls *SetUserCharSize* darf nicht mehr (wie in Version 4) die Anweisung *SetTextStyle* erfolgen.

A 6.4 Umwandlung von Programmen der verschiedenen Versionen

Programme können nur in höhere Versionen umgewandelt werden. In Turbo Pascal 4 entwickelte Programme können in ihrer kompilierten Form nicht direkt in die Version 5 übernommen werden. Die Umwandlung von Programmen der Version 4 in die Version 5 ist aber sehr einfach. Sie laden die in Turbo Pascal 4 geschriebenen Programme in die integrierte Entwicklungsumgebung von Turbo Pascal 5 und starten einen Compiler-Lauf. Das Umwandeln von Programmen in Turbo Pascal 3 in höhere Versionen ist etwas aufwendiger und wird im folgenden beschrieben.

A 6.4.1 Umwandeln von Programmen der Version 3 in Version 5

Auf der Diskette 3 steht in Turbo Pascal der Version 5 das Programm TURBO3.ARC zur Verfügung, das bei der Installation auf der Festplatte ins Unterverzeichnis \TURBO3 überspielt und *entpackt* wurde (Dateien mit dem Zusatz .ARC sind komprimierte ARCHIV-Dateien und gepackt). Zur Umwandlung stehen die **UPGRADE**-Programme UPGRADE.DTA und UPGRADE.EXE zur Verfügung. Sie werden vom Betriebssystem

DOS aus gestartet und können nur einwandfrei compilierte Turbo Pascal 3-Programme umwandeln. Das UPGRADE-Programm arbeitet folgendermaßen:

Die ursprüngliche Quelltext-Datei erhält den Zusatz .3TP und die konvertierte Datei den Zusatz .PAS. Im UPGRADE-Programm sind folgende, in Tabelle A 4 zusammengestellte Einstellungen möglich:

Tabelle A 4 Einstellungen im UPGRADE-Programm

Im folgenden wird das in der Version 3 geschriebene Programm WURF1.PAS in die Version 5 umgewandelt. Dabei geht man in folgenden Schritten vor:

1. Programme in den gleichen Pfad laden

Wenn das umzuwandelnde Programm WURF1.PAS sich auf einer Diskette befindet, wird diese ins Laufwerk A gelegt und in dieses Laufwerk umgeschaltet mit der Befehlsfolge

a: <RETURN>.

Folgender Befehl kopiert das Programm in das Verzeichnis \TP\TURBO3:

copy wurf1.pas c:\tp\turbo3 <RETURN>.

Anschließend befinden sich die Upgrade-Programme UPGRADE.EXE und UPGRADE.DTA sowie die zu konvertierende Programmdatei in demselben Verzeichnis.

2. Aufrufen des Programms UPGRADE vom Betriebssystem DOS

Zunächst schalten wir in das Verzeichnis **\TP\TURBO3** um und geben ein:

upgrade wurf1.pas <RETURN>.

Es können dabei auch noch Schalter nach Tabelle A 4 gesetzt werden.

Es erscheint, wie Bild A 8 zeigt, zunächst die Warnung, daß alle Eingabedateien umbenannt werden (von .PAS in .3TP).

```
C:\TP\TURBO3
upgrade wurf1.pas
UPGRADE Version 5.0 Copyright (c) 1987,88 Borland International
Warning: all input files will be renamed. Enter Y to continue
```

Bild A8 Warnung vor dem Start von UPGRADE

Durch Eingabe von y <RETURN> wird das Programm umgewandelt und wir sehen folgende Meldung am Bildschirm (s. Bild A 9):

```
Scanning for upgrades...
WURF1.PAS(29)
Inserting USES statement...
WURF1.PAS(39)

0 warnings reported

C:\TP\TURBO3
```

Bild A9 Meldung nach erfolgter Umwandlung

Wie in Bild A 9 zu sehen ist, liest das Programm UPGRADE das Programm zweimal. Beim ersten Lesen (Scanning for upgrades...) wird geprüft, welche Änderungen notwendig sind und im zweiten Durchgang (Inserting USES statement...) werden Compiler-Befehle, Hinweise und die USES-Anweisung(en) eingefügt. Aus Bild A 9 ist ersichtlich, daß eine USES-Anweisung eingefügt wird und die Übersetzung problemlos war, da keine Warnungen in das Programm eingefügt worden sind. (Die Warnungen werden gemeldet und sind im neuen Quellprogramm als Kommentar zu sehen, beginnend mit "{!").

3. Umschalten in das Verzeichnis \TP

Um das Turbo-Pascal-Programm starten zu können, muß in das eine Ebene höher stehende Verzeichnis \TP umgeschaltet werden. Dazu dient folgender Befehl:

cd .. <RETURN>.

4. Laden des Programms in Turbo Pascal Version 5

Es wird **turbo** <RETURN> eingegeben, so daß Turbo Pascal 5 geladen wird. Anschließend wird über das Hauptmenü mit der Befehlsfolge File Load (**f l**) und Eingabe des Programmnamens das konvertierte Programm in den Editor geladen (s. Bild A 10).

```
   File    Edit    Run    Compile    Options    Debug    Break/watch
═══════════════════════════════ Edit ═══════════════════════════════
      Line 1     Col 1   Insert Indent          Unindent   C:WURF1.PAS
{$R-}     {Range checking off}
{$B+}     {Boolean complete evaluation on}
{$S+}     {Stack checking on}
{$I+}     {I/O checking on}
{$N-}     {No numeric coprocessor}
{$M 65500,16384,655360} {Turbo 3 default stack and heap}


Uses
  Crt; {Unit found in TURBO.TPL}

VAR
      X,Y,v,a,t  :  REAL;

CONST
            g = 9.81;

BEGIN
      CLRSCR;
      WRITELN;WRITELN;
      WRITELN ('Bestimmung der Ortskoordinaten eines Gegenstandes');
      WRITELN ('( schiefer Wurf )');
      WRITELN;WRITELN;
      WRITE ('Eingabe der Anfangsgeschwindigkeit in m/s : ');
      READLN (v);
      WRITE ('Eingabe des Abwurfwinkels α in Grad       : ');
      READLN (a);
      WRITE ('Eingabe der Flugzeit  in s                : ');
      READLN (t);

      a := a/360*2*3.1415926;
      X := v*t*cos(a);
      Y := v*t*sin(a) - SQR(t)*g*0.5;

      WRITELN;WRITELN;
      WRITELN ('  die erreichte Weite beträgt : ',X:10:3,' m');
      WRITELN; WRITELN ('  momentane Flughöhe          : ',Y:10:3,' m');

END.


─────────────────────────── Watch ───────────────────────────

F1-Help  F5-Zoom  F6-Switch  F7-Trace  F8-Step  F9-Make  F10-Menu
```

Bild A10 Konvertiertes Programm

Wie aus Bild A 10 zu erkennen ist, werden vor dem eigentlichen Programm als Kommentare (in geschweiften Klammern "{ }") die Compiler-Meldungen angezeigt (zur Bedeutung s. Tabelle A 2) und anschließend mit der USES-Anweisung die Bildschirmein- und ausgaben (Crt) als Standard-Programmbibliothek eingefügt.

5. Starten des Programms

Durch Drücken der <F10>-Taste kehrt man ins Hauptmenü zurück und wählt die Option Run (r) und gibt r (Run) ein. Sie sehen die erforderlichen Eingaben auf dem Bildschirm (s. Bild A 11).

```
Bestimmung der Ortskoordinaten eines Gegenstandes
( schiefer Wurf )

Eingabe der Anfangsgeschwindigkeit in m/s :
```

Bild A11 Eingaben für das Programm WURF1.PAS

Mit dieser Vorgehensweise können Sie Ihre anderen, in Turbo Pascal 3 geschriebenen Programme problemlos umwandeln.

Falls Sie keinen Festplattenrechner besitzen, sondern einen Rechner mit zwei Diskettenlaufwerken verwenden, müssen Sie die Datei TURBO3.ARC (auf Diskette 3) erst entpacken, d. h. die Dateien UPGRADE.DTA und UPGRADE.EXE erzeugen. Dazu gehen Sie folgendermaßen vor:

a) Diskette 3 in Laufwerk A legen und eine leere, unformatierte Diskette ins Laufwerk B.

b) Entpacken durch Eingabe des Befehls **unpack** und speichern der Dateien auf Diskette in Laufwerk B:

unpack turbo3.arc b: <RETURN>.

c) Kopieren des umzuwandelnden Programms auf die Diskette mit den UPGRADE-Programmen.

Sie legen ins Laufwerk A die Diskette mit dem umzuwandelnen Programm und kopieren dieses zu den UPGRADE-Programmen im Laufwerk B. Dazu geben Sie ein:

copy a:wurf1.pas b:/v <RETURN>.

d) Aufrufen des Programms UPGRADE

Zunächst schalten wir ins Laufwerk B um (**b:** <RETURN>) und geben ein:

upgrade wurf1.pas <RETURN>.

Es kônen dabei auch noch Schalter nach Tabelle A4 gesetzt werden.

Es erscheint Bild A 8. Die weiteren Schritte entsprechend den oben erwähnten Punkten 3 und 4.

A 6.4.2 Umwandeln von Programmen der Version 3 in Version 4

In Version 4 steht das UPGRADE-Programm direkt zur Verfügung, so daß es, nachdem das umzuwandelnde Programm dazugeladen wurde, durch Eingabe von

upgrade wurf1.pas <RETURN>

direkt aufgerufen werden kann. Das Vorgehen ist genau so wie im vorigen Abschnitt beschrieben (lediglich die Umwandlungsmeldungen in Bild A 9 sind deutsch).

Sachwortverzeichnis

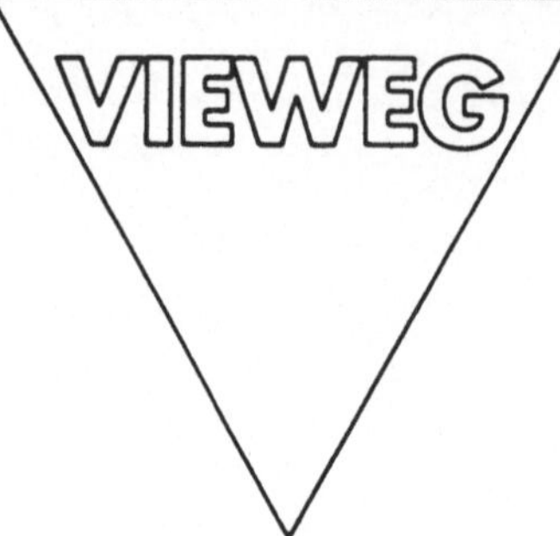

Ekbert Hering und Ute Fallscheer

Programmierleitfaden AutoCAD

Alle Versionen einschließlich 9.0.

1988. VI, 80 Seiten. 12 x 20,3 cm. Gebunden.

Das Buch enthält kurze Beschreibungen aller AutoCAD-Befehle und Funktionen in alphabetischer Reihenfolge. Jeder Eintrag besteht aus einer umfassenden Syntaxbeschreibung, einer kurzen Erläuterung des Befehls und der Parameter sowie einem Beispiel. Dieses kompakte Nachschlagewerk ist für jeden professionellen Anwender und Programmierer eine äußerst nützliche und zuverlässige Arbeitshilfe. Grundlage für dieses Buch ist die neueste Version des Software-Paketes AutoCAD. Der Band richtet sich vor allem an Studenten, Konstrukteure und Ingenieure der Fachrichtungen Feinwerktechnik, Maschinenbau, Produktionstechnik und Bauingenieurwesen.

Zur Reihe „Programmierleitfaden":
Alle Bücher der Reihe „Programmierleitfaden" liefern eingängige und für den professionellen Anwender leicht verständliche Beschreibungen der Befehle in systematischer und zum Teil alphabetischer Reihenfolge. Der Software-Profi erhält hiermit ein praxisgerechtes Nachschlagewerk in kompakter und übersichtlicher Form.